國際貿易理論與實務

遊新宇、王 燕 ●主 編
劉蘭鳳、熊玲任 ●副主編

財經錢線

前言

　　國際貿易實務是一門主要研究國際商品交換具體過程的學科。本書從國際貿易實際出發，系統論述了國際貿易的基本流程，全面介紹了交易前的準備、交易磋商、合同履行的各個環節、操作方法和技能，以及交易所運用的各種傳統和現代的國際貿易方式，實用性和操作性很強。

　　本書反應了當前國際貿易的最新做法和國際貿易慣例，選取的案例大都是近二十年在國際貿易領域發生的典型事例；每章章首均有要點提示和導入案例；書中同步穿插了閱讀資料、圖表和案例；每章章末設有復習思考題，可讀性強。

　　本書由游新宇、王燕主編，劉蘭鳳、熊玲任副主編。各章的編者分別是廣東外語外貿大學南國商學院的游新宇(緒論)、夏海霞(第一章)、劉蘭鳳(第四章)、許健上(第五章)、朱惠(第十章)、李燕飛(第十一章)；王燕(第三章、第八章)、賀鋒(第二章)；熊玲、蔣晶(第六章)、王紅平(第七章)、佟哲(第九章)。

　　在本書寫作和出版過程中，得到了出版社李特軍和本書編輯的大力支持和熱情幫助，我們表示衷心感謝。在編寫過程中，我們參考和引用了大量國內外論著和相關資料，在此一併向相關作者和出版社謹致謝意。由於編者學識和寫作水準有限，不妥之處在所難免，敬請各位專家、學者和廣大讀者批評指正。

編　者

目 錄

緒論 ……………………………………………………………………………（1）
 第一節 國際貿易實務課程的研究對象和主要內容 ………………（2）
 第二節 國際貨物買賣合同 ……………………………………………（3）
 第三節 國際貿易的特點和程序 ………………………………………（4）
 第四節 國際貨物買賣相關的法律環境 ………………………………（7）

第一章 國際貨物買賣合同的標的 …………………………………（8）
 第一節 商品的品名 ……………………………………………………（8）
 第二節 商品的品質 ……………………………………………………（10）
 第三節 商品的數量 ……………………………………………………（13）
 第四節 商品的包裝 ……………………………………………………（16）

第二章 貿易術語與國際貿易慣例 ……………………………………（22）
 第一節 貿易術語的含義及作用 ………………………………………（22）
 第二節 有關貿易術語的國際貿易慣例 ………………………………（23）
 第三節 六種主要貿易術語 ……………………………………………（32）
 第四節 其他貿易術語 …………………………………………………（43）
 第五節 選用貿易術語應考慮的因素 …………………………………（46）

第三章 商品的價格 ……………………………………………………（51）
 第一節 作價方法 ………………………………………………………（51）
 第二節 計價貨幣 ………………………………………………………（54）
 第三節 主要貿易術語的價格構成和換算方法 …………………………（55）
 第四節 佣金、折扣和出口成本核算 …………………………………（56）
 第五節 買賣合同中的價格條款 ………………………………………（60）

第四章　國際貨物運輸 ……………………………………………… (64)
　第一節　運輸方式 …………………………………………………… (64)
　第二節　貨運單據 …………………………………………………… (77)
　第三節　裝運條款 …………………………………………………… (82)

第五章　國際貨物運輸保險 …………………………………………… (91)
　第一節　保險的基本原則 …………………………………………… (92)
　第二節　海洋貨物運輸保險的風險與損失 ………………………… (94)
　第三節　中國海運貨物保險條款 …………………………………… (102)
　第四節　倫敦保險協會海運貨物保險條款 ………………………… (106)
　第五節　陸運、空運貨物與郵遞貨物保險實務 …………………… (109)
　第六節　買賣合同中的保險條款 …………………………………… (112)

第六章　國際貨款的收付 ……………………………………………… (124)
　第一節　結算工具 …………………………………………………… (124)
　第二節　國際結算方式 ……………………………………………… (129)
　第三節　結算方式的選擇與支付條款 ……………………………… (150)

第七章　爭議的預防與處理 …………………………………………… (159)
　第一節　商品檢驗 …………………………………………………… (159)
　第二節　索賠與理賠 ………………………………………………… (166)
　第三節　不可抗力 …………………………………………………… (174)
　第四節　仲裁 ………………………………………………………… (178)

第八章　國際貨物買賣合同的商訂 …………………………………… (188)
　第一節　國際貨物貿易合同的磋商 ………………………………… (189)
　第二節　合同訂立 …………………………………………………… (194)

第九章　進出口合同的履行 ……………………………（202）
 第一節　出口合同的履行 …………………………………（204）
 第二節　進口合同的履行 …………………………………（211）

第十章　傳統貿易方式 ……………………………………（220）
 第一節　包銷、代理與寄售 ………………………………（220）
 第二節　招投標、拍賣與展銷 ……………………………（224）
 第三節　加工、貿易與補償貿易 …………………………（227）

第十一章　其他貿易方式 …………………………………（231）
 第一節　期貨貿易 …………………………………………（232）
 第二節　網絡貿易 …………………………………………（238）

附錄 …………………………………………………………（244）

緒　論

【本章要點】

　　本章主要論述國際貿易實務課程的研究對象和主要內容，介紹國際貿易的基本流程和國際貿易所適用的法律法規及相關慣例。

　　本章需要重點掌握的內容是國際貿易的基本流程。

【導入案例】

廣東佛山陶瓷遭遇反傾銷調查

　　中國是世界第一大瓷磚製造國，廣東省是中國第一大瓷磚製造省份，在廣東省佛山集中了絕大部分的瓷磚生產商。中國瓷磚生產現狀主要表現為絕大部分產品為中低檔瓷磚，其特徵是銷量大、價格低，而附加值高的瓷磚一直由歐美發達國家壟斷市場。在這種局面下，中國出口的瓷磚屢遭國外反傾銷調查。從2001年到現在10年之間，中國陶瓷業已經歷了印度、巴基斯坦、韓國、泰國在內的6次反傾銷調查，形勢一次比一次嚴峻。

　　2010年6月19日，歐盟宣布對中國瓷磚反傾銷正式立案。本次反傾銷案涉案企業1400多家，幾乎涵蓋中國所有的知名陶瓷品牌；出口額30萬美元以上的企業160多家，其中80%來自廣東，而廣東的出口當中80%來自佛山。2009年，出口歐盟的國內陶瓷企業中，出口量排名前列的大部分也來自佛山。2009年佛山陶瓷出口歐盟市場總額超過2億美金，2010年1~4月份出口歐盟的陶瓷總金額已達到7000多萬美元。這意味著歐盟對華陶瓷反傾銷總金額將創歷史最高，成為陶瓷業史上最大的反傾銷案。與此前相比，本次案件創下三個方面的歷史性紀錄：一是涉及企業最多，達1400多家；二是金額最大，高達3.3億美元；三是反傾銷程度最高。歐盟對華陶瓷反傾銷案，以美國為替代國計算中國企業反傾銷稅率。如果反傾銷指控成立，中國陶瓷企業將被課以高達430.5%的懲罰性關稅，歐盟陶瓷市場將向「中國製造」關上大門。

　　反傾銷立案後，無論勝敗都已對中國陶瓷行業帶來很大影響。在立案期間，產品無法出口歐盟，又要忙著打官司應對，等到結果出來，原有的出口市場或許都沒有了。因為歐盟最終調查結果將在15個月後公布，許多中小企業都不得不尋找新的市場，預估有10%~15%的中小型企業因此停產甚至破產。

　　本次反傾銷的特點在於，歐盟將會同時調查傾銷幅度和損害幅度，採用幅度小的一個。企業可以選擇單獨應訴，申請市場經濟待遇或單獨稅率。此外，還可做損害抗辯，而該抗辯一般由行業商協會代表行業提交。中國陶瓷工業協會正組織佛山的陶瓷

企業進行行業無損害抗辯，眾多陶瓷企業也積極應訴。儘管如此，有企業主表示，這些年來，包括土耳其、泰國、印度等在內的國家，動輒對中國陶瓷業做反傾銷立案，嚴重影響企業的生存。企業希望行業協會能強勢一點，保護企業的正當利益。

第一節　國際貿易實務課程的研究對象和主要內容

國際貿易實務是一門主要研究國際商品交換具體過程的學科，也是一門實踐性很強的具有涉外活動特點的綜合性應用科學，涉及國際貿易進出口業務操作的技能性學科。本課程是經貿類專業必修的一門專業基礎課程。

一、國際貿易實務課程的研究對象

國際間商品交換的具體過程，從一個國家的角度看，體現在進出口業務活動的各個環節。在這些環節中，由於存在彼此法律上的不同規定和貿易習慣上的差異，在涉及買賣雙方利害關係時，常常會出現矛盾和分歧。學習本課程，就是要針對國際貿易的特點和要求，分析研究國際貿易適用的有關法律與慣例和國際商品交換過程的實際運作，總結國內外實踐經驗和吸收國際上一些行之有效的貿易習慣做法，以便在實際業務活動中既能正確貫徹中國對外貿易的方針政策和經營意圖，確保最佳經濟效益，又能按國際規範辦事，使我們的貿易做法能為國際社會普遍接受。

二、國際貿易實務課程的主要內容

(一) 合同條款

合同是契約雙方確定法律關係的基礎，也是交易雙方履約的法律文件。合同條款體現了交易雙方當事人在交接貨物、收付貨款和解決爭議等方面的權利和義務，是調整雙方經濟關係的依據。按照各國法律規定，買賣雙方可以根據「契約自主」的原則，在不違反法律的前提下，按交易雙方的意願訂立，且能夠使雙方獲益共贏的條款，這就必然導致合同內容的多樣性。因此，研究合同中各項條款的法律含義及其所體現的權利與義務的關係，是本課程的基本內容。

國際貨物買賣合同主要包括商品的名稱、品質、數量、包裝、價格、運輸、保險、支付、檢驗、索賠、不可抗力和仲裁等條款。由於這些交易條件的內涵及其在法律上的地位和作用互不相同，本書就其做出了符合國際慣例和各國法律規定的解釋，並就訂立國際貨物買賣合同條款時應注意的問題做了詳細的說明。

(二) 交易磋商和合同簽訂

交易磋商是買賣雙方就交易條件進行磋商，協商雙方的經濟利益，就各項交易條件達成一致，進而形成合同。在國際貿易中，交易磋商有規範的程序和明確的內容，一般就交易的主要條款進行詢盤、發盤、還盤和接受的環節。其中，發盤和接受是合同成立不可缺少的基本環節和必經的法律步驟。交易磋商的方式可以是口頭的，也可

以是書面的。

按照《聯合國國際貨物銷售合同公約》的規定，在交易磋商中，一方發盤或詢盤被另一方所接受，合同即告成立。

(三) 合同履行

合同簽訂後，買賣雙方均應按合同規定履行自己的義務，同時享有合同規定的權利。以不同的交易條件成交的合同，買賣雙方的權利和義務是不相同的。以 CIF 合同為例，賣方履行合同的環節主要包括備貨、裝運、投保、報檢、報關、審證和製單結匯等，買方則要收貨、付款、辦理進口報關等。一般來說，不論使用何種價格術語，買賣雙方都具有一些基本義務，賣方要交貨、交單和轉移貨物所有權，買方要收貨、付款。

(四) 貿易方式

貿易方式是指國際貿易中採用的各種方法。隨著世界經濟關係的日益密切和國際貿易的不斷發展，國際貿易方式也日趨多樣化。除傳統的貿易方式外，還出現了融貨物、技術、勞務和資本移動為一體的新型國際貿易方式，包括包銷、代理、寄售、展賣、商品期貨交易、招標投標、拍賣、對銷貿易和加工貿易等。

第二節　國際貨物買賣合同

一、國際貨物買賣合同的含義

國際貨物買賣合同是指營業地處在不同國家（或地區）的當事人之間所簽訂的貨物買賣合同。它既是國際貨物買賣法律制度的主要內容，也是國際貿易中最為重要的形式。國際貨物買賣合同具有涉外性特點，它的客體是跨越國境運輸的貨物，所支付的貨款也應是買賣雙方願意接受的貨幣，具有外匯的性質。

二、國際貨物買賣合同的結構

在國際貿易業務中，當事人總是根據具體情況來擬定合同條款，因此每個合同的內容是不盡相同的，但其基本內容都包括約首、本文和約尾三個組成部分。

(一) 約首部分

約首部分規定了合同的效力範圍和有效條件，一般包括合同名稱、合同編號、締約雙方名稱和地址、電報掛號、電傳號碼等項內容。

(二) 本文部分

本文部分是合同的主體，通過許多具體條款來規定交易雙方在交易中的權利和義務，一般包括品名、品質規格、數量或重量、包裝、價格、交貨條件、運輸、保險、支付、檢驗、索賠、不可抗力和仲裁等項內容。

（三）約尾部分

約尾部分通常載明訂約日期、訂約地點及雙方當事人簽字等。

第三節　國際貿易的特點和程序

一、國際貿易的特點

（1）國際貿易屬於商品交換，與國內貿易在性質上並無不同，但它是在不同國家或地區間進行的，是具有涉外性質的商務活動。

（2）國際貿易是跨國交易，涉及不同國家或地區在政策措施、法律體系方面可能存在的差異和衝突，以及語言文化、社會習俗等方面帶來的差異，所涉及的問題遠比國內貿易複雜。

（3）國際貿易的交易數量和金額大，運輸距離遠，履行時間長，中間環節多，因此交易雙方承擔的風險比國內貿易要大。

（4）國際貿易容易受到交易雙方所在國家的政治、經濟變動，雙邊關係及國際局勢變化等條件的影響，具有不穩定性。

（5）國際貿易除了交易雙方外，還涉及運輸、保險、銀行、商檢、海關等部門的協作、配合，過程較國內貿易要複雜得多。

（6）國際市場商戰不止，競爭異常激烈。

二、國際貨物出口的基本程序

由於交易條件和貿易方式不同，出口貿易的具體環節不盡相同，各環節的先後順序也不是絕對固定的，根據業務人員的操作習慣不同可能交叉進行，也可能齊頭並進，但一般都包括出口前的準備、簽訂出口合同和履行出口合同三個階段。現將進出口貿易的業務程序分別簡介如下：

（一）出口前的準備

（1）市場環境和動向調查，包括交易雙方經濟、政治、社會、文化等環境調查及國際市場供求關係、價格趨勢等情況。

（2）客戶情況調查，包括客戶資信情況、經營範圍和經營能力的調查。

（二）簽訂出口合同

雙方經過磋商，就交易條件達成一致，即當一方的發盤被另一方接受後，合同即告成立，但交易雙方通常會再簽訂書面合同。

（三）履行出口合同

以中國常用的 CIF 條件和信用證付款方式成交的出口合同為例，賣方履行出口合同的主要環節有：

（1）組織備貨，按合同的數量和質量規定交付貨物；
（2）落實信用證，做好催證、審證、改證工作；
（3）租船訂艙，安排貨物裝運、辦理保險及出口報關手續；
（4）製單結匯，備妥有關單據，及時向銀行交單結匯，收取貨款。

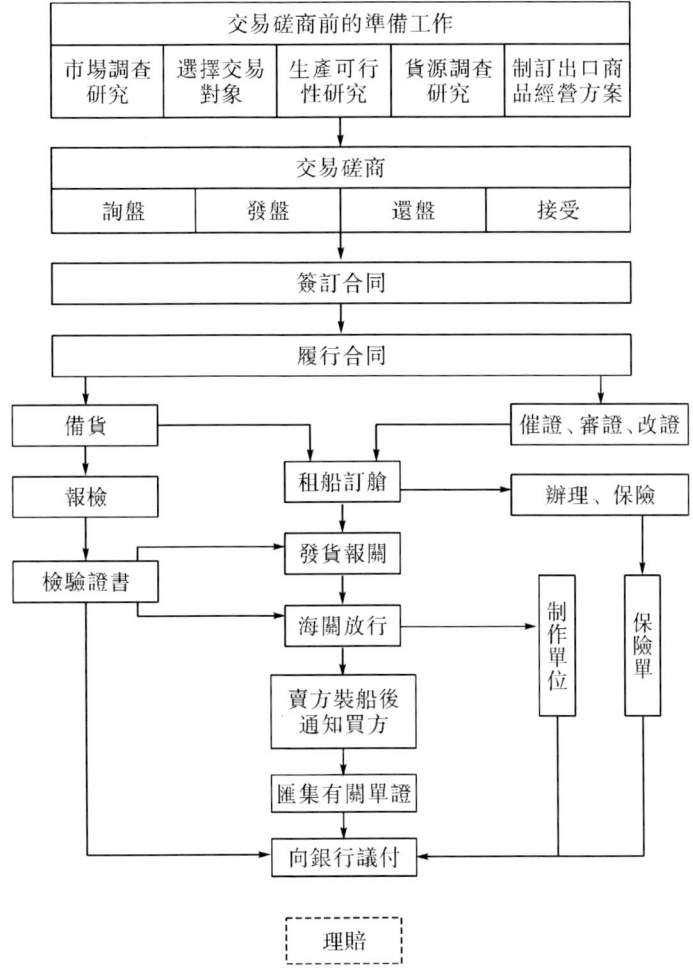

圖 0-1　CIF 貿易術語信用證結算方式出口交易程序

二、國際貨物進口的基本程序

（一）進口前的準備

　　（1）市場調查和客戶調查，瞭解國際市場供應信息和外商資信，貨比三家，選擇產品貨源充足、品質優秀、價格較低的地區採購。
　　（2）落實進口許可證和外匯，完成主管部門規定的相關申報審批手續。

（二）簽訂進口合同

簽訂進口合同與簽訂出口合同的程序與做法基本相同。

（三）履行進口合同

以中國常用的 FOB 條件和信用證付款方式成交的進口合同為例，買方履行進口合同的主要環節有：

(1) 向開證行申請開立信用證；
(2) 租船訂艙，並及時接貨裝船，辦理貨運保險；
(3) 審單，並按約定付款贖單；
(4) 辦理進口報關手續，並驗收貨物。

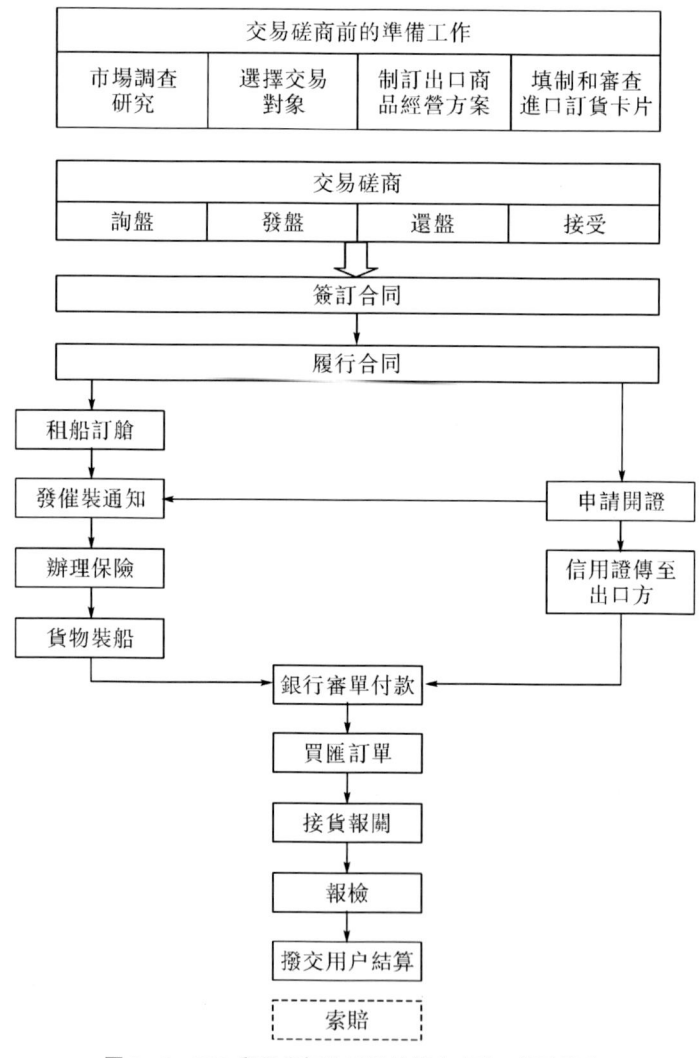

圖 0-2　FOB 貿易術語信用證結算方式進口業務流程

第四節　國際貨物買賣相關的法律環境

　　國際貨物買賣合同明確了交易雙方的權利和義務，是交易雙方經濟交易的法律基礎。然而，國際貨物買賣當事人分別處於不同國家和地區，具有不同的法律制度，交易環境遠比國內貿易複雜，也更容易產生爭議。只有使國際貨物買賣合同符合法律規範，才能讓合同當事人的權利得到法律的承認與保護，同時也接受法律的監督和約束。國際貨物買賣合同適用的法律法規主要有國內法、國際條約和國際貿易慣例。

一、國內法

　　國內法是指由某一個國家制定或認可，並在本國主權管轄內生效的法律。國際貨物買賣合同必須符合國內法。由於國際貨物買賣是跨越國境的貨物交易，不同國家又具有不用的法律制度，一旦合同發生爭議，且各自的法律對同一問題有不一致的規定時，究竟以哪個國家的法律作為解釋合同的依據就會產生法律衝突問題。為消除這種法律衝突，一般以在國內法中規定「衝突規範」的辦法來加以解決。

二、國際條約

　　國際條約是指兩個或兩個以上的主權國家為確定彼此在政治、經濟、貿易、文化、軍事等方面的權利和義務而締結的書面協議。國際條約依法締結生效後，對締約各方具有拘束力，必須由當事各方善意地履行。因此，國際貨物買賣必須遵守國家對外締結或參加的有關國際貿易、國際運輸、商標、專利、工業產權與仲裁等方面的條約和協定，如《聯合國國際貨物銷售合同公約》等。

三、國際貿易慣例

　　國際貿易慣例是指在長期的國際貿易實踐中逐漸形成的一些較為固定和明確的，並經過國際組織加以解釋和編纂的一些貿易習慣和一般做法。國際貿易慣例本身不是法律，它的適用是以當事人的意思自治為基礎的，因此，國際貿易慣例對合同雙方當事人來說沒有強制性的約束力。但目前國際貿易慣例與國際公約在強制力上的區別已經逐漸淡化，採用國際貿易慣例已經成為國際上的一種趨勢。

　　當前國際貿易中影響很大和被廣泛使用的國際貿易慣例有國際商會制定的《2010年國際貿易術語解釋通則》（2011年1月1日起實施）和《跟單信用證統一慣例》（2007年修訂本，國際商會第600號出版物）。

第一章　國際貨物買賣合同的標的

【本章要點】

在國際貨物貿易的談判與合同的簽訂過程中，貨物的品名、品質、數量、包裝等都是貨物買賣合同的基本貿易條件。通過本章的學習，瞭解貨物買賣合同中的品名、品質、數量、包裝條款的意義；瞭解制定商品品名、品質、數量、包裝條款時應注意的事項；掌握貨物買賣合同中的品名、品質、數量、包裝條款的內容及表示方法。

【導入案例】

商品品質表示方法引發的糾紛

中國某企業出口合同規定商品名稱為「手工製造書寫紙」，買方收到貨物後經檢驗發現貨物部分製造工序為機械操作，因而要求我方賠償，我方拒絕。理由是：①該商品的生產工序基本是手工操作，而關鍵工序完全採用手工；②該交易是經買方當面看樣品成交的，而且實際品質和樣品一樣，因而認為所交貨物與樣品品質一致。

本案例合同中約定採用「手工製造」商品的方法表示商品品質，是屬於「憑說明買賣」的一種表示方法。從各國法律和公約來看，憑說明約定商品品質，賣方所交商品的品質與合同說明不符，則買方有權撤銷合同並要求損害賠償。本案我方從根本上違反了買賣雙方在合同中約定的品質說明，從而構成賣方的違約行為，應承擔所交貨物與合同說明不符的責任。同時，貿易中如果採用樣品表示商品品質需要在合同中明示或默示地做出具體規定，而本案例中合同沒有明確表示雙方是採用樣品成交，所以我方所說的實際所交貨物與樣品一致不能稱為拒付理由。

本案例交易產品在實際業務中不可能採用全部手工製作，應該在合同中標明「基本手工製造書寫紙」，以免雙方產生爭議，與實際所提交產品品質完全吻合。

第一節　商品的品名

一、商品品名的含義及其重要性

商品的名稱（Name of Commodity），又稱品名，是指能使某種商品區別於其他商品的一種稱呼或概念。在國際貿易中，交易雙方在磋商交易條款時，首先必須明確所交易的商品是什麼，也就是交易的標的物，品名條款就是用來確定所交易的是何種商品。

在國際貿易中，很多時候買賣雙方一般通過電傳、電子郵件、互聯網等現代通信手段或信息網絡進行聯繫磋商，很少看到具體的商品，通常憑藉對將要進行買賣的商品所做的必要描述或提供的樣品確定交易標的。

按照有關的法律和慣例，品名條款也是構成商品說明（Description）的一個主要組成部分，是買賣雙方交接貨物的一項基本依據，它關係到買賣雙方的權利與義務。若賣方交付的貨物不符合約定的品名，買方有權提出損害賠償要求，甚至拒收貨物或撤銷合同。因此，在國際貨物買賣合同中，清楚、準確地列明商品的名稱，就成為交易達成所必不可少的條件。

二、商品品名的規定

商品名稱在一定程度上體現了商品的自然屬性、用途以及主要的性能和特徵。商品命名的方法有以下幾種：

（1）以用途命名。這種方法在於突出其用途，便於消費者按其需要購買，如織布機、旅遊鞋、筆記本。

（2）以主要成分或原料命名。這種方法通過所使用的主要原材料或成分反應商品的質量，如棉布、玻璃杯、冰糖燕窩、洋參丸。

（3）以外觀造型命名。這種方法有利於消費者從字面上瞭解該商品的特徵，如平底鍋、喇叭褲。

（4）以人物或產地命名。這種方法在於引起消費者的注意或興趣，如孔府家酒、西湖龍井茶。

（5）以製作工藝命名。這種方法在於突出商品使用效能、對象和特性，如五糧液、脫脂奶粉。

三、商品品名條款舉例及注意事項

國際貨物買賣合同中的品名條款，是合同中的主要條件。例如，品名：東北大豆（Name of Commodity：Northeast Soybean），長毛絨玩具熊（Plush Toy Bear）。在規定此項條款時，要注意以下幾個問題：

（1）貨物名稱必須具體、明確，盡可能使用國際上的通用名稱。例如，西紅柿在國際上的通用名稱是番茄。

（2）合同中的貨物名稱產品，應該是賣方能供應的貨物，也是買方特定需要的貨物。

（3）選用合適的品名，考慮貨物名稱與運費關係和海關稅則的規定。例如，87150000，嬰孩車及其零件，優惠關稅，20；95010000，兒童乘騎的帶輪玩具車，優惠關稅，3.5。

（4）注意相近品名和相近商品編碼。例如，有一種商品叫「合金鎢」，商品編碼是「81019400」，是一種半成品，屬於戰略物資，需要獲取許可證方可出口；另一種叫「鎢合金」，是製成品，商品編碼是「81019500」，企業可以自由出口。這兩種商品名稱相近，商品編碼也只有第6位不同。如果當事人不小心弄混，勢必影響到這兩種商品的進出口。

第二節　商品的品質

一、商品品質的含義及其重要性

商品的品質（Quality of Goods）是指商品的內在素質和外觀形態的綜合。前者包括商品的物理性能、機械性能、化學成分和生物特徵等自然屬性；後者包括商品的外形、色澤、款式和透明度等。

品質的重要意義在於品質的優劣直接影響商品的使用價值和價格，它是決定商品使用效能和影響商品市場價格的重要因素。在國際市場競爭空前激烈的條件下，許多國家都把提高商品質量、力爭以質取勝，作為非價格競爭的一個重要組成部分。它是加強對外競爭的重要手段之一。

二、商品品質的表示方式

在國際貿易中，表示品質的方法大致可分為以下兩類：一類是以文字說明來表示；另一類是以實物樣品來表示。具體採用何種方法表示商品品質，則需根據商品的類型、特徵、交易習慣以及交易磋商的方式來定。

(一) 以實物來表示商品品質

這種方法比較適合科技含量較低而又比較直觀的商品，具體可以分為看貨成交和看樣成交。

1. 看貨成交

看貨成交是指買方或其代理人一般要在賣方所在地驗看貨物，若認為商品品質符合其購買意圖，就可以達成交易。它多用於首飾、珠寶、字畫等商品以及寄售、拍賣和展賣等業務。

2. 以樣品表示商品品質

以樣品表示商品品質是指買賣雙方根據樣品進行交易磋商和訂立合同，並以樣品作為交貨品質的最後依據。它適用於工藝品、土特產品、服務、輕工業品等商品的交易。

(1) 憑賣方樣品買賣。憑賣方樣品買賣是指憑賣方提供的樣品磋商交易和訂立合同，並以賣方樣品作為交貨品質的最後依據。合同一經成立，賣方樣品就成為履約時雙方交接貨物的品質依據。因此，在憑賣方樣品交易時必須做好以下幾個方面的工作：

第一，樣品必須具有充分代表性（Representative Sample）。

第二，寄樣時應保留復樣（Duplicate Sample），以備將來交貨或處理品質糾紛時做核對之用。同時，復樣要妥善保管，防止變質。

第三，賣方交貨的品質必須與樣品品質完全一致。

第四，樣品不得侵犯第三方知識產權和工業產權。

(2) 憑買方樣品買賣。憑買方樣品買賣是指憑買方提供的樣品磋商交易和訂立合

同，並以買方樣品作為交貨品質的最後依據。憑買方樣品買賣在出口業務中又稱為來樣成交或來樣製作。但是，由於原材料、加工技術、設備以及生產安全等條件的局限，憑買方樣品買賣可能對賣方交貨時滿足品質要求有一定的困難，程序通常比憑賣方樣品成交複雜。

（3）復樣成交。復樣成交是指賣方根據買方提供的樣品，加工複製出一個類似的樣品交買方確認。這種經確認後的樣品，稱為對等樣品或回樣。如果賣方對商品品質沒有絕對把握，應事先在合同中說明。例如：Quality to be about equal to the sample。Quality to be similar to the sample。Quality shall be about equal to the samples（品質和樣品大致相同）。或者做更加具體明確的規定，例如：With a tolerance of 3 to 5 percent to the goods delivered.（允許有3%～5%的誤差。）

(二) 以文字說明來表示商品品質

在國際貨物買賣中，大部分商品適合以文字說明來表示品質，即憑文字說明買賣（Sale by Description）的方法。具體可分為：

1. 憑規格買賣

商品的規格（Specification）是指一些足以反應商品品質的指標，如化學成分、純度、性能、容量、長短、粗細等。這種買賣方式適用於那些科技含量相對較高或價值比較貴重，僅憑外觀難以全面反應商品品質，或者無法用實物說明的商品品質的買賣。

例如：Plain Satin Silk： Width   Length   Weight   Composition
                    （inch 英吋） （Yds 碼）   （m/m 姆米）
                        55   38/42   16.5   100%   Silk

2. 憑等級買賣

商品的等級（Grade of Goods）是指同一類商品，按其質地的差異，或尺寸形狀重量、成分、構造、效能等的不同，用文字、數字或符號所做的分類。如特級、一級、二級、大號、中號、小號。

舉例如下：Fresh Hen Eggs，shell light brown and clean，even in size（鮮雞蛋，蛋殼呈淺棕色，清潔，大小均勻），用等級表示品質：

Grade AA： 60 ─ 65gm per egg（特級）
Grade A： 55 ─ 60gm per egg（大級）
Grade B： 50 ─ 55gm per egg（一級）
Grade C： 45 ─ 50gm per egg（二級）
Grade D： 40 ─ 45gm per egg（三級）

憑等級買賣需要注意的是：關於規格等級的某些特定指標，一般都是買賣雙方事先已經達成了共識的。也就是說，一些專業性、技術性很強的行話（Business Jargon），買賣雙方都清楚明白，不需要做專門解釋和說明。那麼在簽訂合同時，只需寫明規格，而不用寫出具體指標。

3. 憑標準買賣

標準（Standard）是一種技術規則或規範，是相關行業廠家和產品共同遵循的準則

和依據。它使不同的廠家和產品能夠有一個統一的接口，從而符合國家統一規定和不同客戶的一致要求。中國商品的標準有些是由國家政府機構和國際性標準化組織頒布的，有的由有關的行業工會、貿易協會或商品交易所制定。隨著國際交往的日益頻繁，國際標準化組織的標準被越來越多的國家採納，基本上已成為國際通用標準。另外，各國的標準常隨生產技術的發展和情況的變化而進行修改和變動，所以在援引標準時，要註明援引標準的版本或年份。

在國際貿易中，有些農副產品，由於品質變化較大，難以統一的標準或科學的方法來區分其品質、規格。於是，就採用良好平均品質（Fair Average Quality, or F. A. Q）或者上好可銷品質（Good Merchantable Quality, G. M. Q）表示。FAQ，俗稱大路貨。其含義是指在一定時期內，某一產地、某季節內產品品質的平均水準。這種標準比較籠統，並不代表固定的品質、規格。所以，在採用 FAQ 時，除在合同中註明外，通常還註明該貨物的主要規格。例如，中國桐油，大路貨，遊離脂肪酸（F. F. A）4% 以下（Chinese tong oil, F. A. Q, F. F. A max 4%）。

上好可銷品質，一般適用於木材和冷凍魚蝦等水產品使用這種標準。這種品質條件是指賣方所交的貨物應「品質上好，適合商銷」。

4. 憑說明書和圖樣

說明書和圖樣主要介紹產品的外形、構造、用途、包裝等內容。這種方法主要用於機器、儀表等技術密集型產品，如計算機、數碼相機、精密儀器等。賣方要承擔所交貨物的質量必須與所附說明書、圖樣、圖紙等說明的商品質量特徵完全相符的責任，例如，在合同中規定：「quality and technical data to be strictly in conformity with the description submitted by the seller」，「品質和技術數據必須與賣方提供的產品說明書嚴格相符」。

5. 憑品牌和商標買賣

商標的牌名（Brand）是指廠商或銷售商所生產或銷售的商品牌號，又稱品牌；商標（Trade Mark）則是商品牌號的圖案化，是特定商品的標誌。商標與商品牌號受商標法保護。

6. 憑產地名稱或地理標誌

在國際貨物買賣中，有些產品因產區的自然條件、傳統加工工藝等因素的影響，其品質具有其他產區的產品所不具有的獨特性和特色。對於這類產品，一般也可用產地名稱來表示品質。例如：

Sichuan Preserved Vegetable（四川泡菜）

China Plum Wine（青梅酒）

按這種方法買賣，還是要適當與一些具體的規格、品質指標相結合，避免引起品質糾紛。

三、合同中的品質條款

（一）品質條款的一般內容

國際貨物買賣合同中的品質條款的基本內容包括貨物品名、規格、等級、標準或

產地，具體條款因商品不同而訂法不一。例如：

憑樣品買賣：Quality：to be strictly as per Sample Submitted by Seller on 10th March，2004, Sample number：NT003 Plush Toy Bear Size32.（質量需嚴格按賣方2004年3月10日所交的樣品成交，樣號為NT003，尺寸為32的長毛絨玩具熊）

憑規格買賣：Quality：Feeding Bean, Moisture（max）15％，Admixture（max）2％（飼料蠶豆，水份最高為15％，雜質最高為2％）

（二）訂立品質條款的注意問題

（1）正確選擇表示品質的方法。能夠用指標說明的商品，可規定按規格、等級或標準買賣，難以說明的可規定憑樣品買賣，名優產品可憑商標品牌買賣，電氣、儀表等可憑說明書買賣。

（2）合理確定品質條件。品質條件能夠定高，就不要定得太低，以免失去競爭力；品質條件不能定高，就不要勉為其難，防止日後引起不必要的品質糾紛和損失。

（3）主要品質條款的靈活性。有些產品品質指標難以做到百分之百，就合理規定一個機動幅度，避免因品質條款定得過於絕對、沒有彈性而讓對方鑽空子。

（三）品質機動條款

在國際貿易中，有些商品由於受生產工藝、商品自身特性以及運輸中損耗等因素的影響，難以保證交貨質量與合同規定的完全一致。為了避免因交貨品質與買賣合同稍有不符而造成違約，以保證合同的順利履行，可以在合同品質條款中做出某些規定，允許賣方交貨的質量在一定範圍內變動，常見的機動方法有：規定範圍、規定極限以及規定上下幅度。

（1）品質公差（Quality to Tolerance），是指國際上公認的商品品質的誤差，如手錶，公差為48小時可誤差1秒。這種公認的誤差，即使合同中未規定，只要商品品質在公差範圍內，就不能算違約。但為了明確起見，應在合同品質條款中訂明品質公差範圍。

（2）品質機動幅度（Quality Latitude），是指允許賣方交貨品質出現差異的幅度。賣方交貨只要沒有超過規定的限度，買方就無權拒收。

第三節　商品的數量

一、商品數量的重要性

商品數量（Quantity of Goods）是指以一定的度量衡來表示商品的重量、個數、長度、面積、容積、體積等的量。在國際貨物買賣中，首先商品數量不只是國際貨物買賣合同中的主要交易條件之一，而且是構成有效合同的必備條件。其次商品數量不只是制定單價和計算總金額的主要依據，而且是買賣雙方交接貨物的依據。

二、商品數量的計量

在國際貿易業務中，在確定買賣貨物的數量時，必須明確採用什麼計量單位。由於貨物的性質以及各國採用的度量衡制度差別，採用的計量單位往往也不相同。常用的計量單位分為以下六種：

1. 按重量（Weight）計量

按重量交易，是當今國際貿易中最常用的一種方法。例如，許多農副產品、礦產品和工業製成品，都按重量計量。常用的單位有：千克、公斤（kilogram，kg.）、克（gram，g.）、公噸（metric ton，m/t）、盎司（ounce， oz.）、磅（pound，1b.）、長噸（long ton，l/t）、短噸（short ton，s/t）、公擔（quintal，q.）等。

2. 按個數（Numbers）計量

大多數工業製成品，尤其是日用消費品、輕工業品、機械產品習慣按個數買賣。常用的單位有：只（piece，pc.）、雙（pair）、件（package，pkg.）、頭（head）、臺、架、套（set）、打（dozen，doz.）、羅（gross，gr.）、令（ream，rm.）、包、捆（bundle，bale）、袋（bag）、箱（case）、盒（box，bx.）、卷（roll/coil）、輛（unit）、桶（drum）等。個數單位常用於一般雜貨以及工業製品，如成衣、文具、紙張、玩具等。

3. 按長度（Length）計量

按長度交易的單位有：碼（yard，yd.）、米（meter，m.）、英吋（inch，in.）、英尺（foot，ft.）、厘米（centimeter，cm.）等。這種單位多用於金屬繩索、紡織品等交易。

4. 按面積（Area）計量

按面積計量的單位有：平方碼（square yard，sq. yd.）、平方米（square meter，sq. m.）、平方英尺（square foot，sq. ft.）、平方英吋（square inch，sq. in.）。這種單位多用於木板、玻璃、地毯等貨物。

5. 按體積（Volume）計量

按體積計量的單位有：立方米（cubic meter，cu. m.）、立方碼（cubic yard，cu. yd.）、立方英尺（cubic foot，cu. ft.）、立方英吋（cubic inch，cu. in.）。這種單位主要用於木材。

6. 按容積（Capacity）計量

按容積計量的單位主要有：升（liter，l.）、加侖（gallon，gal.）、蒲式耳（bushel，bu.）等。小麥、玉米、汽油、天然氣、化學氣體通常採用此種單位。

三、國際貿易中常用的度量衡制度

（1）公制（The Metric System），又稱米制，基本單位為千克和米，主要在歐洲大陸國家使用；

（2）英制（The British System），基本單位為磅和碼。

（3）美制（The U. S. System），主要在北美國家使用。

（4）國際單位制（The International System of Units，簡稱SI）。

中國採用的是以國際單位制為基礎的法定計量單位。《中華人民共和國計量法》第

三條中明確規定：「國家採用國際單位制。國際單位制計量單位和國家選定的其他計量單位為國家法定計量單位。」

四、商品重量的計算方法

在國際貨物貿易中，以重量為單位計數較為廣泛。採用重量計量的方法主要有以下幾種：

（一）毛重（Gross Weight）

毛重，即物重＋包裝，多用於低值商品的重量計算，如糧食、飼料等。外包裝與商品價格差不多，且因包裝關係不便分開計算。國際貿易中稱為「以毛作淨」（gross for net）。例如：Fish Meal in Gunny Bags of 50 Kg gross for net.（魚粉，用麻袋裝，每袋50千克，以毛作淨。）

（二）淨重（Net Weight）

淨重，即物重，不包括皮重。在國際貿易中，以重量計算的商品，大部分是以淨重計價。

（1）其計算公式為：

淨重 = 毛重 - 皮重

（2）皮重，即包裝物的重量。對於採用淨重計重時，皮重的計算方法有以下四種：①實際皮重 Actual Tare/Real Tare，即包裝材料的實際重量。②平均皮重（Average Tare），又稱標準皮重（Standard Weight）。有些商品的包裝材料和規格統一，衡量時只需從包裝材料中抽取若干件，按其總重量除以件數，求平均重量，就是平均皮重。③習慣皮重（Customary Tare）。按照市場習慣，不必在每項交易中逐個重複過磅，這種已被公認的皮重稱為習慣皮重。④約定皮重（Computed Tare），即以買賣雙方先協商約定的皮重。

在合同中如未說明按毛重或淨重計量，應按淨重計量。

（三）公量（Conditioned Weight）

公量，即使用科學方法，抽取商品中的水分，再加上標準含水量所求的重量。這種方法適用於經濟價值較高，而含水量不穩定的商品，如生絲、羊毛等。其計算公式為：

公量 = 干量 + 標準含水量
　　 = 實際重量 ×（1 + 標準回潮率）÷（1 + 實際回潮率）

（四）理論重量（Theoretical Weight）

理論重量：一般從其件數就能推出總重量，適用於按固定規格生產和買賣的商品。如鋁錠、錫鋼片、鋼板等。

五、商品數量條款舉例及注意事項

有些商品像農副產品和工礦產品，因本身特性和自然條件的影響或者受包裝與運

輸工具的限制，實際交貨數量往往不易符合原定交貨數量。為了避免爭議，買賣雙方常在合同數量條款中訂明交貨數量的機動幅度。

1. 溢短裝條款

溢短裝條款，是指合同中規定，交貨數量允許有一定機動幅度，並明確溢短裝部分由誰選擇和作價原則，這種條款稱為溢短裝條款，也稱增減條款（plus or minus clause）。按照國際商會《跟單信用證統一慣例》（UCP600）規定，貨物數量的伸縮幅度為5％，但貨物數量按包裝單位和個體計數時，此項伸縮規定則不適用。

溢短裝條款一般由賣方決定。比如，China Rice，5000M/T，with5％ more or less at seller's option.（中國大米，5000 公噸，允許5％溢短裝，由賣方決定。）但是在由買方租船訂艙的條件下，為了便於適應船的裝載能力，在機動幅度內，由買方決定溢裝還是短裝。有些特殊的情況，可由船方決定。

2. 「約」量

未明確規定數量的機動幅度，但在交易數量前加「約」，一般情況下不採用。按照國際商會《跟單信用證統一慣例》（UCP600）規定，凡「約」、「大概」應解釋為允許對有關金額或數量或單價10％的增減幅度。

3. 溢短裝部分計價方法

（1）按合同約定價格計量。對於價格比較穩定的商品以及價值比較小的物品，通常按合同價格計價。

（2）按國際市場市價計量。實際裝貨日價格或者實際卸貨日價格或者雙方規定某個日期的價格，這樣的計價方法相對來說對買賣雙方都比較公平，因此在實務中經常採用。

4. 訂好機動幅度注意事項

（1）幅度大小要合理；

（2）選擇權規定要合理；

（3）溢裝數量計價要合理。

第四節　商品的包裝

一、商品包裝的含義及其重要性

在國際貨物買賣中，除了少數商品如玉米、煤炭等大宗貨物使用散裝（Bulk Cargo），或沒有木質包裝的機器設備使用裸裝（Nude Packed）外，絕大多數商品都需要進行適當的包裝。包裝條款是合同中的重要條款，按照合同約定的包裝要求提交貨物，也是賣方的主要義務之一。按照《中華人民共和國國家標準物流術語》（2001）的規定，所謂包裝（Package）是指為在流通過程中保護產品、方便儲運、促進銷售，按一定技術方法而採用的容器、材料及輔助物等的總體名稱，也指為了達到上述目的而採用容器、材料和輔助物的過程中施加一定技術方法等的操作活動。

適當的商品包裝，可以起到保護商品、美化商品、促進銷售的作用，而且包裝本身還是貨物說明的組成部分。所以，在合同條款中，凡需要包裝的商品，交易雙方必須在合同中對包裝條款做出明確的規定。按照一些國家的法律解釋，如果一方違反了所約定的包裝條件，另一方有權提出索賠，甚至可以拒收貨物。

二、商品包裝的類型

包裝的分類方法很多，通常人們習慣根據包裝在流通過程中所起的作用，將商品包裝分為運輸包裝和銷售包裝。

(一) 運輸包裝

運輸包裝 (Transportation Packing/ Outer Packing)，又稱外包裝或大包裝，主要是為了保護商品、方便儲運和節省費用，對貨物進行的成件或成箱的包裝。

(1) 按包裝辦法，運輸包裝可以分為單件運輸包裝 (Singular Packing) 和集合運輸包裝 (Coordinate Packing)。單件運輸包裝是指貨物在運輸過程中作為一個計件單位的包裝，主要有箱［wooden case；crate (柳條箱)；carton (紙箱)；corrugated carton (瓦楞紙板箱)］；桶 (iron drum；wooden cask)；袋 (gunny bag；cloth bag；plastic bag；paper bag)；捆包 (bundle；bale)；罐 (can)；簍 (basket)；瓶［bottle；cylinder (鋼瓶、圓筒)］；壇 (demijohn；carboy)。集合運輸包裝是指將若干單件運輸包裝組合成一件大包裝，以利更有效地保護商品，提高裝卸效率和節省運輸費。在國際貿易中，常見的集合運輸包裝有集裝箱 (Container)、集裝袋 (Flexible Container)、托盤 (Pallet)。

(2) 按包裝類型，運輸包裝可以分為箱袋、桶和捆不同形狀的包裝。

(3) 按包裝材料，運輸包裝可以分為紙質包裝，金屬包裝，木制包裝，塑料包裝，麻製品包裝，竹、柳、草製品包裝，玻璃製品包裝和陶瓷包裝等。

(4) 按包裝質地，運輸包裝可以分為軟性包裝、半硬性包裝和硬性包裝。

(5) 按包裝程度，運輸包裝可以分為全部包裝和局部包裝。

在國際貿易中，買賣雙方究竟採用何種運輸包裝，應在合同中具體訂明。

2. 銷售包裝

銷售包裝 (Marketing packing, Inner packing)，又稱內包裝、小包裝，是指直接接觸商品並隨商品進入零售點和消費者直接見面的包裝。銷售包裝的主要作用是保護商品、方便使用、美化與促進銷售。

三、中性包裝

中性包裝 (Neutral Packing)，是指既不標明生產國別、地名和廠商名稱，也不標明商標和品牌的包裝。中性包裝的主要作用是為了適應國外市場的特殊要求，如轉口銷售，有可能你的買家不是最終的買家，只是一個中間商，所以要使用中性包裝，或者為了打破某些進口國家的關稅和非關稅壁壘。這種中性包裝的做法是國際貿易中常見的方式，在買方的要求下，可酌情採用。對於中國和其他國家訂有出口配額協定的商品，則應從嚴掌握，因為萬一發生進口商將商品轉口至有關配額國，將對中國產生

不利影響。出口商千萬不能因圖一己之利而損害國家的聲譽和利益。市場上常見的中性包裝有兩種：

1. 無牌中性包裝（Neutral Packing without Designated Brand）

這種包裝既無生產國別、地名、廠名也無商標牌號。

2. 定牌中性包裝（Neutral Packing with Designated Brand）

這種包裝也叫貼牌（OEM），它不註明商品生產國別、地名、廠名，但要註明買方指定商標或牌號。

除非另有規定，採用定牌和無牌時，在中國出口商品或包裝上均須註明「中國製造」字樣。

四、商品包裝條款舉例及注意事項

商品包裝條款是國際貨物買賣合同中的重要條款，主要內容包括包裝材料、包裝方式、包裝費用和運輸包裝標誌等。

1. 包裝材料和包裝方式

以下是包裝條款的一些實例：

（1）木箱裝，每箱裝30匹，每匹40碼。To be packed in wooden cases, 30 pieces per case of 40 yd each.

（2）鐵桶裝，每桶淨重25千克。In iron drum of 25kg net each.

（3）用聚丙烯編製包裝袋，每包重50千克，以毛重作淨重，包裝袋質量良好，適於海運，包裝袋上用英語寫上品名、重量、原產國別和包裝日期。To be packed in polypropylene woven bags of 50kg each, gross for net. The bags should be fairy good in quality and suitable for ocean transportation, on which the name of the goods, weight, Country of origin and package date should be written / marked in English.

在中國出口公司的銷售合同和確認書中，有的不專列包裝條款，而是將包裝與數量條款列在一起，也是適合的。

2. 包裝費用

包裝費用由誰負擔也是包裝條款所需涉及的問題。包裝費用負擔有三種規定方法：

（1）包裝費包括在貨價之內。這是一種通常的做法，一般不需要在合同中另外列明，即貨物價格中已經計入包裝費用，由賣方負擔。

（2）包裝費不包括在貨價內，或只包括部分費用。這主要針對國外客戶對中國商品包裝有特殊要求時所採用的一種方法。採用這種方法，必須在合同中加以明確規定，並且規定費用支付或包裝物料運送的到達時間。

（3）包裝材料按貨物價格一樣計算。在貨物成交數量採取以毛重作淨重的情況下，貨物的皮重成為貨物成交數量的一部分，實際上取得了與貨物本身一樣的價格。

3. 運輸包裝標誌

運輸包裝標誌的主要作用是在儲運過程中識別貨物，合理操作。按其用途，可分為運輸標誌（Shipping Mark）、指示性標誌（Indicative Mark）、警告性標誌（Warning Mark）、重量體積標誌和產地標誌。

運輸標誌又稱嘜頭，是一種識別標誌。按國際標準化組織（ISO）的建議，運輸標誌包括以下四項內容：

（1）收貨人名稱的英文縮寫或簡稱；
（2）參考號，如訂單、發票或運單號碼；
（3）目的地；
（4）件數號碼。

例如：ABC……收貨人代號（Consignee's Code）
　　　SC123……參考號（Reference Number）
　　　LONDON……目的地（Destination）
　　　1/100……件數號碼（Package Number）

運輸標誌在國際貿易中還有其特殊的作用。按《聯合國國際貨物銷售合同公約》的規定，在商品特定化以前，風險不轉移到買方承擔。而商品特定化最常見的有效方式，是在商品外包裝上，標明運輸標誌。此外，國際貿易主要採用的是憑單付款的方式，而主要的出口單據如發票、提單、保險單上，都必須顯示出運輸標誌。商品以集裝箱方式運輸時，運輸標誌可被集裝箱號碼和封口號碼取代。

指示性標誌，提示人們在裝卸、運輸和保管過程中需要注意的事項，一般都是以簡單、醒目的圖形和文字在包裝上標出，故有人稱其為注意標誌。以下是常見的指示性標誌：

KEEP FLAT　　　　　　　必須平放
NO DUMPING　　　　　　切勿投擲
DO NOT CRUSH　　　　　切勿擠壓
HANDLE WITH CARE　　　小心輕放
KEEP DRY　　　　　　　 保持乾燥
OPEN HERE　　　　　　　此處打開

警告性標誌，又稱危險貨物包裝標誌。凡在運輸包裝內裝有爆炸品、易燃物品、有毒物品、腐蝕物品、氧化劑和放射性物資等危險貨物時，都必須在運輸包裝上標明用於各種危險品的標誌，以示警告，便於裝卸、運輸和保管人員按貨物特性採取相應的防護措施，以保護物資和人身的安全。

4. 條形碼標誌

商品條形碼是由一組按一定規則排列的條、空及對應字符（阿拉伯數字）所組成的用於表示商店自動銷售管理系統的信息標記或者對商品分類編碼進行表示的標記。

目前世界上常用的碼制有 EAN 條形碼、UPC 條形碼、二五條形碼、交叉二五條形碼、庫德巴條形碼、三九條形碼和 128 條形碼等，而商品上最常使用的就是 EAN 條形碼。

EAN－13 標準碼共 13 位數，由國家代碼三位數、廠商代碼四位數、產品代碼五位數以及檢驗碼一位數組成。

（1）國家代碼由國際物品編碼協會授權。中國的國家代碼是 690－694。

（2）廠商代碼由國家編碼中心核發給申請廠商，占四個碼。

（3）產品代碼由廠商自由編定，占 5 個碼。

（4）檢驗碼占一個碼。

5. 注意事項

（1）出口包裝要遵循外國對包裝的有關規定和慣例。

（2）努力實現運輸包裝標準化，使中國出口包裝與國際包裝標準逐步一致。包裝標準化包括：統一包裝材料，統一結構形狀，統一規格尺寸，統一包裝容量，統一包裝標誌，統一包裝方法，統一固定方法。

（3）對包裝方式、材料要做出明確的規定，盡量避免使用含糊不清的文字。必要時，對包裝費用也要做出規定。盡量避免採用像 Seaworthy packing.（適合海運包裝），customary packing.（習慣包裝）。

（4）注意對方國家有關部門商品銷售包裝及標籤的具體規定和要求。

（5）慎重考慮中性包裝問題。

美國對木質包裝材料的要求

美國海關邊境保護局 2006 年 7 月 5 日全面執行於 2005 年 9 月 16 日生效的木質材料包裝規例，所有以有關木質材料為包裝（包括裝貨托板、裝貨箱、盒子、貨墊、木塊、墊木等）的貨品均受影響（豁免除外）。處理及標記規定：國際貨物所使用的木質包裝材料必須經過加熱處理，最低木心溫度為攝氏 56 度，最少需處理 30 分鐘，或以甲基溴進行熏蒸約 16 小時。

此外，木質包裝材料必須加上國際植物保護公約標記，以及國際標準化組織 ISO 的雙字母國家編碼，顯示處理木質包裝材料的國家。標記又必須包括由國家植物保護機構向負責公司分配的獨有號碼，確保木質包裝材料已經適當處理。

思考和練習題

一、選擇題

1. 國際貨物買賣中，對於一些難以規格化和標準化的商品適於採用（　　）。

　　A. 憑說明書買賣　　　　　　　　B. 憑商標買賣

C. 憑樣品買賣　　　　　　　　D. 憑等級買賣

2. 憑樣品買賣時，如果合同中無其他規定，那麼賣方所交貨物（　　）。

　　A. 可以與樣品大致相同

　　B. 必須與樣品完全一致

　　C. 允許有合理公差

3. 中國某公司憑樣成交的出口商品的品質條款應力爭訂為（　　）。

　　A. Quality as per Seller's sample

　　B. Quality as per Buyer's sample

　　C. Quality as per Counter sample

　　D. Quality as per sample

4.《跟單信用證統一慣例》規定「約」允許有關金額或數量或單價的增減幅度不超過（　　）

　　A. 9%　　　　　　B. 10%　　　　　　C. 13%　　　　　　D. 15%

二、名詞解釋

　　中性包裝　品質公差

三、案例實訓

1. 某出口公司在某次交易會上與外商當面談妥出口大米 10,000 公噸，每公噸 USD275 F. O. B. 中國口岸。但我方在簽約時，合同上只籠統地寫了 10,000 噸（ton），我方當事人主觀認為合同上的噸就是指公噸（Metric ton）而言。後來，外商來證要求按長噸（Long ton）供貨。如果我方照證辦理則要多交 160.5 公噸，折合美元 44,137.5 USD。於是我方要求修改信用證，而外商堅持不改，雙方發生貿易糾紛。

2. 合同規定糖水桔子罐頭，每箱 24 聽，每聽含 5 瓣桔子，每聽罐頭上用英法文標明「MADE IN CHINA」。賣方為了討一個吉利，每聽裝了 6 瓣桔子，裝箱時，為了用足箱容，每箱裝了 26 聽，在刷制產地標誌時，只在紙箱上標明英文「MADE IN CHINA」，買方以包裝不符合同規定及未按合同規定標明產地為由要求賠償，否則拒收整批貨物。問：買方要求是否合理？為什麼？

3. 我北方一外貿公司，急於求成，某年 5 月份與新加坡商人達成一筆合同，我方出口一批大理石板，品質要求：純黑色、晶墨玉、四邊無倒角、表面無擦痕，允許買方到工廠驗貨，7 月份交貨。由於品質要求苛刻，加工難度大，批量小，貨價低，交貨期又緊，生產加工企業都不願接受。交貨期被迫延長，後經努力，終於交出一批貨。到貨後經檢驗不合格，買方提出索賠。經仲裁，以我方最終賠償對方 28,000 美元了結。

4. 某廠出口生絲 10 公噸，雙方約定標準回潮率是 11%，用科學儀器抽出水分後，生絲淨剩 8 公噸。那麼某廠出口生絲的公量是多少？

第二章 貿易術語與國際貿易慣例

【本章要點】

本章主要介紹國際貿易術語的含義和作用，與國際貿易術語有關的國際貿易慣例，關於貿易術語的具體解釋，主要詳細介紹《2000年國際貿易術語解釋通則》中的六種主要貿易術語和其他七種貿易術語，以及選用貿易術語時應考慮的因素。

通過對本章的學習，要求學生掌握貿易術語的種類和每種貿易術語買賣雙方責任、費用和風險劃分的界限。

【導入案例】

關於貿易術語的案例

濟南A公司向韓國B公司出口一批瓷器，數量共100箱，每箱100件，每件售價60美元，FOB青島港，以即期信用證方式支付。在青島港裝船時不小心將貨物摔落在甲板上，致使一部分貨物被摔壞。請問，被摔壞的貨物應由誰承擔？

第一節 貿易術語的含義及作用

在國際貨物買賣中，買賣雙方須通過交易磋商，確定各自應承擔的義務。國際貿易具有線長、面廣、環節多、風險大等特點，國際貿易的買賣雙方分屬不同國家或地區，在把貨物從啓運地轉移到目的地的過程中有許多手續，如貨物的檢驗、進、出口許可證的申領，進、出口報關、租船、訂艙、辦理保險、裝船、卸貨等，這些手續由誰來辦理，由此而產生的費用由誰來支付，貨物在運輸途中可能發生的損害或毀滅的風險由誰負擔等，這些問題在交易磋商的過程中都必須明確規定，並最終體現在價格中。但是如果每筆交易都需要買賣雙方對上述費用、風險和責任逐項反覆磋商將耗費大量的時間和費用，就會影響國際貿易的達成。為了解決上述問題，在長期的國際貿易實踐中，逐漸形成了各種不同的貿易術語。

一、貿易術語的含義

貿易術語（Trade Terms）又稱貿易條件、價格術語，是指在長期國際貿易實踐中形成的，用來表示商品價格的構成以及將貨物從賣方移交到買方的過程中有關責任、費用和風險劃分的專門用語。貿易術語一般用三個英文字母（如FOB）或一個簡短的

概念（如 Free On Board）來表示。正因為貿易術語是用來說明價格的構成以及將貨物從買方移交到賣方的過程中有關責任、費用和風險劃分的專門用語，因此，在實際業務中買賣雙方在交易磋商和簽訂合同時，只要確定了採用什麼貿易術語，雙方當事人的基本權利和義務就可以明確，一般不需在合同中再作詳細規定。同時，貿易術語一般又和價格聯繫緊密，如「每公噸 1000 美元 CIF 紐約」。

二、國際貿易術語的作用

國際貿易術語是國際貿易發展到一定歷史階段的產物，它是適應國際貿易發展的客觀需要，在長期的國際貿易實踐中逐步形成的。國際貿易術語的作用主要體現在以下幾個方面：

（1）節省了交易磋商的時間和費用；
（2）簡化了交易磋商和買賣合同的內容；
（3）有利於交易的達成和糾紛的解決。

第二節　有關貿易術語的國際貿易慣例

貿易術語是在國際貿易實踐中逐步形成的。儘管在 19 世紀初國際貿易中已開始使用貿易術語，但在相當長的一段時間內，國際上對各種貿易術語並未形成統一的解釋。不同國家和地區在從事國際貿易時，對貿易術語有著不同的解釋和做法。這種現象的存在，使國際貿易的當事人因不瞭解其他國家和地區的解釋和做法而引起了誤解和糾紛，影響了國際貿易的發展。為了解決這一問題，一些國際組織、學術團體如國際商會、國際法協會等都試圖對國際貿易術語做出統一的解釋。20 世紀初，陸續出現了一些有關貿易術語的解釋和規定。這些解釋和規定越來越多地被社會各界所熟悉和廣泛接受，因而成為有關貿易術語的國際貿易慣例。

國際貿易慣例是指在國際貿易實踐中逐步形成的、具有較普遍指導意義的一些習慣做法或解釋。其範圍包括：國際上的一些組織、團體就國際貿易的某一方面，如貿易術語、支付方式等問題所作的解釋或規定；國際上一些主要港口的傳統慣例；不同行業的慣例。此外，各國司法機關或仲裁機構的典型案例或裁決，往往也被視為國際貿易慣例的組成部分。

國際貿易慣例本身不是法律，它對貿易雙方不具有約束力和強制性。國際貿易慣例的適用是以當事人的意思自治為基礎的，故買賣雙方有權在合同中做出與某項慣例不符的規定。但許多國家在立法中明文規定了國際慣例的效力，特別是在《聯合國國際貨物銷售合同公約》中，慣例的約束力得到了充分的肯定。《聯合國國際貨物銷售合同公約》規定，在下列情況中，國際貿易慣例對當事人有約束力：①當事人在合同中明確表示選用某項國際慣例；②當事人沒有排除對其已知道或應該知道的某項慣例的適用，而該慣例在國際貿易中為同類合同的當事人所廣泛知道並經常遵守，則應視為當事人已默示地同意採用該項慣例。

國際上有關貿易術語的國際貿易慣例主要有三個：①《1932 年華沙—牛津規則》（Warsaw - Oxford Rules 1932）；②《1941 年美國對外貿易定義修訂本》（Revised American Foreign Trade Definitions 1941）；③《國際貿易術語解釋通則》（International Rules for the Interpretation of Trade Terms）。

一、《1932 年華沙—牛津規則》

《華沙—牛津規則》是國際法協會專門為解釋 CIF 合同而制定的。19 世紀中葉，CIF 貿易術語開始在國際貿易中得到廣泛採用，然而對使用這一術語時買賣雙方各自承擔的具體義務，並沒有統一的規定和解釋。對此，國際法協會於 1928 年在波蘭首都華沙開會，制定了關於 CIF 合同的統一規則，稱之為《1928 年華沙規則》，共包括 22 條。其後，將此規則修訂為 21 條，並更名為《1932 年華沙—牛津規則》，沿用至今。這一規則對於 CIF 的性質、買賣雙方所承擔的風險、責任和費用的劃分以及所有權轉移的方式等問題都作了比較詳細的解釋。

本規則自 1932 年以來，至今再沒有修訂，以至於其中若干規定難以適應現代國際貿易的需要。因此，在實際業務中使用的人並不多。

二、《1941 年美國對外貿易定義修訂本》

《美國對外貿易定義》是由美國的幾個商業團體制定。它最早於 1919 年在紐約制定，原稱為《美國出口報價及其縮寫條例》。後來於 1941 年在美國第 27 屆全國對外貿易會議上對該條例作了修訂，命名為《1941 年美國對外貿易定義修訂本》。

該修訂本共解釋了六種貿易術語，其分別規定如下：

(一) Ex (Port of Origin)

「Ex」的英文全稱是「deliver at」的意思，即貨物在某地交貨，其後面應註明交貨地點。如「製造廠交貨」、「礦山交貨」、「農場交貨」、「倉庫交貨」等（指定產地）可分別表示為「Ex Factory」、「Ex Mine」、「Ex Plantation」、「Ex Warehouse」etc.

按此術語，所報價格僅適用於原產地交貨。賣方必須在規定日期或期限內在雙方商定地點將辦理了出口手續的貨物置於買方控制之下即完成了交貨的任務。

(二) FOB (Free on Board)

《1941 年美國對外貿易修訂本》將 FOB 術語分為下列六種：

(1) FOB (named inland carrier at named inland point of departure) ——「在內陸指定的發貨地點的指定內陸運輸工具上交貨」。

按此術語，所報的價格僅適用於：在內陸裝運地點，由賣方安排並將貨物裝於火車、卡車、駁船、拖船、飛機或其他供運輸用的載運工具之上。

(2) FOB (named inland carrier at named inland point of departure) freight prepaid to (named port of exportation) ——「在內陸指定的發貨地點的指定內陸運輸工具上交貨，運費預付到指定的出口地點」。按此術語，賣方所報價格包括把貨物運至指定出口地點的運輸費用，並預付至出口地點的運費。賣方在內陸指定起運地點取得清潔提單或其

他運輸收據後，對貨物不再承擔責任。

（3）FOB（named inland carrier at named inland point of departure）freight allowed to（named point）——「在指定的內陸發貨地點的指定內陸運輸工具上交貨，減除至指定出口地點的運費」。按此術語，賣方所報價格，包括貨物至指定出口地點的運輸費用，但註明運費到付，並將由賣方在價格內減除。賣方在指定內陸起運地點取得清潔的提單或其他運輸收據後，對貨物不再承擔責任。

（4）FOB（named inland carrier at named point of exportation）——「在指定出口地點的指定內陸運輸工具上交貨」。按此術語，賣方所報的價格，包括將貨物運至指定出口地點的運輸費用，並承擔直至上述地點的任何滅失及/或損壞的責任。

（5）FOB Vessel（named port of shipment）——「在指定裝運港船上交貨」。按此術語，賣方所報價格包括在指定裝運港將貨物交到由買方提供或為買方提供的海洋輪船上的全部費用。按此術語成交，賣方承擔貨物一切滅失及/或損壞的責任，直至在規定日期或期限內，已將貨物裝載於輪船上為止；在買方請求並由其負擔費用的情況下，協助買方取得由原產地及/或裝運地國家簽發的、為貨物出口或在目的地進口所需的各種證件並提供清潔的輪船收據或已裝船提單。

（6）FOB（named inland point in country of importation）——「在進口國指定內陸地點交貨」。按此術語，賣方所報價格包括貨價及運至進口國指定內陸地點的全部運輸費用。按此術語成交，賣方負責安排貨物運至進口國指定地點的全部運輸事宜，並支付其費用；支付出口稅及因出口而徵收的其他稅捐費用；辦理海洋運輸保險並支付其費用；承擔貨物的一切滅失及/或損壞的責任，直至裝在載運工具上的貨物抵達進口國的指定內陸地點為止；支付在進口國的一切報關費用及進口國的關稅和一切適用於進口的稅捐等。

（三）FAS（Free Along Side）

FAS Vessel（named port of destination）——「船邊交貨（指定裝運港）」。按此術語，賣方必須在規定的日期或期限內，將貨物交到買方指定的海洋輪船船邊，船上裝貨吊鉤可及之處，或交至由買方或為買方所指定或提供的碼頭，負擔貨物交至上述地點為止的一切費用與風險和承擔任何滅失或損壞的責任。買方必須辦理自貨物被置於船邊以後的一切轉運事宜，包括辦理海洋運輸以及其他運輸，辦理保險，並支付其費用；承擔貨物交至船邊或碼頭以後的任何及/或損壞的責任；領取由原產地及/或裝運地國家簽發的、為貨物出口或在目的地進口所需的各種證件，並支付因此而發生的一切費用；支付出口稅及因出口而徵收的其他稅捐費用。

（四）C&F（Cost and Freight）

C&F（Cost and Freight）——「成本加運費（指定目的地）」。按此術語，賣方必須辦理出口手續，負責安排將貨物運至指定目的地的運輸事宜，並支付運費；取得運往目的地的清潔的已裝船提單，並立即將其送交買方或其代理；承擔貨物交至船上為止的任何滅失及/或損害的責任，在買方請求並由其負擔費用的情況下，提供產地證明書、領事發票或由原產國及/或裝運國所簽發的、為買方在目的地國家進口此項貨物及

必要時經由第三國過境運輸所需要的各項證件。

（五）CIF（Cost, Insurance, Freight）

CIF（Cost, Insurance, Freight）──「成本加保險費、運費」。按此術語，賣方必須辦理出口手續，負責安排將貨物運至指定目的地的運輸事宜，並支付運費；取得運往目的地的清潔的已裝船提單，並立即將其送交買方或其代理；承擔貨物交至船上為止的任何滅失及/或損害的責任，辦理海洋運輸保險，並支付保險費。在買方請求並由其負擔費用的情況下，提供產地證明書、領事發票或由原產國及/或裝運國所簽發的、為買方在目的地國家進口此項貨物及必要時經由第三國過境運輸所需要的各項證件。

（六）Ex Dock（named port of importation）

Ex Dock（named port of importation）──「目的港碼頭交貨」。按此術語，賣方必須辦理出口手續，安排貨物運往指定進口港的運輸事宜，辦理海洋運輸保險，並支付保險費；承擔貨物的任何滅失及/或損壞的責任，直至在指定的進口港碼頭允許貨物停留的期限屆滿時為止；支付一切卸至岸上的費用；支付在進口國的一切報關費用、進口關稅等。

二、《1941年美國對外貿易定義修訂本》

《1941年美國對外貿易定義修訂本》主要被北美國家採用。

由於《1941年美國對外貿易修訂本》對貿易術語的解釋特別是第（二）種和第（二）種術語的解釋與《2000年國際貿易術語解釋通則》有明顯的差異，所以，在同北美國家進行交易時應加以注意。

三、《國際貿易術語解釋通則》

（一）《國際貿易術語解釋通則》的宗旨和範圍

《國際貿易術語解釋通則》（以下簡稱INCOTERMS，其副標題為International Rules for the Interpretation of Trade Terms）的宗旨是為國際貿易中最普遍使用的貿易術語提供一套通用的國際規則，以避免因各國不同解釋而出現的不確定性，或至少在相當程度上減少這種不確定性。

國際商會（ICC）於1936年首次公布了一套貿易術語解釋的國際規則，名為INCOTERMS 1936，以後又於1953年、1967年、1976年、1980年、1990年和2000年作了六次修訂和補充。2010年國際商會在《2000年國際貿易術語解釋通則》的基礎上對INCOTERMS作了微調，形成了《2010年國際貿易術語解釋通則》，並於2011年1月1日生效。

INCOTERMS涵蓋的範圍只限於銷售合同當事人的權利義務中與已售貨物（指「有形的」貨物，不包括「無形的」貨物）交貨有關的事項，而不涉及其他合同以及違約的後果或由於各種法律阻礙導致的免責事項。

(二)《國際貿易術語解釋通則》的修訂

國際商會連續對 INCOTERMS 進行修訂的主要原因是為了使其適應當代國際貿易發展的需要。

(1)《1980 年國際貿易術語解釋通則》修訂本引入了貨交承運人（現在為 FCA）術語。其目的是為了適應在海上運輸中經常出現的情況，即交貨點不再是傳統的 FOB 點（貨物越過船舷），而是在將貨物裝船之前運到陸地上的某一點，在那裡將貨物裝入集裝箱，以便經由海運或其他運輸方式（即聯合或多式運輸）繼續運輸。

(2) 在《1990 年國際貿易術語解釋通則》的修訂本中，涉及賣方提供交貨憑證義務的條款在買賣當事方同意使用電子方式通訊時，允許用電子數據交換（EDI）信息替代紙面單據。

(3) 在《2000 年國際貿易術語解釋通則》的修訂本中，只是在《1990 年國際貿易術語解釋通則》的修訂本上作了較小的改變，主要在下面兩個方面做出了實質性改變：①在 FAS 和 DEQ 術語下，辦理清關手續和交納關稅的義務；②在 FCA 術語下裝貨的義務。

以上實質修改的內容在介紹這三種貿易術語時再作說明。與《1990 年國際貿易術語解釋通則》相同，在《2000 年國際貿易術語解釋通則》中，所有術語下當事人各自的義務均用 10 個項目列出，所不同的是，《1990 年國際貿易術語解釋通則》對買賣雙方各 10 項義務作逐項編排，並在 10 項義務之首註明「A 賣方必須」和「B 買方必須」的詞句，例如：

A 賣方必須

A1. 提供符合合同規定的貨物

A2. 許可證、批准書及報關手續

……

A10. 其他義務

B 買方必須

B1. 支付貨款

B2. 許可證、批准書及報關手續

……

B10. 其他義務

而在《2000 年國際貿易術語解釋通則》中，買賣雙方各 10 項義務在編排上改為賣方義務和買方義務，並在賣方每一項目中的地位對應了買方在同一項目中相應的地位。例如：

A 賣方義務

B 買方義務

A1. 提供符合合同規定的貨物

B1. 支付款款

A2. 許可證、批准文件及海關手續

B2. 許可證、批准文件及海關手續

……

A10. 其他義務

B10. 其他義務

（4）在《2010 年國際貿易術語解釋通則》的修訂中，刪去了《2000 年國際貿易術語解釋通則》中的 4 個術語：DAF（Delivered at Frontier）邊境交貨、DES（Delivered Ex Ship）目的港船上交貨、DEQ（Delivered Ex Quay）目的港碼頭交貨、DDU（Delivered Duty Unpaid）未完稅交貨，新增了 2 個術語：DAT（delivered at terminal）在指定目的地或目的港的集散站交貨、DAP（delivered at place）在指定目的地交貨。即用 DAP 取代了 DAF、DES 和 DDU 三個術語，用 DAT 取代了 DEQ，且進一步擴展至適用於一切運輸方式。

修訂後的《2010 年國際貿易術語解釋通則》取消了「船舷」的概念，賣方承擔貨物裝上船為止的一切風險，買方承擔貨物自裝運港裝上船後的一切風險。在 FAS、FOB、CFR 和 CIF 等術語中加入了貨物在運輸期間被多次買賣（連環貿易）的責任義務的劃分。考慮到對於一些大的區域經濟貿易集團內部貿易的特點，規定《2010 年國際貿易術語解釋通則》不僅適用於國際銷售合同，也適用於國內銷售合同。

（三）《2000 年國際貿易貿易術語解釋通則》的主要內容

1.《2000 年國際貿易術語解釋通則》對 13 種貿易術語作瞭解釋，並按其共同特性歸類為 E、F、C、D 四組。見表 2-1。

表 2-1

合同性質	組別	縮寫	術語英文名稱	術語中文名稱
啟運合同	E 組（發貨）	EXW	EX Works	工廠交貨
裝運合同	F 組（主要運費未付）價格中未包括主運費買方負責辦理主運輸	FCA FAS FOB	Free Carrier Free Alongside Ship Free on Board	貨交承運人 裝運港船邊交貨 裝運港船上交貨
裝運合同	C 組（主要運費已付）價格中已包括主運費賣方負責辦理主運輸	CFR CIF CPT CIP	Cost and Freight Cost Insurance and Freight Carriage Paid to Carriage Insurance Paid to	成本加運費 成本加運費、保險費 運費付至 運費、保險費付至
到貨合同	D 組（到達）	DAF DES DEQ DDU DDP	Delivered at Frontier Delivered Ex Ship Delivered Ex Quay Delivered Duty Unpaid Delivered Duty Paid	邊境交貨 目的港船上交貨 目的港碼頭交貨 未完稅交貨 完稅後交貨

E 組只有 EXW 一種術語。按此術語成交，賣方只要將貨物在約定地點（通常是在賣方所在地）交給買方處置即完成交貨的義務。在 13 種貿易術語中，EXW 術語下賣方的義務最小。該術語適用於那些賣方不願意承擔任何裝貨義務的情況。

F 組包括 FCA、FAS 和 FOB 三種術語。按這三種術語成交時，賣方要負責將貨物按規定時間運到雙方約定的交貨地點，並按約定的方式完成交貨。從交貨地點到目的地的運輸事項由買方安排，運費由買方承擔。

C 組包括 CFR、CIF、CPT、CIP 四種術語。在 C 組術語下，賣方必須按照通常條件訂立運輸合同並支付到目的港的運費。因此，賣方支付運費運到的地點，必須在 C 組每一項術語後指明，即 C 組術語後面都必須註明目的港或目的地的名稱。而按 CIF 和 CIP 術語，賣方還要負責辦理保險和負擔保險費用。

D 組包括 DAF、DES、DEQ、DDU、DDP 五種術語。根據 D 組術語，賣方負責將貨物運至邊境或進口國內的約定目的地點。賣方必須承擔貨物運至該地前的全部風險和費用，因此，D 組術語屬於到貨合同。

2.《2000 年國際貿易術語解釋通則》關於一些關鍵用語的解釋

（1）託運人

在一些情況下，需要用同一個詞表示兩個不同的意思，這只是由於無法找到合適的替代詞的緣故。例如，「託運人」一詞既表示將貨物交付運輸的人，又表示與承運人訂立合同的人，而這兩個「託運人」可能是不同的人，如在 FOB 合同中，賣方將貨物交付運輸，而買方則與承運人訂立運輸合同。

（2）交貨

需要特別注意的是，「交貨」這個詞在 INCOTERMS 中有兩種不同含義。①「交貨」一詞被用來判斷賣方何時完成了其交貨義務，這規定在所有 INCOTERMS 的 A4 條款中。②「交貨」一詞也被用於買方受領或接受貨物的義務，這規定在所有《2000 年國際貿易術語解釋通則》的 B4 條款中。用於這兩種含義時，「交貨」首先意味著買方「接受」C 組術語的基本宗旨，即賣方在將貨物交運時即完成其義務；其次，「交貨」一詞還意味著買方有受領貨物的義務。為避免因買方提取貨物前支付不必要的貯藏費，這後一種義務是很重要的。例如，在 CFR 和 CIF 術語的合同中，買方有義務接受貨物並從承運人處取貨物，若買方未履行該義務，就可能對與承運人訂立運輸合同的賣方損失承擔賠償責任，或者向承運人支付貨物滯期費以使承運人放貨。在這方面，說買方必須「受領貨物」並不表示買方將其作為符合銷售合同而接受貨物，而只是指買方接受這一事實，完成了將貨物交付運輸的義務。如果買方在目的地收到貨物後，發現貨物與銷售合同規定不符，買方可使用銷售合同和適用的法律給予的任何一種補救辦法向賣方尋求補償。如前所述，此項事宜已完全超出 INCOTERMS 的適用範圍。

（3）與貨物有關的風險和費用的轉移

當賣方交貨後，貨物滅失或損壞的風險，以及負擔與貨物有關的費用的義務便從賣方轉移到買方。由於不應給予買方任何拖延風險和費用轉移的機會，因此，所有術語都做出規定，當買方沒有按約定受領貨物或沒有給予賣方完成交貨義務的必要指示（有關裝船時間和／或交貨地點）時，風險和費用甚至在交貨之前就可以轉移。這種提前轉移風險和費用的條件就是貨物已指明為買方準備的，或如術語所規定，已為買方「劃出」。

(4)「無義務」的表示

「賣方必須」和「買方必須」這樣的表達方法體現出 INCOTERMS 只涉及當事雙方對對方承擔的義務。這樣,「無義務」一詞則被用於一方對另一方不承擔義務的情況。同樣,當任何一方對對方都不承擔義務時,在雙方名下都會出現「無義務」一詞,如有關「保險」的情況。但即使一方「無義務」為另一方履行某項任務,這並不意味著履行該任務不符合它的利益。如 CFR 的買方按照 B4 對賣方並無投保的責任,但很明顯買方投保符合其利益,因為在該術語下按照 A4 賣方也沒有義務辦理保險。

例如:《2000 年國際貿易術語解釋通則》關於 CFR 術語買賣雙方義務的規定:

A3　運輸合同和保險合同

a. 運輸合同

賣方必須自付費用,按照通常條件訂立運輸合同,經由慣常航線,將貨物用通常可供運輸合同所指貨物類型的海輪(或依情況適合內河運輸的船只)運輸至指定的目的港。

b. 保險合同

無義務。

B3　運輸合同與保險合同

a. 運輸合同

無義務。

b. 保險合同

無義務。

(5) 清關

「清關」這個詞已經造成了一些誤解,因此,現在已明確,無論何時當賣方或買方承擔將貨物運過出口國或進口國的海關的義務時,這項義務不僅包括交納關稅和其他費用,而且包括履行一切與貨物通過海關有關的行政事務以及向管理當局提供必要信息並交納相關費用。清關手續由住所在該國的一方或其代表辦理。因此,出口商通常應辦理出口清關手續,進口商應辦理進口清關手續。

(四)《2010 年國際貿易貿易術語解釋通則》的主要內容

《2010 年國際貿易術語解釋通則》(International Rules for the Interpretation of Trade Terms 2010,縮寫 Incoterms 2010),是國際商會根據國際貿易的發展而對《2000 年國際貿易術語解釋通則》的修訂,該通則已於 2010 年 9 月 27 日公布,並於 2011 年 1 月 1 日實施。

1.《2010 年國際貿易術語解釋通則》的種類

《2010 年國際貿易術語解釋通則》共有 11 種貿易術語,與《2000 年國際貿易術語解釋通則》分類方法不同,其按照所適用的運輸方式劃分為以下兩大類:

第一組:適用於任何運輸方式的術語七種:

EXW (ex works)　　　　　　　工廠交貨

FCA (free carrier)　　　　　　貨交承運人

CPT（carriage paid to） 運費付至目的地
CIP（carriage and insurance paid to） 運費/保險費付至目的地
DAT（delivered at terminal） 目的地或目的港的集散站交貨
DAP（delivered at place） 目的地交貨
DDP（delivered duty paid） 完稅後交貨

第二組：適用於水上運輸方式的術語四種：
FAS（free alongside ship） 裝運港船邊交貨
FOB（free on board） 裝運港船上交貨
CFR（cost and freight） 成本加運費
CIF（cost insurance and freight） 成本、保險費加運費

2. 使用貿易術語的格式要求

在使用任何貿易術語時都需要將「Incoterms ® 2010」或「國際貿易術語解釋通則 ® 2010」作為後綴或者貿易術語選擇的必要構成要件在合同中說明。盡可能對地點和港口做出詳細地說明，例如，「FCA Xi'an International Port Zone Incoterms ® 2010」。註冊商標「®」是貿易術語表述不可缺少的部分。

3. 貿易術語中地點的重要性

（1）Ex Works, EXW（Insert named place of delivery）Incoterms 2010
EXW（插入指定交貨地點）國際貿易術語解釋通則 2010

（2）Free Carrier, FCA（Insert named place of delivery）Incoterms 2010
FCA（插入指定交貨地點）國際貿易術語解釋通則 2010

（3）Carriage Paid to, CPT（Insert named place of destination）Incoterms 2010
CPT（插入指定目的地）國際貿易術語解釋通則 2010

（4）Carriage and Insurance Paid to, CIP（Insert named place of destination）Incoterms 2010
CIP（插入指定目的地）國際貿易術語解釋通則 2010

（5）Delivered at Terminal, DAT（Insert named terminal at port or place of destination）Incoterms 2010
DAT（插入指定港口或目的地的運輸終端）國際貿易術語解釋通則 2010

（6）Delivered at Place, DAP（Insert named place of destination）Incoterms 2010
DAT（插入指定目的地）國際貿易術語解釋通則 2010

（7）Delivered Duty Paid, DDP（Insert named place of destination）Incoterms 2010
DDP（插入指定目的地）國際貿易術語解釋通則 2010

（8）Free Alongside Ship, FAS（Insert named port of shipment）Incoterms 2010
FSA（插入指定裝運港）國際貿易術語解釋通則 2010

（9）Free on board, FOB（Insert named port of shipment）Incoterms 2010
FOB（插入指定裝運港）國際貿易術語解釋通則 2010

（10）Cost and Freight, CFR（Insert named port of destination）Incoterms 2010
CFR（插入指定目的港）國際貿易術語解釋通則 2010

（11）Cost Insurance and Freight（Insert named port of destination）Incoterms 2010
CIF（插入指定目的港）國際貿易術語解釋通則 2010

在使用貿易術語 Ex Works（EXW，工廠交貨）、Free Carrier（FCA，貨交承運人）、Delivered at Terminal（DAT，運輸終端交貨）、Delivered at Place（DAP，目的地交貨）、Delivered Duty Paid（DDP，完稅後交貨）、Free Alongside Ship（FAS，船邊交貨）和 Free on Bord（FOB，船上交貨）時，指定地點是指風險從賣方轉移到買方的交貨地點。

在使用貿易術語 Carriage Paid To（CPT，運費付至）、Carriage and Insurance Paid To（CIP，運費、保險費付至）、Cost and Freight（CFR，成本加運費）和 Cost, Insurance and Freight（CIF，成本、保險費加運費）時，指定地點並非交貨地點。在使用這四種貿易術語時，指定地點是指運費已付至的目的地。

4. 貿易術語指明地點的法律意義

（1）在 EXW、FCA、DAT、DAP、DDP、FAS 和 FOB 術語中，指定地點是交貨（delivery）地點，即風險轉移地點，建立了風險承擔的認定基礎。

（2）在 CPT、CIP、CFR 和 CIF 術語中，指定地點是指運費已付至的地點，風險如何承擔尚不清楚，即還需要明確交貨地點。

（3）「交貨（delivery，也譯為交付）」的特定法律意義：①法律意義上控制權的轉移；②可成為風險轉移的基礎；③可成為所有權轉移的基礎。

使用 CPT、CIP、CFR、CIF、DAT、DAP 和 DDP 術語時，賣方需安排貨物運輸至指定目的地。運費雖由賣方支付，但買方為實際支付方，因為實際上運費已包含在貨物總價之中。運輸費用有時會包括在港口或集裝箱碼頭設施內處理和移動貨物的費用，而承運人或港口營運人很可能向接收貨物的買方索要這些費用。除另有約定，賣方承擔「交貨」前費用。

第三節　六種主要貿易術語

在國際貿易中，使用較多的是 FOB、CFR、CIF、FCA、CPT、CIP 六種貿易術語。因此，這六種貿易術語的含義、買賣雙方的義務以及在使用中應注意的問題是我們在學習的過程中需要掌握的重點。

雖然《2010 年國際貿易術語解釋通則》已經生效，但《2000 年國際貿易術語解釋通則》仍然是目前國際貿易中關於關貿易術語最廣泛使用的國際貿易慣例。因此，本部分的內容主要是以《2000 年國際貿易術語解釋通則》關於貿易術語的規定為準。

一、FOB

（一）FOB 的含義

FOB 的英文是 Free on Board（…named port of shipment）——裝運港船上交貨（……指定裝運港）。

按《2000年國際貿易術語解釋通則》的解釋，FOB是指賣方在合同規定的日期或期限，在指定的裝運港將辦理了出口清關手續的符合合同規定的貨物交到買方指定的船上即完成交貨義務，並承擔貨物在裝運港越過船舷之前的風險和費用。

該術語僅適用於海運或內河運輸。如當事人無意以越過船舷完成交貨，則應使用FCA術語。

(二) FOB術語買賣雙方的義務

1. 賣方義務

(1) 賣方必須在約定的日期或期限內，在指定的裝運港，按照該港口習慣方式，將符合合同的貨物交至買方指定的船只上，並及時向買方發出裝船通知。

(2) 負擔貨物在裝運港越過船舷之前的風險和費用。

(3) 自擔風險和費用，取得出口許可證或其他官方許可文件，並辦理海關手續、繳納出口關稅。

(4) 賣方必須自付費用向買方提供證明貨物已按照規定交貨的通常單據。如買賣雙方約定使用電子方式通訊，則所述單據可以由具有同等作用的電子數據交換（EDI）信息代替。

2. 買方的義務

(1) 受領貨物，支付貨款。

(2) 訂立從指定的裝運港運輸貨物的合同，支付運費，並給予賣方有關船名、裝船地點和要求交貨時間的充分通知。

(3) 承擔貨物在指定裝運港越過船舷之後的一切風險和費用。

(4) 自擔風險和費用，取得進口許可證或其他官方許可文件，並辦理貨物進口以及必要時經由另一國過境運輸的一切海關手續。

(三) 使用FOB術語時應注意的問題

1.「裝上船」的要求和風險的轉移

關於FOB術語，《2000年國際貿易術語解釋通則》規定：「賣方必須在約定的日期或期限內，在指定的裝運港，按照該港口習慣方式，將貨物交至買方指定的船只上。」由此可見，「交至船上」是FOB術語下賣方的基本義務，其交貨地點為船舷。當貨物在裝運港越過船舷時，貨物滅失或損壞的風險由賣方轉移至買方。以「船舷為界」作為風險劃分的界限是歷史上形成的一項行之有效的規則。由於其界限分明，易於理解和接受，故沿用至今。而在實際業務中，買方一般都要求賣方提交「已裝船的清潔提單」，如果賣方也接受提交此種運輸單據，則意味著交貨的地點已從「船舷」延伸至「船艙」。即賣方必須負擔在裝運港將貨物安全地裝入船艙，並負擔將貨物裝入船艙為止的一切滅失或損壞的風險；否則，賣方將無法從船公司獲取已裝船的清潔提單。

2. 關於船貨的銜接問題

在FOB術語下，《2000年國際貿易術語解釋通則》規定，買方必須訂立從指定的裝運港運輸貨物的合同，支付運費，並給予賣方有關船名、裝船點和要求交貨時間的充分通知，而賣方必須在約定的日期或期限內，在指定的裝運港，將符合合同的貨物

交至買方指定的船只上。這裡就涉及船貨銜接的問題。如果買方未能按時派船，這包括未經對方同意將船提前派到、按時派船但未及時通知賣方和延遲派船，而由此產生的各種費用和損失，如空艙費、滯期費、倉儲費以及風險等，應由買方負擔。在此情況下，風險和費用劃分的界限而不是簡單地以「船舷」為界，即風險提前轉移。但風險提前轉移有一個前提條件，那就是貨物必須以正式劃歸合同項下，即清楚地劃出或以其他方式確定為該合同項下的貨物，即將貨物特定化。

在實際業務中，為了避免上述情況的出現，買賣雙方除了要在合同中做出明確規定外，在合同簽訂後，也須加強聯繫，密切配合，防止船貨脫節。

3. 《1941 年美國對外貿易修訂本》對 FOB 的不同規定

《1941 年美國對外貿易修訂本》將 FOB 術語分為六種，其中只有 FOB Vessel（named port of shipment）──「指定裝運港船上交貨」與《2000 年國際貿易術語解釋通則》解釋的 FOB 相近。但其區別也很明顯，主要體現在以下兩個方面：①《1941 年美國對外貿易修訂本》規定，賣方所負擔的風險和費用，是在貨物在裝運港確實地裝上船舶時終止，但按《2000 年國際貿易術語解釋通則》的規定，風險劃分的界限為裝運港的船舷。②《1941 年美國對外貿易修訂本》規定，只有在買方請求並由其負擔費用的情況下，FOB Vessel 的賣方才有義務協助買方取得由原產地及/或裝運地國家簽發的、為貨物出口或在目的地進口所需的各種證件，並且，出口稅及因出口而徵收的其他稅捐費用也由買方負擔。這些規定與《2000 年國際貿易術語解釋通則》中的 FOB 術語關於賣方自擔風險和費用取得任何出口許可證或其他官方許可，並辦理海關手續、繳納出口關稅的規定，有很大的區別。因此，中國外貿企業在同美國的出口商以 FOB 術語洽談進口業務時除了要在 FOB 術語後面加註「vessel」外，還應明確規定由對方即出口商負責取得出口許可證或其他官方文件並辦理出口報關、支付一切出口稅捐及費用。

4. 費用劃分的界限及裝船費用的確定

按《2000 年國際貿易術語解釋通則》的規定，越過船舷是買賣雙方費用劃分的界限，但從實際操作來看，裝船是吊鉤越過船舷到碼頭，從碼頭將貨物吊起越過船舷放到船艙的連續作業過程。在這一連續的作業過程中產生的費用很難以船舷為界截然分開。因此，《2000 年國際貿易術語解釋通則》關於 FOB 的解釋並不能明確表明裝船費用由誰來負擔，並且不同的港口還有各自的習慣做法。

在裝運港的裝船費用主要是指除了裝船費外，還包括與裝船有關的平艙費和理艙費。按 FOB 術語成交，如果使用班輪運輸，由於從事班輪運輸的船公司一般管裝卸，裝卸費用也自然包括在運費之中由支付運費的買方負擔。但大宗貨物採用租船運輸時，船公司一般不管裝卸。因此，裝船費用由誰負擔就成了一個需要確定的問題。一種方法是在合同中明確定規定，例如：裝船費用由買方負擔（Unloading Charges to be covered by the Buyer）。另一種方法是在 FOB 術語後加列字句或縮寫，即 FOB 的變形來表示。常見的 FOB 術語的變形有：

(1) FOB 班輪條件（FOB Liner terms），是指裝船費用按班輪條件收取，即由支付運費的一方（買方）負擔。

（2）FOB 吊鉤下交貨（FOB Under tackle），是指賣方將貨物放到船舶吊鉤可及之處，從貨物起吊開始的裝船費用由買方負擔。

（3）FOB 包括理艙（FOB Stowed），是指賣方要負擔包括理艙費在內的裝船費。

（4）FOB 包括平艙（FOB Trimmed），是指賣方要負擔包括平艙費在內的裝船費。

在許多標準合同中，為表明由賣方承擔包括理艙費和平艙費在內的各項裝船費用，常用 FOBST（FOB Stowed and Trimmed）來表示。

以上 FOB 的變形僅僅只是為了說明裝船費用由誰負擔的問題，而不改變風險劃分的界限。

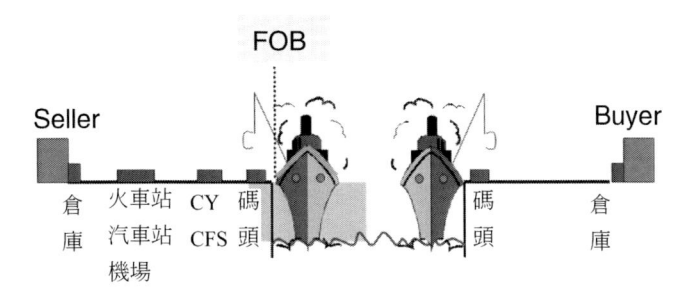

圖 2-1

二、CFR

（一）CFR 的含義

CFR 的英文是 Cost and Freight（…named port of destination）——成本加運費（……指定目的港）。

按《2000 年國際貿易術語解釋通則》的解釋，CFR 術語是指賣方必須在合同規定的裝運期，在指定的裝運港將辦理了出口清關手續的符合合同的貨物交到運往指定目的港的船上，負擔貨物在裝運港越過船舷為止的一切風險和費用，並負責租船、訂艙，支付到目的港的正常運費。

該術語僅適用於海運或內河運輸。如當事人無意以越過船舷完成交貨，則應使用 CPT 術語。

（二）CFR 術語下買賣雙方的義務

1. 賣方的義務

（1）負責在合同規定的日期或期限內將符合合同規定的貨物交至運往指定目的港的船上，並及時給買方發出裝船通知。

（2）負責訂立運輸合同，並支付至目的港的運費和裝船費用。

（3）負擔貨物在裝運港越過船舷之前的風險和費用。

（4）自擔風險和費用，取得出口許可證或其他官方許可文件，並辦理海關手續、繳納出口關稅。

(5) 賣方必須自付費用，向買方提供證明貨物已按照規定交貨的通常單據。如買賣雙方約定使用電子方式通訊，則所述單據可以由具有同等作用的電子數據交換（EDI）信息代替。

2. 買方的義務

(1) 受領貨物，支付貨款。

(2) 承擔貨物在裝運港越過船舷之後的一切風險和費用。

(3) 自擔風險和費用，取得進口許可證或其他官方許可文件，並辦理貨物進口以及必要時經由另一國過境運輸的一切海關手續。

(三) 使用 CFR 術語時應注意的問題

1. 裝船通知的重要性

按 CFR 術語訂立合同時，需特別注意的是裝船通知的問題。在 CFR 術語下，賣方負責租船、訂艙並在裝運港將貨物裝上船，而風險的劃分是以裝運港的船舷為界。這就意味著在 CFR 術語下的買方既要承擔貨物在裝運港越過船舷後可能遭受滅失或損壞的風險，還要承擔賣方租船、訂艙不當的風險。因此，在 CFR 術語下，賣方在貨物裝船後及時發出裝船通知以便買方能及時辦理保險就顯得尤為重要。儘管《2000 年國際貿易術語解釋通則》只是規定「賣方必須給予買方說明貨物已按照 A4 規定交貨的充分通知，以及要求的任何其他通知，以便買方能夠為受領貨物採取通常必要的措施」，並未就如賣方未及時發出裝船通知的後果做出具體的規定，但是給予買方「充分通知」是賣方的義務。根據慣例和有關法律的規定，因賣方遺漏或不及時發出裝船通知，而使買方未能及時辦理保險所造成的後果，賣方應承擔違約的責任，即如果是因賣方未及時發出裝船通知而使買方漏保，則賣方就不能以風險在船舷轉移為由而免除責任。

在實際業務中，進口貨物時應盡量避免使用 CFR 術語，以減少買方的風險。

2. 卸貨費用的負擔問題

採用 CFR 術語，裝船費用由賣方負擔，但須明確卸貨費用由誰負擔的問題。如前所述，如果採用班輪運輸，則船公司負責裝卸，因此，卸貨費用包括在運費中由賣方負擔。但大宗貨物採用租船運輸時就需要明確卸貨費用由誰負擔。通常有兩種做法：一是在合同中用文字明確規定；二是採用 CFR 術語的變形來表示。

常見的 CFR 術語的變形有：

(1) CFR 班輪條件（CFR Liner terms），是指卸貨費用按班輪條件處理，即由支付運費的賣方負擔。

(2) CFR 艙底交貨（CFR ex ship's hold），是指買方負擔將貨物從艙底吊起卸到碼頭的費用。

(3) CFR 吊鈎下交貨（CFR ex tackle），是指賣方負擔將貨物從艙底吊至船邊卸離吊鈎為止的費用。在船舶不能靠港的情況下，駁船費用由買方負擔。

(4) CFR 卸到岸上（CIF Landed），是指賣方負擔將貨物卸到目的港碼頭的費用，包括駁船費和碼頭費。

以上 CFR 的變形僅僅是為了說明卸貨費用由誰負擔的問題，而不改變風險劃分的

界限。

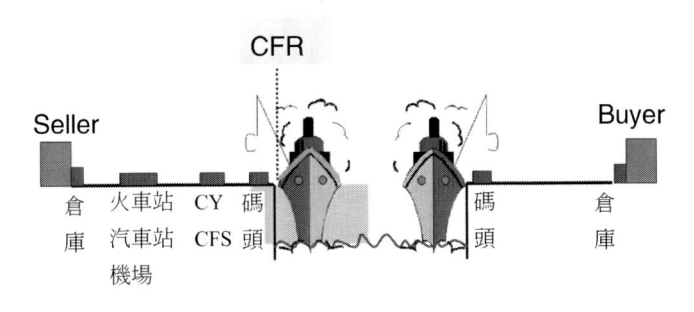

圖 2－2

三、CIF

（一）CIF 的含義

CIF 的英文是 Cost Insurance and Freight（…named port of destination）——成本加保險費、運費（……指定目的港）。

按《2000 年國際貿易術語解釋通則》的解釋，CIF 術語是指賣方必須在合同規定的裝運期，在指定的裝運港將辦理了出口清關手續的符合合同的貨物交到運往指定裝運港的船上，負擔貨物在裝運港越過船舷為止的一切風險和費用，並負責租船、訂艙，支付到目的港的正常運費以及辦理保險，支付保險費。

該術語僅適用於海運和內河運輸。若當事方無意以越過船舷作為交貨，則應使用 CIP 術語。

（二）CIF 術語買賣雙方的義務

1. 賣方的義務

（1）負責在合同規定的日期或期限內將符合合同規定的貨物交至運往指定目的港的船上，並及時給買方發出裝船通知。

（2）負責訂立運輸合同，並支付至目的港的運費和裝船費用。

（3）負責辦理貨物運輸保險，支付保險費並向買方提供保險單或其他保險單據。

（4）負擔貨物在裝運港越過船舷之前的風險和費用。

（5）自擔風險和費用，取得任何出口許可證或其他官方許可文件，並辦理海關手續、繳納出口關稅。

（6）賣方必須自付費用向買方提供證明貨物已按照規定交貨的通常單據。如買賣雙方約定使用電子方式通訊，則所述單據可以由具有同等作用的電子數據交換（EDI）信息代替。

2. 買方的義務

（1）受領貨物，支付貨款。

（2）承擔貨物在裝運港越過船舷之後的一切風險和費用。

(3) 自擔風險和費用，取得進口許可證或其他官方許可文件，並辦理貨物進口以及必要時經由另一國過境運輸的一切海關手續。

(三) 使用 CIF 術語時應注意的問題

1. 賣方辦理保險的問題

在 CIF 合同中，辦理保險是賣方的義務，但風險劃分的界限是以裝運港的船舷為界，即運輸途中的風險由買方承擔。所以，賣方辦理保險是為了買方的利益辦理，屬於代辦的性質。正因為賣方辦理保險屬於代辦的性質，因此，保險的險別、保險的金額都是需要買賣雙方協商確定的問題。如買賣雙方在合同中對此未作明確規定，則按《2000 年國際貿易術語解釋通則》的要求辦理。《2000 年國際貿易術語解釋通則》規定，在無相反明確協議時，應按照《協會貨物保險條款》或其他類似條款中的最低保險險別投保。最低保險金額應包括合同規定價款另加 10%（即 110%），並應採用合同貨幣。

在實際業務中，為了明確責任，避免糾紛，外貿企業與外商洽談交易採用 CIF 術語時，應在合同中就上述保險的險別、保險的金額以及適用的保險條款做出明確的規定。關於保險條款，除了中國人民保險公司的《海運貨物保險條款》外，在國際上使用較多的還有倫敦保險業協會的《協會貨物條款》。

2. 賣方訂立運輸合同的問題

採用 CIF 術語成交，賣方的基本義務之一是訂立運輸合同。《2000 年國際貿易術語解釋通則》規定：「賣方必須自付費用，按照通常條件訂立運輸合同，經由慣常航線，將貨物用通常可供運輸合同所指貨物類型的海輪（或依情況適合內河運輸的船只）裝運至指定的目的港。」即如果沒用相反的約定，賣方只是負責按通常的條件和慣常行駛航線，租用適當的船舶將貨物運往目的港。因此，買方一般無權提出關於限制船舶的國籍、船型、船齡以及指定船只或船公司的要求。但在實際業務中，如國外進口商提出如上要求，在能辦到又不增加額外費用的情況下，我方也可作適當的考慮。

3. 卸貨費用的負擔

CIF 術語卸貨費用負擔問題與 CFR 術語完全一致，因此，不再作特別的解釋。

4. 象徵性交貨問題

根據《2000 年國際貿易術語解釋通則》：「賣方必須承擔貨物滅失或損壞的一切風險，直至貨物在裝運港越過船舷為止。」「賣方必須自付費用，毫不遲延地向買方提供表明載往約定目的港的通常運輸單據。」從《2000 年國際貿易術語解釋通則》的規定中可以看出，CIF 的賣方只需在裝運港將貨物裝上船，並向買方提交了表明貨物運往約定目的港的通常運輸單據即完成了交貨的任務。交貨的地點為裝運港船舷。因此，按 CIF 術語訂立的合同與前面所介紹的 FOB 合同和 CFR 合同一樣都屬於裝運合同。所謂裝運合同是指賣方按合同規定在裝運港將貨物裝上船，但他不保證貨物必須到達和何時到達目的港，也不對貨物裝上船以後的任何進一步的風險承擔責任。

從交貨性質來看，CIF 屬於典型的象徵性交貨。所謂象徵性交貨是針對實際交貨而言的。象徵性交貨是指賣方只要按期在約定地點完成裝運，並向買方提交合同規定的

包括交貨憑證在內的有關單證，就算完成了交貨的義務，而無須保證到貨。而實際交貨是指賣方要在規定的時間和地點，將符合合同規定的貨物提交給買方或其指定人，而不能以交單代替交貨。但是，按 CIF 術語成交，賣方履行其交單的義務只是得到買方付款的前提條件。除此之外，他還必須履行交貨的義務。如果賣方提交的貨物不符合合同規定，買方即使已經付款，仍然可以根據合同的規定向賣方提出索賠。

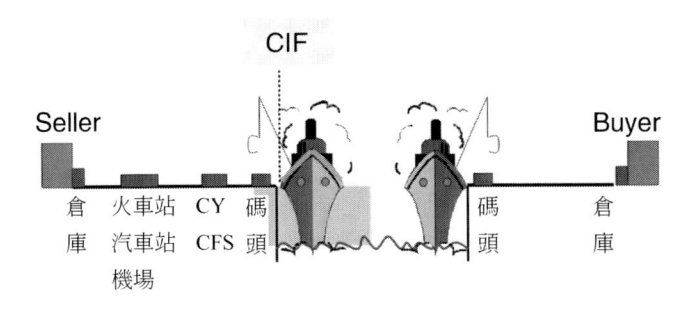

圖 2 – 3

四、FCA

(一) FCA 的含義

FCA 的英文是 Free Carrier（…named place）——貨交承運人（……指定地點）。

按《2000 年國際貿易術語解釋通則》的解釋，FCA 是指賣方在指定的地點和規定的日期將經出口清關的符合合同的貨物交給買方指定的承運人，即完成交貨。賣方須承擔貨物交給承運人控制之前的風險和費用。

該術語可用於各種運輸方式，包括公路、鐵路、內河、海洋、航空運輸以及多式聯運。

承運人是指在運輸合同中，通過鐵路、公路、空運、海運、內河運輸或上述運輸的聯合方式，承擔履行運輸或承擔辦理運輸業務的人。它既包括擁有運輸工具、實際完成運輸任務的運輸公司，也包括不掌握運輸工具的運輸代理人。

(二) FCA 術語買賣雙方的義務

1. 賣方的義務

(1) 在指定的交貨地點，在約定的交貨日期或期限內，將符合合同規定的貨物置於買方指定的承運人控制下，並及時通知買方。

(2) 承擔將貨物交給承運人控制之前的風險和費用。(如果為了將貨物運至指定目的地需要利用後續承運人，風險也自貨物交付給第一承運人時轉移。)

(3) 自擔風險和費用，取得任何出口許可證或其他官方批准文件，並辦理貨物出口所需要的一切海關手續。

(4) 自擔費用向買方提供證明按規定交貨的通常單據。如買賣雙方約定使用電子方式通訊，則前項所述單據可以使用有同等作用的電子數據交換（EDI）信息所代替。

2. 買方的義務

(1) 根據合同規定受領貨物，支付貨款。

(2) 訂立從指定地點承運貨物的合同，支付有關運費，並將承運人名稱、交貨的地點等及時通知賣方。

(3) 承擔貨物交給承運人控制之後的風險和費用。

(4) 自擔風險和費用，取得進口許可證或其他官方許可文件，並且辦理貨物進口所需的海關手續。

(三) 使用 FCA 術語應注意的問題

1. 關於交貨地點的規定

相對於《1990 年國際貿易術語解釋通則》而言，《2000 年國際貿易術語解釋通則》對於 FCA 術語的交貨地點作了簡單、明確的規定：

(1) 若指定的地點是賣方所在地，則當貨物被裝上買方指定的承運人或代表買方的其他人提供的運輸工具時，賣方即完成了交貨義務。

(2) 若指定的地點不是賣方所在地，而是其他任何地點，則當貨物在賣方的運輸工具上，尚未卸貨而交給買方指定的承運人處置時，賣方即完成了交貨的義務。

從《2000 年國際貿易術語解釋通則》的規定中可以看出，在以上第 (1) 種情況下，FCA 的交貨地點是在賣方所在處所由承運人提供的收貨運輸工具上；在第 (2) 情況下，FCA 的交貨地點是在買方指定的其他交貨地賣方的送貨工具上。

2. 風險轉移的問題

根據《2000 年國際貿易術語解釋通則》，FCA 術語風險劃分的界限是以貨交承運人為界。但由於 FCA 術語與前所述 FOB 一樣，一般情況下都是由買方訂立運輸合同，並將承運人的名稱及有關事項及時通知賣方，賣方才能按合同規定完成交貨的義務，並實現風險的轉移。但如果買方未能訂立運輸合同或未能將承運人名稱及有關情況及時通知賣方等導致賣方不能交貨，風險何時轉移？《2000 年國際貿易術語解釋通則》規定：自約定的交貨日期或交貨期限屆滿之日起，由買方承擔貨物滅失或損壞的風險，但以該項貨物已正式劃歸合同項下，即清楚地劃出或以其他方式確定為合同項下之貨物為前提條件。

3. FCA 的使用

FCA 是《1980 年國際貿易術語解釋通則》為了適應運輸方式不斷發展尤其是集裝箱運輸和以集裝箱為載體的國際多式聯運的需要而引入的。FCA 術語與 FOB 術語最大的區別在於適用的運輸方式不同，該術語適用於各種運輸方式。FCA 的這一特點曾給內陸的外貿企業帶來了希望。因為在該術語下，內陸的出口商可以享受與沿海地區出口商在交貨時間、風險和費用轉移等方面幾乎同等的待遇。

如圖 2-4 所示，如同一筆貨物的出口，出口商報 FCA 西安，則意味著出口商只需辦理出口手續後在西安的火車站、汽車站或機場將貨物交給買方指定的承運人即完成了交貨的義務，與 FOB 連雲港相比，出口商不須承擔將貨物從西安運往連雲港的國內運費且交貨的地點在西安。

圖 2－4

五、CPT

（一）CPT 的含義

CPT 的英文是 Carriage paid to（…named place of destination）──運費付至（……指定目的地）。

按《2000 國際貿易術語解釋通則》的解釋，CPT 是指賣方在指定的地點和規定的日期將經出口清關的符合合同的貨物交給其指定的承運人，即完成交貨。賣方還須辦理運輸並支付將貨物運至目的地的運費，並承擔貨物交給承運人控制之前的風險和費用。

該術語所指的承運人與 FCA 術語中的承運人相同。

該術語可用於各種運輸方式，包括公路、鐵路、內河、海洋、航空運輸以及多式聯運。

（二）CPT 術語買賣雙方的義務

1. 賣方的義務

（1）在規定的時間和指定的地點向賣方自己指定的承運人交貨，並及時通知買方。

（2）訂立將貨物運往指定目的地的運輸合同，並支付有關運費。

（3）承擔貨物交給承運人控制之前的風險和費用。

（4）自擔風險和費用，取得任何出口許可證或其他官方批准文件，並辦理貨物出口所需要的一切海關手續。

（5）自擔費用向買方提供證明按規定交貨的通常單據。如買賣雙方約定使用電子方式通訊，則前項所述單據可以使用有同等作用的電子數據交換（EDI）信息所代替。

2. 買方的義務

（1）根據合同規定受領貨物，支付貨款。

（2）承擔貨物交給承運人控制之後的風險和費用。

（3）自擔風險和費用，取得進口許可證或其他官方許可文件，並且辦理貨物進口所需的海關手續。

(三) CPT 與 FCA 的比較

CPT 與 FCA 屬於同一類型的術語，它們都是向承運人交貨，交貨地點和風險劃分的界限等方面都是相同的。兩者的主要區別是：在 FCA 術語下，從交貨地點到約定目的地的運輸事項和費用由買方負責辦理；而在 CPT 術語下，從交貨地點到約定目的地的運輸事項和費用則由賣方負責辦理。

(四) 使用 CPT 術語應注意的問題

1. 風險劃分的界限問題

根據《2000 年國際貿易術語解釋通則》，按 CPT 術語成交，雖然賣方須負責訂立從啟運地到目的地的運輸合同，並支付運費，但賣方承擔的風險以貨交承運人為界，而不是延伸至目的地。如果貨物運輸涉及多式聯運，賣方承擔的風險自貨物交給第一承運人控制時即轉移給買方。這也是 C 組貿易術語都屬於象徵性交貨的一個重要依據。

2. CPT 術語與 CFR 術語的比較

CPT 術語與 CFR 術語的相同之處：

（1）買賣雙方的責任劃分基本相同。兩種術語都是由賣方負責安排從交貨地到目的地的運輸，支付正常的運費和裝船費。

（2）貨價構成基本相同。貨價構成因素中都包括運費。

（3）合同性質相同。兩種術語都是裝運地交貨的術語，按他們簽訂的合同都屬於裝運合同。

CPT 術語與 CFR 術語的不同之處：

（1）適用的運輸方式不同。CFR 術語只適用於水上運輸方式，CPT 術語適用於各種運輸方式。

（2）風險劃分界限不同。CFR 術語風險劃分的界限是以裝運港船舷為界，而 CPT 術語風險劃分的界限是貨交承運人。

（3）交貨地點不同。CFR 術語的交貨地點為裝運港船舷。而在 CPT 術語下，如交貨地點是在買方所在地，則賣方只需將貨物交到買方指定的承運人所派的運輸工具上，即完成交貨；如交貨地點是在其他地方，則交貨地點是在買方指定的其他交貨地賣方的送貨工具上。

六、CIP

(一) CIP 的含義

CIP 的英文是 Carriage and Insurance paid to (……named place of destination) ——運費、保險費付至 (……指定目的地)。

按《2000 年國際貿易術語解釋通則》的解釋，CIP 術語是指賣方在規定時間和指定地點將經出口清關的符合合同的貨物交給其指定的承運人，即完成了交貨的義務。賣方還要辦理運輸並支付將貨物運至指定目的地的運費，承擔貨物交給承運人控制之前的風險和費用，按 CIP 術語成交，賣方還需辦理保險，支付保險費。

(二) CIP 買賣雙方的義務

1. 賣方的義務

(1) 在規定的時間和指定的地點向訂立合同的承運人交貨，並及時通知買方。

(2) 訂立將貨物運往指定目的地的運輸合同，並支付有關運費。

(3) 承擔貨物交給承運人控制之前的風險和費用。

(4) 自擔風險和費用，取得任何出口許可證或其他官方批准文件，並辦理貨物出口所需要的一切海關手續。

(5) 辦理保險並支付保險費。

(6) 自擔費用向買方提供證明按規定交貨的通常單據。如買賣雙方約定使用電子方式通訊，則前項所述單據可以使用有同等作用的電子數據交換（EDI）信息所代替。

2. 買方的義務

(1) 根據合同規定受領貨物，支付貨款。

(2) 承擔貨物交給承運人控制之後的風險和費用。

(3) 自擔風險和費用，取得進口許可證或其他官方許可文件，並且辦理貨物進口所需的海關手續。

(三) CIP 術語與 CPT 術語的比較

根據上述解釋，CIP 術語與 CPT 術語相比較，同屬於貨交承運人的貿易術語，交貨地點和風險劃分的界限等是相同的，只是 CIP 術語的賣方還需辦理保險，支付保險費。但 CIP 風險劃分的界限還是以貨交承運人為界，貨物在運輸途中的風險由買方承擔。因此，賣方辦理保險屬於代辦的性質。根據《2000 年國際貿易術語解釋通則》的規定，賣方應與信譽良好的保險人或保險公司訂立保險合同。如無相反規定，賣方應按照《協會貨物保險條款》或其他類似條款投保最低的險別，最低保險金額應包括合同規定價款另加 10%（即 110%），並應採用合同貨幣。

第四節　其他貿易術語

一、EXW

EXW 的英文是 Ex Works（……named place）——工廠交貨（……指定地點）。

EXW 是指當賣方在其所在地或其他指定的地點（如工場、工廠或倉庫）將貨物交給買方處置時，即完成交貨，賣方不辦理出口清關手續或將貨物裝上任何運輸工具。

該術語是賣方承擔責任最小的術語。買方必須承擔在賣方所在地受領貨物起的全部費用和風險，包括辦理出口手續。

如買方不能直接或間接地辦理出口手續，則不應使用本術語。在此情況下，按照《2000 年國際貿易術語解釋通則》的解釋，最好採用 FCA 術語。

二、FAS

FAS 的英文是 Free Alongside Ship（……named port of shipment）——船邊交貨（……指定裝運港）。

FAS 是指賣方在指定的裝運港將貨物交到買方指派的船邊，即完成交貨。買方必須承擔自那時起貨物滅失或損壞的一切風險。FAS 術語要求賣方辦理出口清關手續。

《2000 年國際貿易術語解釋通則》明確規定：賣方必須自擔風險和費用，取得任何出口許可證或其他官方許可文件，並在需要辦理海關手續時，辦理貨物出口所需的一切海關手續。而《1990 年國際貿易術語解釋通則》則規定由進口商辦理出口清關手續。《2000 年國際貿易術語解釋通則》作如此修改，主要是在實際業務中由出口商辦理出口清關手續較為方便。

FAS 術語適用於水上運輸方式。

三、DAF

DAF 的英文是 Delivered at Frontier（……named place）——邊境交貨（……指定地點）。

DAF 是指當賣方在邊境的指定交貨地點，將辦妥貨物出口清關手續但尚未辦理進口清關手續的貨物交給買方處置時即完成交貨，風險和費用也就此轉移給買方。

在 DAF 術語下，賣方不承擔將貨物卸載的費用和風險。賣方只需要負責將貨物運至指定的邊境交貨地，運輸工具到達後的卸載費用以及因卸載而引起的風險由買方承擔。但是，如當事各方希望賣方負責從交貨運輸工具上卸貨並承擔卸貨的風險和費用，則應在銷售合同中寫明。

DAF 術語適用於陸地交貨的各種運輸方式。「邊境」一詞可用於任何邊境，包括出口國邊境、進口國邊境，也可以是貨物運輸途中所經過的第三國邊境，慣例中並未做出明確說明。根據實際業務中使用這一術語的情況來看，DAF 術語主要是交易雙方國家具有的共同邊境，並且在使用鐵路或公路運輸貨物的交易中採用。

四、DES

DES 的英文是 Delivered ex Ship（……named port of destination）——船上交貨（……指定目的港）。

DES 是指賣方負責將合同規定的貨物，按照通常的路線和慣常的方式規定的期限內運到指定的目的地，並在目的地的船上將貨物置於買方的處置之下，賣方即履行了交貨義務。賣方必須負擔貨物運至指定目的港船上的一切費用和風險。

在使用 DES 術語時，買賣雙方做好貨物的交接工作顯得尤為重要。在該術語下，賣方是在目的港船上完成交貨的義務。因此，賣方應將船舶預計到港時間及時通知買方，以便買方及時辦理進口報關手續並做好接貨的準備。

本術語適用於海運、內河運輸及多式聯運。根據《聯合國國際貨物多式聯運公約》，多式聯運是按照多式聯運合同，以至少兩種不同的運輸方式，由多式聯運經營人

將貨物從一國境內接管貨物的地點運至另一國境內交付貨物的地點的一種運輸方式。但是，DES 術語中的多式聯運的含義必須包括海運，並且海運應是多種運輸方式中將貨物運至目的港的最後一種運輸方式，即後程運輸為水上運輸的多式聯運。

五、DEQ

DEQ 的英文是 Delivered Ex Quay（……named port of destination）——碼頭交貨（……指定目的港）。

DEQ 是指賣方將貨物運至指定目的港的碼頭、未經進口清關，可供買方收取時，即履行了交貨義務。賣方必須負擔將貨物交至指定目的港碼頭的一切風險和費用。

DEQ 實際上是在 DES 條件的基礎上延伸了賣方的義務，使賣方不僅要負擔將貨物運到目的港，而且還要將貨物卸到指定的碼頭上，承擔卸貨費用。所以，在其他條件相同的情況下，DEQ 價格要高於 DES 價格。

《2000 年國際貿易術語解釋通則》規定，DEQ 術語要求買方辦理進口清關手續和繳納有關的稅費。而在此之前的《1990 年國際貿易術語解釋通則》則是由賣方辦理進口手續。因此，在 DEQ 術語下買賣雙方做好貨物的交接工作同樣很重要。

本術語適用於海運、內河運輸和多式聯運。如上述 DES 一樣，DEQ 也僅適用於最後一程運輸為水上運輸的多式聯運。

六、DDU

DDU 的英文是 Delivered Duty Unpaid（……named port of destination）——未完稅交貨（……指定目的地）。

DDU 是指賣方將貨物運至進口國指定目的地，可供買方收取時，即履行了交貨義務。賣方須負擔運至該指定目的地的費用和風險，但不辦理進口清關手續和繳納有關稅費。買方須承擔由於他未能及時辦理貨物進口清關手續而引起的額外費用和風險。

本術語是《1990 年國際貿易術語解釋通則》為適應貿易集團（如歐洲聯盟和其他自由貿易區）內部成員國之間的貿易需要而新增加的一個貿易術語。但如果進口國是屬於清關困難而且耗時的國家，買方有時不能及時和順利地完成清關手續，在這種情況下要求賣方承擔按時在目的地交貨的義務將有一定的風險。所以，在實際業務中賣方如採用 DDU 術語，則一定要先瞭解有關進口國家進口清關的管理情況。

本術語適用於各種運輸方式。

七、DDP

DDP 的英文是 Delivered Duty Paid（…named place of destination）——完稅後交貨（……指定目的地）。

DDP 是指賣方將貨物運至進口國的指定地，可供買方收取時，即履行了交貨義務。賣方必須負擔貨物運至該處的風險和費用，包括進口稅費，並辦理進口清關手續。

DDP 是 13 種貿易術語中賣方承擔責任最大的一種。如果賣方不能直接或間接地取得進口許可證和辦理進口清關手續則不應使用該術語。

本術語適用於任何運輸方式。

與上節所介紹的六種主要的貿易術語一樣,《2000 年國際貿易術語解釋通則》規定,如果買賣雙方約定採用電子通信,則商業發票、運輸單據等均可被具有同等效力的電子數據交換信息所替代。

第五節　選用貿易術語應考慮的因素

除瞭解和掌握《2000 年國際貿易術語解釋通則》關於 13 種貿易術語的解釋外,在實際業務中,我們還應知道如何根據交易的具體情況和每種貿易術語的特點,選擇合適的貿易術語及其變形,以做到既有利於交易的達成,又避免承擔不當或過大的風險和責任而造成不必要的損失。

目前,由於歷史和習慣的緣故,實際業務使用得較多的主要是 FOB、CRR 和 CIF 三種貿易術語。由於 FOB 術語的賣方只需在裝運港將準備好的符合合同規定的貨物交到買方指定的船上即完成交貨義務。該種術語相對於 CFR 術語和 CIF 術語而言,賣方承擔的責任較小,相對比較省事,所以在實際業務容易被出口商接受和使用。而事實上,不管貨物數量的大小和進口商資信狀況,一味追求省事而採用 FOB 術語是不太可取的。一方面是不利於中國航運業和運輸代理業的發展,另一方面也給國外的一些不良商人提供了與船公司勾結騙取我方貨物的機會。因此,除非國外進口商和其指定的船公司資信狀況良好,出口一般不宜採用 FOB 術語。另外,進口貨物時尤其是進口大宗貨物時,不宜採用 CFR 術語,主要是由於在 CFR 術語下是由國外的賣方租船訂艙,貨物裝船後的風險由我方承擔,保險也由我方辦理,如果賣方指定的船舶不當或賣方與船公司勾結出具假單據等,就有可能讓我方蒙受損失。所以,在實際業務,在以上三種貿易術語中,出口應盡可能使用 CIF 術語,進口應盡可能使用 FOB 術語。

同時,隨著集裝箱運輸和多式聯運在國際貿易中的廣泛使用,中國外貿企業在實際業務中應按具體的交易情況,適當地以 FCA 術語、CPT 術語和 CIP 術語替代僅適用於內河和海洋運輸的 FOB 術語、CFR 術語和 CIF 術語。

正因為貿易術語是確定合同的交貨性質,說明價格的構成以及劃分買賣雙方風險和費用的重要因素,因此,選用適當的貿易術語對促成進出口合同的訂立和履行,提高企業的經濟效益和社會效益都具有十分重要的意義。作為國際貿易的一方當事人,在交易磋商的過程中選擇貿易術語應考慮以下因素:

一、運輸條件和運輸方式

買賣雙方在交易磋商採用何種貿易術語首先應考慮採用何種運輸方式運送。在出口商有足夠運輸能力或安排運輸沒有困難,而且經濟上又合算的情況下,可爭取採用由賣方安排運輸的術語成交,如出口盡可能採用 CIF 術語、CFR 術語或 CIP 術語,進口盡可能採用 FOB 術語、FAS 術語或 FCA 術語;否則,應酌情爭取按由買方安排運輸的術語成交,如採用 FAS 術語、FOB 術語或 FCA 術語出口,採用 CFR 術語、CIF 術語或

CIP 術語進口。另外還要與運輸方式相適應。FOB 術語、CFR 術語、CIF 術語只適合於海洋運輸和內河運輸。在航空運輸、鐵路運輸和多式聯運的情況下，自應採取 FCA 術語、CPT 術語、CIP 術語。但即使是海洋運輸，在以集裝箱方式運輸時，出口商在貨交承運人後即失去了對貨物的控制，因而作為出口方，應盡量採用 FCA 術語、CPT 術語、CIP 術語成交。一方面與實際情況相符；另一方面還有利於出口方提早轉移風險，提前出具運輸單據，早日收匯，加快資金週轉。

二、雙方的合作關係

有些國家規定進口貿易必須在本國投保，有些買方為了謀求保險費的優惠，與保險公司訂有預保合同，則我方可同意按 CFR 和 CPT 方式出口。在大宗商品出口時，國外買方為謀求以較低運價租船，在充分調查和瞭解買方的資信狀況後，我方也可按 FOB 或 FCA 方式與之成交。

三、支付方式

如採用貨到付款或托收等商業信用的付款方式時，盡量避免採用 FOB 術語或 CFR 術語。因為在這兩種術語下，按照合同的規定，賣方沒有辦理貨運保險的義務，而由買方根據情況自行辦理。如果履約時行情對買方不利，買方就有可能拒絕接收貨物，以及為了節省費用不辦理保險，這樣一旦貨物在途中遭遇風險，就可能導致賣方錢貨兩空。

四、運費因素

運費是貨價構成因素之一。在選用貿易術語時，還應考慮貨物經由路線的運費收取情況和運價變動趨勢。在目前原油價格波動頻繁的情況下，這點顯得尤為重要。一般來說，當運價看漲時，為了避免承擔運價上漲的風險，可以選用由對方安排運輸的貿易術語成交，如按 C 組術語進口，按 F 組術語出口。在運價看漲的情況下，如因某種原因不得不採用按由自身安排運輸的術語成交，則應將運價上漲的風險考慮到貨價中去，以免遭受運價變動的損失。

五、雙方當事人辦理進出口結關手續是否方便和可行

在國際貿易中，關於進出口貨物的清關手續，有些國家規定只能由清關所在國的當事人安排或代為辦理，有些國家則無此項限制。因此，若進口國當局規定，賣方不能直接或間接辦理進口清關手續，此時則不宜採用 DDP 術語，而應選用 D 組的其他術語成交；若出口國當局規定，買方不能直接或間接辦理出口清關手續，則不宜按 EXW 條件成交，而應選用 FCA 條件成交。

思考與練習題

一、單項選擇題

1. 在國際貨物買賣中,作為賣方,最基本的義務是（　　）。
   A. 提交貨物　　　　　　　　　　B. 提交單據
   C. 提交貨物和單據　　　　　　　D. 收取定金

2. 《1932年華沙—牛津規則》是國際法協會專門為解釋（　　）合同而制定的。
   A. FOB　　　　B. CIF　　　　C. CFR　　　　D. CIP

3. 成交一批由青島出口到舊金山的花生,下列貿易術語正確的是（　　）。
   A. FCA 青島　　B. CPT 青島　　C. CIF 舊金山　　D. CIF 青島

4. 在下列各種貿易術語中,（　　）適合於各種運輸方式。
   A. CIF　　　　B. CFR　　　　C. FOB　　　　D. FCA

5. 在 FOB 條件下,_____負責租船訂艙;在 CIF 條件下,_____負責租船訂艙。（　　）
   A. 買方、賣方　　　　　　　　　B. 買方、買方
   C. 賣方、買方　　　　　　　　　D. 賣方、賣方

6. 在下列（　　）情況下,賣方不負擔裝船的有關費用。
   A. FOB ST　　　　　　　　　　B. FOB Under Tackle
   C. FOB Stowed　　　　　　　　D. FOB Trimmed

7. 在（　　）情況下,賣方負責將貨物裝入船艙並承擔包括理艙費在內的裝船費。
   A. FOB Liner Terms　　　　　　B. FOB Under Tackle
   C. FOB Stowed　　　　　　　　D. FOB Trimmed

8. 在 CIF 條件下,賣方如期向買方提交合同規定的全套單據,然而由於貨物在運輸途中遭遇暴風雨而發生損失,則該損失應由負責。
   A. 賣方　　　　B. 買方　　　　C. 船公司　　　　D. 買賣雙方

9. 在 FOB 條件下,若採用租船運輸,如買方不願承擔裝貨費及平艙費,則應在合同中規定（　　）。
   A. FOB Liner Terms　　　　　　B. FOB Under Tackle
   C. FOB Stowed　　　　　　　　D. FOB Trimmed

10. 下列各項中,按 FOB 成交賣方需負責的是（　　）。
    A. 裝船時貨物跌落碼頭　　　　　B. 未能租船訂艙
    C. 裝船後至起航前發生損失　　　D. 運輸途中發生風險

11. CPT 與 CFR 區別產生的主要原因是（　　）。
    A. 交貨地點不同　　　　　　　　B. 風險劃分界限不同
    C. 承保險別不同　　　　　　　　D. 運輸方式不同

12. 就賣方承擔的費用而言,正確的是（　　）。

A. FOB > CFR > CIF　　　　　　B. FOB > CIF > CFR
C. CIF > CFR > FOB　　　　　　D. CIF > FOB > CFR

13. 在 EXW 條件下，貨物被禁止出口的風險由（　　　）。
　　A. 買方負擔　　　　　　　　　B. 賣方負擔
　　C. 承運人負擔　　　　　　　　D. 運輸代理人負擔

二、多項選擇題

1. 貿易術語在國際貿易中的作用表現在：（　　　）簡化了交易手續。
　　A. 縮短了洽商時間
　　B. 節約費用開支
　　C. 有利於交易雙方進行比價和加強成本核算
　　D. 有利於妥善解決貿易爭端

2. 下列屬於有關貿易術語的國際貿易慣例有（　　　）。
　　A.《1932 年華沙—牛津規則》
　　B.《1941 年美國對外貿易定義（修訂本）》
　　C.《1942 年華沙—牛津規則》
　　D.《2000 年國際貿易術語解釋通則》
　　E.《1941 年法國對外貿易定義修訂本》

3. 按《2000 年國際貿易術語解釋通則》，CIF、CFR 與 FOB 的共同點是（　　　）。
　　A. 適合水上運輸方式　　　　　B. 風險轉移在裝運港船舷
　　C. 買賣雙方責任劃分基本相同　D. 交貨地點在裝運港
　　E. 貨物在運輸途中的費用負擔人相同

4.《2000 年國際貿易術語解釋通則》中 FOB 的變形可分為（　　　）。
　　A. 班輪條件　　　　　　　　　B. 船底交貨
　　C. 平倉費在內　　　　　　　　D. 理艙費在內
　　E. 吊鉤下交貨

5. 下列關於象徵性交貨敘述正確的有（　　　）。
　　A. 其英文為 Physical Delivery
　　B. 賣方履行交單義務後，不必履行交貨義務
　　C. 賣方需向買方提交有關單據，如物權憑證
　　D. 賣方按期完成裝運並提交合同規定的全套合格單據，就算完成交貨義務
　　E. 一旦賣方按期將貨物完好無損運抵目的港，買方則需支付貨款

三、判斷題

1. CFR Ex Ship's Hold Rotterdam 是指賣方必須把貨運到鹿特丹，在艙底交貨。（　　　）
2. 按《2000 年國際貿易術語解釋通則》的規定，以 C 組術語成交簽訂的都屬於裝運合同。（　　　）
3. 國際貿易慣例已得到各國的公認，因此，它對於買賣合同中的當事人都具有普

遍的法律約束力。   (   )

4. 買賣雙方以 CIF 術語成交，如雙方在洽商合同時未規定具體的險別，則賣方投保時只有投保最低險別的義務。   (   )

5. 按 CIF 術語成交，只要貨物已在運輸途中滅失，即使出口方提供了全套正確的貨運單據，進口方也有權拒收貨物和拒付貨款。   (   )

6. 以 FAS 術語成交，如裝運港吃水淺使船舶不能靠岸，則貨物從碼頭駁到裝運船只邊的一切風險和費用應由買方負擔。   (   )

7. FOB 的變形是因裝船費用的負擔問題而產生的，而 CIF 的變形則是因為卸貨費用的負擔問題而產生的。   (   )

8. 象徵性交貨的特點是賣方憑單交貨，買方憑單付款。   (   )

四、簡答題

1. 簡述國際貿易術語的作用。
2. 簡述國際貿易慣例的性質。
3. FOB、CFR、CIF 三種術語的比較。
4. FOB、CFR、CIF 三種術語與 FCA、CPT、CIP 三種術語的比較。
5. CFR 的變形有哪些？簡述其產生的原因。
6. 簡述 CPT 術語與 CFR 術語的相似之處和主要區別。
7. 簡述 FOB 術語買賣雙方的主要義務。
8. 簡述 DES 術語與 CIF 術語之間的區別。

五、案例分析題

1. 某公司以 FOB 條件出口一批茶具，買方要求某公司代為租船，費用和風險由買方負擔。由於公司在約定日期無法租到合適的船，且買方不同意更換條件，以致延誤了裝運期，買方以此為由提出撤銷合同。問買方的要求是否合理？

2. 中國某公司以 CFR 價出口一批貨物，裝運後由於工作的疏忽，未能及時向買方發出裝船通知，致使買方未及時投保，結果船開航後不久觸礁沉沒，貨物全部滅。買方向我方提出索賠，我方認為貨物滅失發生在越過船舷之後，風險應由賣方承擔，故拒絕賠償，因此發生爭議。你認為貨損責任應由誰承擔？為什麼？

3. 我方按 CIF 條件進口一批床單，貨物抵達我方後發現床單在運輸途中部分受潮，而賣方已如期向我方提交合同規定的全套合格單據並要求我方支付貨款。問我方能否以所交貨物受潮而拒付貨款或向賣方提出索賠？

4. 某公司按 CIF ROTERDAM 向荷蘭出口一批季節性較強的貨物，雙方在合同中規定：買方須於 9 月底前將信用證開到，賣方保證運貨船只不得遲於 12 月 1 日到達目的港，如貨輪遲於 12 月 1 日抵達目的港，買方有權取消合同。如貨款已收，賣方須將貨款退還給買方。問這一條款是否合理？為什麼？

5. 中國某公司按 CIF 條件向加拿大出口核桃仁，雙方在合同中規定：賣方保證不得遲於 12 月 2 日將貨物駛抵目的港。問這一合同的性質還屬於 CIF 合同嗎？為什麼？

第三章　商品的價格

【本章要點】

本章重點介紹國際貿易中的作價方法的確定，計價貨幣的選擇，貿易術語的使用，佣金和折扣的合理運用以及進出口商品價格的構成和成本核算。

通過本章的學習，瞭解國際貿易的計價方法，正確選擇計價貨幣，合理運用佣金和折扣，掌握國際貿易進出口商品價格的構成以及有效地進行成本核算。

【導入案例】

關於價格中佣金如何支付的案例

我某出口公司擬出口元明粉去歐盟。正好該地區一中間商主動來函與該出口商聯繫，表示願意為其推銷，並要求按每筆交易的成交金額給予5%的佣金。不久，經該中間商介紹與當地進口商達成CIFC5總金額50,000美元的交易，裝運期為訂約後2個月內從中國港口裝運，並簽訂了銷售合同。合同簽訂後，該中間商即來電要求我某出口公司立即支付佣金2500美元。我某出口公司復電稱：佣金須待貨物裝運並收到全部貨款後才能支付。於是，雙方發生爭議。

在國際貿易中，價格的高低決定了買賣雙方的利益，交易磋商的過程往往就是一個討價還價的過程；同時，買賣雙方在其他條款上的利益與得失也會在商品的價格上體現出來。因此，如何確定進出口商品價格和規定國際貨物買賣合同中的價格條款是交易雙方最為關心的一個重要問題，價格條款也就成了國際貨物買賣合同中的核心條款。

國際貿易中的價格由單位價格金額、計價貨幣、計量單位、貿易術語四部分構成。因此，在實際業務中，中國外貿企業在與國外客商磋商和訂約時除了遵循國際市場價格水準，結合銷售意圖和國別地區政策確定價格外，還應正確選擇計價貨幣，適當地選用貿易術語，列明作價方法，合理運用與價格有關的佣金和折扣。

第一節　作價方法

國際貨物買賣的作價方法，一般均採用固定作價。但實際業務中有些商品由於其交貨期較長或價格波動較頻繁，有時也採用暫定價格和滑動價格等作價方法。

一、固定作價

（一）固定作價的概念

固定作價是指在磋商交易中即把價格確定下來，事後不論國際市場價格發生什麼變化均按確定的價格結算貨款的做法。

（二）固定作價的規定方法

（1）如合同中明確規定了商品的價格而買賣雙方又無其他特殊約定，則應理解為固定價格。

例如：

每件 23 美元 CIF 紐約

USD23.00 per case CIF New York

如合同中關於價格作了以上規定，則理解為買賣雙方應按此價格結算貨款，即使訂約後國際市場價格發生了重大變化，任何一方都不得要求調整價格。

（2）在合同中做出明確規定

例如：

合同成立後不得調整價格

No price adjustment shall be permitted after conclusion of this contract.

二、暫不固定價格

暫不固定價格是指在合同中約定商品的品質、數量、包裝、交貨和支付等條件，對價格暫不規定，而只是在合同中約定確定價格的方法。

在國際貿易中，由於某些商品尤其是初期產品因其國際市場價格變動頻繁，幅度較大，或交貨期較遠，買賣雙方在交易磋商時對市場價格趨勢難以預測，買賣雙方在交易磋商時可以採用暫不固定價格的定價方法。

例如：

以 2002 年 3 月 23 日紐約商品交易所該商品的收盤價為準。

Subject to the closing price of COMEX on March 23, 2003.

由於這種作價方法並未規定具體的價格，所以關於定價的時間和方法一定要在合同中做明確、具體的規定；否則，如到時買賣雙方各持己見不能達成協議，合同將無法履行。

三、暫定價格

暫定價格是指在交易磋商時可先在合同中規定一個暫定價格，作為開立信用證和初步付款的依據，待買賣雙方確定最後價格後再進行最後的清算，多退少補。

例如：

單價暫定為每公噸 1000 美元 FOB 廣州，買方按本合同確定的暫定價格先行開立信用證，雙方再於裝運日期前 15 天按當時的市價另行協商最後價格。

The price is at USD1000 per metric ton FOB Guangzhou, at which the buyers open in advance the relative L/C. In accordance with the current market level, the both parties will negotiate to settle the final 15 days ahead of the date of shipment.

四、滑動價格

滑動價格是指先在合同中規定一個基礎價格，交貨時或交貨前一定時間再按工資、原材料價格變動指數做相應的調整，以確定最後價格。

國際貿易中的成套設備、大型機械的進出口，從合同成立到合同履行需要較長的時間，而在這期間內的工資、原材料的價格都有可能發生變動從而影響到生產成本，最終影響到價格。因此，對於這類商品的進出口，為了避免承擔過大的價格風險，保證合同的順利履行，可採用滑動價格。

例如：在合同中規定以上基礎價格將按下列調整公式根據國家統計局公布的20××年×月的工資指數和物價指數予以調整。

The above basic price will be adjusted according to the following formula based on the wage and price indexes published by the China National Statistics Bureau of … (month) 20….

調整公式：

$P = P_0 [A + B \times (M/M_0) + C \times (W/W_0)]$

式中：P——調整後的最後價格；

P_0——訂約時的基礎價格；

A——管理費占貨物單位價格的比率；

B——材料成本占貨物單位價格的比率；

C——工資成本占貨物單位價格的比率；

A + B + C = 100%（由買賣雙方訂約時商定）；

M/M_0——交貨時/訂約時的原材料價格指數；

W/W_0——交貨時/訂約時的工資指數。

上述滑動價格的基本內容，是按原材料和工資變動來計算合同的最後價格。在物價上漲、通貨膨脹的條件下，它實質上是出口廠商轉嫁國內通貨膨脹、確保利潤的一種手段。由於這種作價方法是以工資指數和原材料價格指數作為調整價格的依據，因此，在使用這種作價方法時應在合同中對工資指數和原材料價格指數依據與資料來源做出明確的規定。

例1：

買賣雙方訂立合同，規定整套機械設備初步價格為100萬美元，雙方約定原材料、工資、管理費和利潤在價格中的比重分別為50%、30%、20%。簽訂合同時物價指數、工資指數均為100，交貨時原材料物價指數、工資指數分別上升至110、112。假設雙方約定按物價指數和工資指數調整價格，那麼最終價格為多少？

解　$P = P_0 [A + B \times (M/M_0) + C \times (W/W_0)]$

＝100 萬美元×［20％＋50％×110/100＋30％×112/100］
　　＝100 萬美元×1.056
　　＝105.50 萬美元。

答：最終價格為105.50 萬美元

第二節　計價貨幣

一、計價貨幣的概念

　　計價貨幣（Money of Account）是指合同中規定用來計算價格的貨幣。在國際貨物買賣中，如合同中沒有作特別的規定則計價貨幣就是支付貨幣。但也可以在合同規定計價貨幣是一種貨幣，而支付貨幣為另一種甚至幾種貨幣。

　　計價貨幣一般有以下幾種規定方法：①使用賣方國家的貨幣；②使用買方國家的貨幣；③使用第三國貨幣。究竟使用何種貨幣作為合同的計價貨幣由買賣雙方協商確定。在當前國際金融市場普遍實行浮動匯率制度的情況下，買賣雙方都有可能承擔匯率變化所帶來的風險。同時，國際貨物買賣的交貨期通常較長，從簽訂到履行合同往往需要一段時間。在此期間，計價貨幣的幣值會發生變化，有時甚至會出現較大幅度的波動，其結果必然直接影響到買賣雙方的經濟效益。因此，買賣雙方在選擇使用何種貨幣作為計價貨幣時就必須考慮匯率變動的風險，盡可能爭取使用對自己有利的貨幣計價。但國際貨物買賣是一項涉及買賣雙方利益的綜合性業務，外貿企業在選擇計價貨幣時還要結合企業的經營意圖、國際市場供求情況和價格水準，避免因單純考慮匯率風險而影響交易的正常進行。

二、計價貨幣的選擇

　　選擇計價貨幣的原則：

（一）貨幣的可兌換性

　　除雙方國家簽訂了貿易協定和支付協定，而交易本身又屬於上述協定的範疇，必須按規定的貨幣進行結算外，一般的國際貨物買賣都是採用國際上通用的、可自由兌換的貨幣進行計價和支付。目前國際貿易中被廣泛使用的計價貨幣有：美元（USD）、英鎊（GBP）、歐元（EUD）、港幣（HKD）、日元（JPY）等。近年來由於美元的不斷貶值，歐元有可能取代美元而成為最主要的計價貨幣。

（二）貨幣的穩定性

　　按貨幣的穩定性可將貨幣分為硬幣和軟幣。硬幣即堅挺的貨幣，是指貨幣價格穩定且具有上浮趨勢的貨幣。軟幣即疲軟的貨幣是指貨幣價值不穩具有下浮趨勢的貨幣。在進出口業務中，出口盡可能爭取使用硬幣計價，而進口則盡可能使用軟幣計價。

　　國際貨物買賣涉及買賣雙方當事人的利益，如一方過分堅持使用對自己有利的貨

幣計價則有可能導致交易的無法達成。因此，在實際業務中，雙方當事人為了交易的順利進行不得不採用對一方不利的貨幣時，可用以下方法進行補救：

1. 提高出口價格或壓低進口價格

如在商定出口合同時進口商堅持使用當時被視為軟幣的貨幣計價，則出口商在確定價格時可將從成交之日到支付之日期間計價貨幣有可能貶值的幅度考慮進去，適當地調高出口商品的報價。如在商定進口合同時出口商堅持使用當時被視為硬幣的貨幣計價，則在確定價格時，進口商可將該貨幣在付匯時可能上浮的幅度考慮進去，將進口商品的價格相應調低。

2. 結合使用軟幣和硬幣

在國際金融市場上，往往是兩種貨幣互為軟、硬的。而且經常有今日視為軟的貨幣而後稱為硬的貨幣，也有相反的情形。因此，在不同的合同中適當地結合使用多種軟幣和硬幣，也可起到減少外匯風險的作用。

3. 訂立外匯保值條款

過去，在中國出口貿易中，對一些收匯期限長、金額大的貿易合同，為避免因貨幣貶值而遭受損失，必要時可採用外匯保值條款或稱匯率保值條款。合同中規定外匯保值條款的辦法主要有以下三種：

（1）計價貨幣和結算貨幣均為同一軟幣。確定訂約時這一貨幣與另一硬幣的匯率，支付時按當日匯率折算成原貨幣支付。

（2）軟幣計價，硬幣支付。即將商品單價或總金額按照計價貨幣與結算貨幣當時的匯率，折合成另一種硬幣，按另一種硬幣支付。

（3）軟幣計價，軟幣支付。由雙方協商同意確定，某一貨幣與另幾種貨幣的算術平均匯率，或用其他計算方式的匯率，按支付當日與另幾種貨幣算術平均匯率或其他匯率的變化作相應的調整，折算成原貨幣支付。這種保值可稱為一攬子匯率保值。幾種貨幣的綜合匯率可有不同的計算辦法，如簡單平均法、加權平均法等等。

第三節　主要貿易術語的價格構成和換算方法

在進出口業務中，不同的貿易術語其價格構成是不同的，同一商品的進出口採用不同的貿易術語會表現出不同的價格水準。因此，掌握幾種主要貿易術語之間的價格構成和換算方法有助於我們在進行每筆交易時進行成本核算，以及根據交易的需要調整價格時能有效地保障自身的利益。

一、FOB、CFR、CIF 三種貿易術語的價格構成

在中國進出口業務中，最常採用的貿易術語是 FOB、CFR 和 CIF 三種。這三種貿易術語僅適用於海上或內河運輸。其價格構成的計算公式如下：

FOB 價 = 生產/採購成本價 + 國內費用 + 淨利潤

CFR 價 = 生產/採購成本價 + 國內費用 + 國外運費 + 淨利潤，即 FOB 價 + 國外運費

CIF 價 = 生產採購成本價 + 國內費用 + 國外運費 + 國外保險費 + 淨利潤，即 FOB 價 + 國外運費 + 國外保險費

二、FCA、CPT 和 CIP 三種貿易術語的價格構成

FCA、CPT 和 CIP 三種貿易術語，是國際商會為了使貿易術語適應運輸技術的變化，特別是集裝箱運輸、國際多式聯運和滾裝運輸在國際貿易中被廣泛使用的需要而於 1990 年新增加的三個貿易術語。其價格構成的計算公式如下：

FCA 價 = 生產/採購成本價 + 國內費用 + 淨利潤

CPT 價 = 生產/採購成本價 + 國內費用 + 國外運費 + 淨利潤，即 FCA 價 + 國外運費

CIP 價 = 生產/採購成本價 + 國內運費 + 國外運費 + 國外保險費 + 淨利潤，即 FCA 價 + 國外運費 + 國外保險費

三、主要貿易術語的價格換算

（一）FOB、CFR 和 CIF 三種貿易術語的價格換算

1. FOB 換算為 CFR 和 CIF

CFR = FOB + 國外運費

CIF = FOB + 國外運費 + 國外保險費

2. CFR 價換算為 FOB、CIF

FOB 價 = CFR 價 − 國外運費

CIF 價 = CFR 價 /〔1 −（1 + 投保加成率）× 保險費率〕

3. CIF 換算為 FOB、CFR

FOB = CIF − 國外保險費 − 國外運費

CFR = CIF − 國外保險費

（二）FCA、CPT 和 CIP 三種貿易術語的價格換算

1. FCA 換算為 CPT、CIP

CPT = FCA + 國外運費

CIP = FCA 價 + 國外運費 + 國外保險費

2. CPT 換算為 FCA、CIP

FCA = CPT − 國外運費

CIP = CPT + 國外保險費 = CPT /〔1 −（1 + 投保加成率）× 保險費率〕

3. CIP 換算為 FCA、CPT

FCA = CIP − 國外保險費 − 國外運費

CPT = CIP − 國外保險費

第四節　佣金、折扣和出口成本核算

在交易磋商、簽訂合同的過程中有時會涉及佣金和折扣。合理地利用佣金和折扣

會促成交易的達成、提高外貿企業的經濟效益。同時，如何利用價格進行出口成本核算，計算每筆交易的盈虧也是外貿企業在交易磋商、簽訂合同時要予以足夠重視的問題。

一、佣金

(一) 佣金的含義

佣金（Commission）是指買方或賣方付給中間商為其介紹生意或代買代賣的酬金。上述中間商通常為經紀人或代理人。在實際業務中，凡是為促成交易提供服務的企業或個人都可以成為收取佣金的中間商。正確和合理地運用佣金可以調動中間商的積極性，積極推銷我方的出口商品，從而達到擴大出口的目的。國際貿易中經常會遇到向國外支付佣金的情形，如在委託國外銷售代理或直接通過中間商推銷新產品或開發新市場，都需要向代理商或中間商支付佣金。

(二) 佣金的表示方法

凡價格中包含了佣金的，稱為含傭價。含傭價的表示方式可以分為以下兩種：

（1）用文字表示。

例如：

每公噸 400 美元 FOB 廣州，包含 3% 的佣金

USD400 per metric ton FOB Guangzhou including 3% commission

（2）在貿易術語後面加註「佣金」的英文縮寫字母「C」，並註明佣金的百分比來表示。

例如：

每公噸 400 美元 FOBC3% 廣州

USD400 per metric ton FOBC3% Guangzhou

價格中不包含佣金的，稱為淨價。

(三) 佣金的計算

1. 計算佣金的基數

在國際貿易中，有的是按成交金額（發票金額）作為計算佣金的基數，有的則以 FOB 或 FCA 總值作為基數計算佣金。以 FOB 或 FCA 總值作為計算佣金的基數，依據是根據《2000 年國際貿易術語解釋通則》的規定，CIF 貿易術語項下買賣雙方的貨物風險劃分點在裝運港的船舷，因而賣方在此後的運輸與保險是為了買方的利益而行事，即 CIF 價中的運輸與保險費成本並非賣方的既得利益，是為了買方的利益而分別支付給船公司和保險公司的，所以賣方不應從運輸與保險費部分抽取佣金給買方，而應從 CIF 價中扣除運輸與保險費用後，以貨物的 FOB 價作為計算支付對方佣金的基數。是按成交金額還是按 FOB 或 FCA 總值計算佣金，國際上並沒有法律和慣例對此做出規定，主要還是由雙方協商確定。從理論上講，以按 FOB 或 FCA 總值計算佣金較為合理，但在實際操作中，按成交金額計算佣金比較簡便。所以，在實際業務中，按成交

金額計算佣金使用的相對較多。例如，CIF 的成交金額為2000 美元，佣金率為3%，則應付佣金 60 美元。

2. 計算佣金的方法

計算佣金的公式為：

佣金 = 含佣價 × 佣金率

淨價 = 含佣價 − 佣金

在實際業務中，除了掌握佣金的計算外，還需掌握如何將不含佣金的淨價轉換成含佣價，即已知淨價，求含佣價。其計算公式為：

$$含佣價 = \frac{淨價}{1 - 佣金率}$$

例2：

我某外貿公司出口某商品對外報價每千克 200 美元 CIFC2% 紐約，然後對方要求將佣金增加到 5%，我方同意，但出口淨收入不能減少。在此情況下，我方應報多少價格？

解：佣金 = 含佣價 × 佣金率

$\quad\quad\quad = 200 \times 2\%$

$\quad\quad\quad = 4$（美元）

淨價 = 含佣價 − 佣金

$\quad\quad = 200 - 4$

$\quad\quad = 196$（美元）

$含佣價 = \dfrac{淨價}{1 - 佣金率}$

$\quad\quad\quad = \dfrac{196}{1 - 5\%}$

$\quad\quad\quad = 206.31$（美元）

答：在此情況下，我方應報 206.31 美元。

3. 佣金的支付

佣金可於合同履行後逐筆支付，也可按雙方事先約定的時間支付。在我外貿企業，在佣金的支付問題上應盡可能堅持在買賣合同履行完後才能給中間商支付佣金。因為，中間商的服務不僅在於促成交易，還應負責聯繫、督促買方履約，協助解決履約過程中可能發生的問題，以使合同得以圓滿地履行。堅持在合同履行完後才支付佣金的目的在於，將中間商的利益與該合同的履行狀況融為一體，使得中間商會努力地促使交易各方更好地履約。特別是當買賣雙方初次交易出現誤解和糾紛時，中間商的溝通及調解作用才顯得非常重要。

二、折扣

(一) 折扣的含義

折扣（Discount）是指賣方按原價給予買方一定百分比的減讓，即在價格上給予買

方適當的優惠。在實際業務中，折扣更多的時候是買賣雙方在交易磋商的過程中被用來進行討價還價的一種手段，合同中體現出來的一般是實際成交的價格和金額。

(二) 折扣的表示方法

在國際貿易中，如果價格中允許給予折扣，則通常在合同條款中用文字明確表示出來。

例如：

CIF 倫敦每公噸 200 美元，折扣 2%

USD200 Per metric ton CIF London including 2% discount

(三) 折扣的計算與支付方法

折扣的計算相對比較簡單。一般按實際成交金額乘以約定的折扣比率，即為折扣金額。而折扣的支付也一般是在買方支付貨款時預先予以扣除。

三、出口成本核算

外貿企業從事商品出口絕大多數情況下是為了賺取利潤。所以，在對外報價、磋商交易前必須進行成本核算。一般只有在盈利的情況下才會對外磋商、簽訂合同。

出口企業進行成本核算主要有三個指標：出口換匯成本、出口盈虧額、出口盈虧率。

(一) 出口換匯成本

出口換匯成本是反應出口商品每取得一美元的外匯淨收入所耗費的人民幣成本。換匯成本越低，出口的經濟效益越好。

$$出口換匯成本 = \frac{出口總成本（人民幣元）}{出口銷售外匯淨收入（美元）}$$

其中：

(1) 出口總成本(退後) = 出口商品購進價格(含增) + 定額費用 - 出口退稅收入。
(2) 定額費用 = 出口商品購進價格 × 費用定額率。
(3) 出口退稅收入 = 出口商品購進價（含增值稅） ÷ （1 + 增值稅率） × 退稅率。
(4) 出口外匯淨收入是指不含佣金的 FOB 美元收入。

國內許多教材在進行出口換匯成本計算時都不考慮出口退稅因素，而事實上在目前出口利潤空間越來越小的情況下，出口退稅有時會是外貿企業出口利潤的主要組成部分。

(二) 出口盈虧額

出口盈虧額是反應外貿企業在從事出口時出口銷售人民幣淨收入與退稅後的出口總成本之間差額的指標。如果計算結果為正數，則表明該筆出口是盈利的，否則為虧損。其計算公式為：

出口盈虧額 = (FOB 出口外匯淨收入 × 銀行外匯買入價) - 出口總成本(退稅後)

（三）出口盈虧率

出口盈虧率是出口商品盈虧額在出口總成本（退稅後）中所占的百分比的指標，正值為盈利，負值為虧損。其計算公式為：

$$出口盈虧率 = \frac{出口盈虧額}{出口總成本} \times 100\%$$

換匯成本高於銀行買入價，盈虧率是負值。換匯成本低於銀行外匯買入價，出口才有盈利。

例3：

我某外貿公司出口一批貨物至紐約，出口總價為 115,000 美元 CIFC5% 紐約，其中從中國口岸至紐約的運費和保險費占 12%。這批貨物的國內購進價為人民幣 702,000 元（含 17% 的增值稅），該外貿公司的費用定額率為 5%，退稅率為 9%。結匯時銀行的外匯買入價為 1 美元折合人民幣 7.40 元。試計算這筆出口交易的換匯成本、盈虧額和盈虧率。

解：出口總成本 = 702,000 + 702,000 × 5% − 702,000 ÷ （1 + 17%）× 9%

= 683,100 人民幣

FOB = 115,000 ×（1 − 12%）− 115,000 × 5%

= 95,450 美元

$$出口換匯成本 = \frac{683,100}{95,450} = 7.15 （人民幣/美元）$$

盈虧額 = 95,450 × 7.40 − 683,100

= 23,230 人民幣

$$盈虧率 = \frac{23,230}{683,100} \times 100\%$$

= 3.4%

答：該筆交易的換匯成本為一美元需 7.15 人民幣，出口盈虧額為 23230 人民幣，盈虧率 3.4%。

第五節　買賣合同中的價格條款

一、價格條款的內容

國際貨物買賣合同中的價格條款一般包括單價和總值兩部分。

（一）單價

國際貨物買賣合同中的單價（Unit Price）由計量單位、單位價格金額、計價貨幣和貿易術語四部分構成。

例如：

USD	300	per metric ton	FOB Shanghai
計價貨幣	單位價格金額	計量單位	貿易術語

（二）總值

總值（Total Amount）是指單價與成交商品數量的乘積。

二、制定價格條款應注意的事項

價格是國際貨物買賣合同的主要交易條件，價格條款是合同的主要條款。為了使價格條款規定得明確合理，必須注意下列問題：

（1）以國際市場價格為基礎，合理確定商品的單價，防止偏高或偏低。

（2）結合經營意圖和實際情況，選擇適當的貿易術語。一般而言，出口盡可能用CIF，進口盡可能用FOB。

（3）盡可能選擇有利的計價貨幣，以避免匯率波動的風險。如為了交易的達成而不得已採用了不利的貨幣時，應在合同中訂立保值條款。

（4）根據商品的性質和交貨期，選擇合適的作價方法，以避免價格變動的風險。

（5）根據國際貿易的習慣做法，合理運用佣金和折扣。

思考與練習題

一、單項選擇題

1. CIF 與 FOB 價相比而言，多了（　　）。
   A. 國外運費　　　　　　　　B. 國內消費
   C. 國外保險費　　　　　　　D. A 和 C

2. 下列成交價格是外匯淨收入的是（　　）。
   A. FOB 成交價　　　　　　　B. CIF 成交價
   C. CFR 成交價　　　　　　　D. CPA 成交價

3. 出口總成本的基本構成因素是（　　）。
   A. 進貨成本　　　　　　　　B. 國內費用
   C. 進口稅　　　　　　　　　D. 進貨成本和國內費用

4. （　　）是買賣合同的核心條款。
   A. 數量條款　　B. 重量條款　　C. 價格條款　　D. 體積條款

5. 一份出口合同中規定 CIF 紐約，每公噸 2000 美元，折扣 4%，賣方實際收入為（　　）美元。
   A. 1900　　　　B. 2080　　　　C. 1920　　　　D. 1900

6. （　　）是採用非固定價格一個重要的、必不可少的前提。
   A. 謹慎選擇作價時間　　　　B. 充分考慮影響

C. 明確作價標準　　　　　　　D. 簽訂合同
7. 衡量外貿企業和進出口交易盈虧的重要指標是（　　）。
　　　A. 出口外匯淨收入　　　　　　B. 出口成本核算
　　　C. 出口盈虧率　　　　　　　　D. 出口換匯成本
8. 在一筆出口交易中，計算出的出口換匯成本為5.3人民幣。如果當時外匯牌價為1美元折6.6人民幣，則出口1美元的該商品取得（　　）。
　　　A. 1元人民幣的盈利　　　　　 B. 1元人民幣的虧損
　　　C. 1.3元人民幣的盈利　　　　 D. 1.5元人民幣的虧損
9. 國外保險費的計算基礎是（　　）
　　　A. FOB　　　　B. CIF　　　　C. CFR　　　　D. CIP
10. 中國常採用的國際貿易作價方法是（　　）。
　　　A. 待定價格　　B. 暫定價格　　C. 後訂價格　　D. 固定作價

二、多項選擇題

1. 合同價格條款的單價的組成部分有（　　）。
　　　A. 計量單位　　　　　　　　　B. 單位價格金額
　　　C. 計價貨幣　　　　　　　　　D. 貿易術語
　　　E. 銷售數量
2. 價格條款的規定涉及面比較廣，訂好價格條款應注意的問題是（　　）。
　　　A. 合理確定商品單價，防止偏高或偏低
　　　B. 根據船源、貨源等實際情況，選擇適當的貿易術語
　　　C. 爭取選擇有利的計價貨幣，必要時可加訂保值條款
　　　D. 靈活運用各種不同的作價辦法，避免承擔價格變動的風險
　　　E. 參照國際貿易的習慣做法，注意佣金和折扣的合理運用
3. 三種常用貿易術語的價格構成內容包括（　　）。
　　　A. 進貨成本　　　　　　　　　B. 國內費用
　　　C. 國外費用　　　　　　　　　D. 淨利潤
　　　E. 以上答案都對
4. 價格修正條款調整價格的依據有（　　）。
　　　A. 工資的變動　　　　　　　　B. 管理費的變動
　　　C. 原材料價格變動　　　　　　D. 利潤的變動
　　　E. 保險費用的變動

三、簡答題

1. 簡述採用非固定作價的利弊。
2. 出口成本價格與出口成交價格的區別是什麼？

四、計算題

1. 中國某出口商品原報價為每箱 150 美元 CFR 孟加拉。現外商要求該報 CFR5% 孟加拉，在 CFR 淨收入不減少的條件下，我方最低報價應報多少美元？如按 110% 投保，保險費率為 1%，則我方最低 CIFC5% 應報多少美元？

2. 我某公司以 CIFC3% 條件出口一批貨物，外銷價為每公噸 1000 美元，支付運費 80 美元，保險費 10 美元。該公司進貨成本為每公噸 4000 元人民幣，國內直接和間接費用加 15%。

（1）求該商品出口總成本、出口外匯淨入、出口換匯成本。

（2）若當時外匯牌價為 1 美元折 6.6 人民幣，試計算此項出口業務的盈虧率。

第四章　國際貨物運輸

【本章要點】

　　本章主要介紹國際貨物運輸的主要方式及不同運輸方式所使用的運輸單據。另外，還介紹了裝運條款，主要包括裝運時間、裝運地點以及分批裝運和轉運等。

　　通過本章學習，瞭解國際貨物運輸的主要方式特別是海洋運輸的相關知識，熟悉國際貨物運輸合同中裝運條款的內容，特別是分批轉運和轉運條款，掌握海運提單的種類和作用。

【導入案例】

關於分批裝運的案例

　　我某公司出口大米 10,000 公噸，合同與信用證均規定：3～4月份裝運，但在租船時發現艙位不夠，需分 3 次裝運。請問：是否需要修改信用證？另外，如果第二批交貨的時間是 5 月上旬，則買方能享有什麼權利？為什麼？

　　國際貨物運輸是國際貿易活動中的一個重要環節，是一項政策性、時間性強、線長面廣的複雜工作。在這項工作中為了貫徹「安全、迅速、準確、節省」的原則，在進出口合同中應把裝運條款訂得明確具體、切實可行，這樣才能有效地完成進出口商品的交貨任務。

第一節　運輸方式

　　在國際貨物運輸中，使用的運輸方式有多種。根據運輸路線和運輸工具不同，可以分為水、陸、空、江、郵、管等運輸方式。為了合理地選擇運輸方式，必須對各種運輸方式的特點及其營運的相關知識有所瞭解。

一、水上運輸

　　水上運輸可以分為內河運輸和海洋運輸。

　　內河運輸（Inland Water Transportation）是水上運輸的一個重要組成部分，是指船舶在江河航線之間經營客運和貨運業務。同時，也是連接內陸腹地和沿海地區的紐帶，在運輸和集散進出口貨物中起著重要的作用。內河運輸具有運量大、投資少、成本低、耗能少的特點，對一個國家的國民經濟和工業佈局起著重要作用，故世界各國無不重

視本國內河運輸系統的建設。

內河運輸與沿海運輸和遠洋運輸相比，船舶噸位較小，但是運量大、投資少、成本低、耗能小，不像海上運輸那樣涉及面廣，風險也相對較低，對一個國家的國民經濟和工業佈局起著重要的作用。世界上主要的內河有歐洲的多瑙河、萊茵河、易北河、伏爾加河、頓河、泰晤士河，美洲的亞馬遜河、拉普拉塔河、密西西比河和五大湖區等。中國也擁有四通八達的內河航運網，長江、珠江、京杭運河等主要河流中的一些港口已對外開放，與一些鄰國還有國際河流相通，為中國進出口貨物通過河流運輸和集散提供了十分有利的條件。

海洋運輸（Ocean Transportation）又稱海上運輸，是國際貿易的主要運輸方式，目前進出口貿易總運量中 2/3 以上的貨物是利用海上運輸完成的。

(一) 海洋運輸的特點

與其他運輸方式相比較，海洋運輸具有以下特點：

1. 運輸量大

隨著造船技術的日益發展和精益求精，船舶都朝著大型化方向發展。巨型油輪超過 60 萬噸。一般的雜貨輪也多在五六萬噸以上。因此，海上運輸具有運輸量大的優勢，船舶承載能力遠遠大於火車、汽車和飛機，是運輸能力最大的工具。

2. 通過能力強

一方面，海上運輸是利用天然航道完成的，這些航道四通八達，將世界各地港口連在一起，不像汽車、火車容易受道路或軌道的限制；另一方面，如遇政治、經濟貿易及自然條件等的變化，可隨時改選最有利的航線。因此，通過能力強成為海上運輸的另一大優勢。

3. 運費低廉

一方面，海上運輸所通過的航道是天然形成的，港口設施一般是政府修建，不像公路或鐵路運輸那樣需大量投資用於修築公路或鐵路；另一方面，船舶運載量大、使用時間長、運輸里程遠，與其他運輸方式相比，海運的單位運輸成本較低，約為鐵路運費的 1/5、公路運費的 1/10、航空運費的 1/30。這為低價大宗貨物的運輸提供了有利的運輸條件。

海洋運輸也存在不足之處。例如，海洋運輸受氣候和自然條件的影響較大，航期不易準確，而且風險較大。此外，海洋運輸的速度也相對較低。

(二) 海洋運輸船舶的經營方式

按照船舶經營方式的不同，海洋運輸可分為班輪運輸（Liner Transport）和租船運輸（Shipping by Chartering）。

1. 班輪運輸

（1）班輪運輸的特點

班輪運輸又稱定期船運輸，是指船舶按照預定的航行時間表，在固定的航線和港口往返航行，從事客貨運輸業務，並按事先公布的費率收取運費的運輸。它具有下列特點：

第一，船舶按照固定的船期表（Sailing Schedule），沿著固定的航線和港口來往運

輸，並按相對固定的費率收取運費。

第二，由船方負責配載裝卸，裝卸費包括在運費中，貨方不再另付裝卸費，船貨雙方也不計滯期費和速遣費。

第三，船貨雙方的權利、義務與責任豁免，以船方簽發的提單條款為依據。

總之，班輪承運貨物的品種、數量相對比較靈活，貨運質量比較有保證，而且一般在班輪碼頭倉庫交接貨物，故為貨主提供了便利和良好的服務。

(2) 班輪運費的計算標準

在班輪運價中，有些商品按重量（Weight），有些按體積（Measurement），有些按商品價值計收運費，還有些按件數計收運費，這些就叫做運價計算標準（Basis）。班輪運價表中對運價的計算標準一般有以下幾種規定：

第一，按貨物毛重計收，也稱重量噸（Weight Ton）。在運價表內用「W」表示，即 Weight 的縮寫。一般以 1 公噸為計算單位重量噸的實際依據，公噸以下取兩位小數。該標準適用於貨物積載因數小於船舶載貨容積系數的重貨。

第二，按貨物的體積計收，也稱尺碼噸（Measurement Ton）。在運價表中用「M」表示，即 Measurement 的縮寫。一般以 1 立方米為計算單位或 40 立方英尺為 1 尺碼噸計算。該標準適用於貨物積載因數大於船舶載貨容積系數的輕泡貨。

第三，按貨物的毛重或體積計收運費，計收時取其數量較高者。在運價表中以「W/M」表示。按慣例，凡 1 重量噸貨物的體積超過 1 立方米或 40 立方英尺者即按體積收費；1 重量噸貨物其體積不足 1 立方米或 40 立方英尺者，按毛重計收。

第四，按貨物的價格計收運費，又稱從價運費。一般按商品 FOB 貨價的一定百分比（0.1%～5% 不等）計算運費。在運價表內用「A.V.」或「Ad. Val」表示。高值貨物較多使用該標準計收。

第五，按貨物重量或體積或價值三者中最高的一種計收。在運價表中用「W/M or ad. Val.」表示。也有按貨物重量或體積計收，然後再加收一定百分比的從價運費，在運價表中以「W/M plus ad val.」表示。

第六，按貨物的件數計收，以「Per Unit, Head, Piece etc.」如活牲畜按頭、車輛按輛、大型機車按臺等計費。

第七，大宗低值貨物按議價計收運費，以「Open Rate」字樣表示。如糧食、豆類、煤炭、礦砂等。上述大宗貨物一般在班輪費率表內未規定具體費率。在訂艙時，由托運人和船公司臨時洽商議定。議價運費比按等級運價計算的運費低。

第八，起碼費率（Minimum Rate），是指按每一提單上所列的重量或體積所計算出的運費，尚未達到運價表中規定的最低運費額時，則按最低運費計收。多數班輪公司都以其等級費率的第一級費率為起碼費率。

現在國際上一般採用公制（米制）單位，即重量單位為公噸（Metric Ton，M/T），尺碼單位為立方米（Cubic Meter，M^3）。英制重量單位為長噸（Long Ton，L/T），美制重量單位為短噸（Short Ton），英制尺碼單位為立方英尺（Cubic Foot）。因此，在計算運費時，如果托運人提供的有關貨物的重量或體積使用的計量單位不符時，首先要對計量單位進行換算。

應當注意的是，如果不同商品混裝在同一包裝內，則全部運費按其中較高者計收。同一種商品如包裝不同，其計費標準及等級也不同。托運人應按不同包裝分列毛重及體積，才能分別計收運費，否則全部貨物均按較高者收取運費。同一提單內如有兩種或兩種以上不同貨名，托運人應分別列出不同貨名的毛重或體積，否則全部貨物將按較高者收取運費。

附加費是對一些需要特殊處理的貨物或由於客觀情況的變化使運輸費用大幅度增加，班輪公司為彌補損失而額外加收的費用。附加費的種類很多，而且隨著客觀情況的變化而變化。以下為幾種常見的附加費：超重附件費（Over Weight Surcharge）、超長附加費（Over Length Surcharge）、燃油附加費（Bunker Surcharge or Bunker Adjustment Factor, BAF）、港口附加費（Port Surcharge）、港口擁擠附加費（Port Congestion Surcharge）、貨幣貶值附加費（Devaluation Surcharge or Currency Adjustment Factor）、繞航附加費（Deviation Surcharge）、轉船附加費（Transshipment Surcharge）、直航附加費（Direct Additional）等。各種附加費的計算方法主要有兩種：一種是以百分比表示，即在基本費率的基礎上增加一個百分比；另一種是用絕對數表示，即每運費噸增加若干金額，可以與基本費率直接相加計算。

（3）班輪運費計算公式及計算步驟

班輪運費由基本費率和附加費兩部分構成。其計算公式為：

第一，附加費為絕對數值時的運費公式為：

運費總額 = 貨運數量（重量或體積）× 基本費率 + 總附加費

第二，附加費按百分比計算時的運費公式為：

運費總額 = 貨運數量（重量或體積）× 基本費率 ×（1 + 附加費率）

從價運費通常按照 FOB 價格計算。如果貿易合同採用 CIF 價格時，則須經過換算求得 FOB 價格後，再按 FOB 價格計算運費。

在計算一筆運費時，應按下列步驟進行：

第一，選擇相關的船公司運價表；

第二，根據貨物名稱，在貨物分級表中查出相應的運費計算標準（Basis）和等級（Class）；

第三，在等級費率表的基本費率部分，找到相應的航線、啓運港和目的港，按等級查到基本運價；

第四，再從附加費部分查出所有應收（付）的附加費項目和數額（或百分比）及貨幣種類；

第五，根據基本運價和附加費算出實際運價；

第六，總運費 = 實際運價 × 運費噸。

例1：我某公司以 CIF 價格條件出口加拿大溫哥華一批面粉 1000 袋，每袋 25 厘米 × 20 厘米 × 20 厘米，毛重 30 千克。該批貨物總運價計算如下：

解：①先查面粉準確譯名為「Flour」。

②從有關運價表中的商品分級表（Classification of Commodities）中查找相應的貨

名，從而查出該貨物運費計算標準為「W/M」，貨物等級為5級。

③再查中國至加拿大溫哥華航線等級費率表得到5級貨物每運費噸的基本費率為183元。

④另查得燃油附加費為30%。

⑤確定計算標準：

按尺碼噸計算 = 0.25 × 0.2 × 0.2 = 0.01（立方米）

按重量噸計算 = 30 千克 = 30/1000 公噸 = 0.03 公噸

因為 0.03（重量噸）> 0.01（尺碼噸），所以，應以 W（重量噸）計算。

⑥計算總運價：

該批貨物總運價 = 基本費率 × 運費噸 × （1 + 附加費率）

$\qquad$ = 183 × 0.03 × 1000 × （1 + 30%）

$\qquad$ = 7134（元）

（4）班輪運費的支付及計費的幣種

第一，運費的支付。運費按照支付的時間，通常分為預付運費（Freight Prepaid）和到付運費（Freight to Collect）兩種。

預付運費時，托運人須在承運人簽發提單之前支付全額運費。在簽發提單之前即需支付的運費就是預付費用。在預付運費的情況下，運費應該按照貨物裝船時的重量或尺碼計算。托運人申報並記載於提單上的重量或尺碼是計算運費的基礎。如果由具有一定資格的檢驗員對裝船的貨物進行衡量或丈量，在日後發現用以計算運費的重量或尺碼錯誤，則班輪公司還可以追補差額。如果托運人故意對貨物的名稱、價格、重量或尺碼等做出虛假的申報，則班輪公司不但對這些貨物的滅失或損壞不負任何責任，而且還要加倍計收運費。

到付運費時，貨主必須在貨物運抵目的港，承運人交付貨物之前付清全額運費。這種在交付貨物以前須付清的運費就是到付運費。到付運費應在提單及有關貨運單證上註明。在提單上註明運費到付的情況下，收貨人只有在付清了運費之後，才能提取貨物；否則，承運人可以拒絕交付貨物，經法院批准還可以將貨物拍賣，以拍賣收入抵償應收的運費。

第二，計費的幣種。費率表中用以表示費率的貨幣種類就是計費的幣種。從事國際貿易貨物運輸的班輪公司都是以國際上比較通用的、在國際外匯市場上可以自由買賣的自由外匯作為計費的幣種，而不是以貨物裝船地通用的貨幣作為計費的幣種。在以自由外匯計價的情況下，匯率變動會直接影響船公司的收入。所以，在提單上不僅要記明運費支付的時間和支付運費的地點，而且還要規定應該按照哪一天的匯率來計算運費。如果提單中沒有規定應該按照哪天的匯率來計算運費，則根據運價表中的有關規定執行。通常，在運費預付的情況下，運費按簽發提單的當天的匯率計算；而在運費到付的情況下，則按船舶抵達卸貨港當日的匯率計算。

2. 租船運輸

租船運輸（Tramp Shipping）又稱不定期船運輸。它和班輪運輸不同，船舶沒有預定的船期表、航線及港口，均按租船人和船東雙方簽訂的租船合同規定的條款行事。

也就是說，根據租船合同，船東將船舶出租給租船人使用，以完成特定的貨運任務，並按商定的運價收取運費，租船運價受租船市場供求關係的影響。租船運輸通常適用於大宗貨物的運輸，如糧食、煤炭、礦砂、化肥、石油、木材和水泥等。

目前，國際租船運輸包括定程租船（Voyage or Trip Charter）、定期租船（Time Charter）和光船租船（Demise or Bareboat Charter）。

（1）定程租船，簡稱程租，又稱航次租船，是指以航次為基礎的租船方式。在這種方式，船方必須按租船合同規定的條件下，按時抵達裝貨港口，裝上一定數量的指名貨物，在卸貨港卸下貨物，完成整個航程的運輸任務，並負責船舶的經營管理以及航行中的一切開支費用，租船人則按約定支付費用。在定程租船條件下，除了少數幾項費用，如貨物裝卸費、隔離費、平艙費等通常由租船人負擔外，其他運輸費用，如船員工資、港口使用費、港口代理費、船用燃料、隔墊物料費等費用都由船東承擔，租船人按約定支付運費。

定程租船裝卸費用的劃分方法有以下幾種：

第一，船方負擔裝貨費和卸貨費條件（Liner Terms or Gross Terms），又稱班輪條件。租船人把貨物交到船邊吊鉤所能到達的地方，船方負責把貨物裝進艙內並整理好貨物；卸貨時，船方負責把貨物從艙內卸到船邊，由租方或收貨人提貨。所以，責任和費用的劃分界限為船邊。這種方法只能適用裝卸包裝貨或木材等，不適用於散貨。

第二，船方管裝不管卸條件（Free Out, FO）。船方只負責裝貨及其費用，但不負責卸貨及其費用。有時又稱 LI, FO（Liner In, Free Out）。

第三，船方管卸不管裝條件（Free In , FI）。船方只負責卸貨及其費用，但不負責裝貨及其費用。有時又稱 LO, FI（Liner Out, Free In）。

第四，船方不負擔裝貨費和卸貨費條件（Free In and Out, FIO）。採用這一條件時，還要明確理艙費和平艙費由誰負擔。一般都規定由租船人負擔，即船方不負擔裝卸、理艙和平艙費條件（Free In and Out, Stowed and Trimmed, FIOST）。這種方法適用於散貨租船。

此外，租船人與船方洽商貨物裝卸責任和費用時應注意其與買賣合同中所使用的貿易術語相銜接。

（2）定期租船，簡稱期租，是指以租賃期限為基礎的租船方式。在租期內，租船人按約定支付租金以取得船舶的使用權，同時負責船舶的調度和經營管理。期租租金（Charter Hire）一般規定，以船舶的每載重噸每月若干金額計算。

（3）期租船與程租船的比較

表 4－1

項目	程租船	期租船
租船訂艙的性質	租用整船或船舶部分艙位	租用整船
航線港口規定	規定航線和裝卸港口	不規定航線和裝卸港口，只規定航行區域範圍
裝運貨物的規定	對裝運貨物加以具體規定	任何合法的貨物

表4-1(續)

項目	程租船	期租船
承租雙方的責任	船舶調度、營運權歸船方。租船人只付運費及其他少數費用。其餘費用都歸船方負擔。	租船人有船舶調度權並負責船舶的營運，支付船用燃料、各項港口費用、捐稅、貨物裝卸等費用。
租船條件	以航程為條件，規定滯期速遣條款。	以一定時間為租船條件，不規定滯期速遣條款。
租金的計算	按裝貨實際噸數計算，直接表現為貨物的運輸成本，可以預付或到付。	按每載重噸每月（或每日）計算，一般預付。

(4) 光船租船，也稱船殼租船。在這種方式下，船東只負責提供空船，不負責提供船員，由租方自行配備船員，提供工資給養，負責船舶的經營管理和航行各項事宜。在租期內，租船人實際上對船舶有著支配權和佔有權。由於雇用和管理船員的工作十分複雜，因此，光船租船在租船市場上很少採用。

二、鐵路運輸

鐵路是國民經濟的大動脈，鐵路運輸是現代化運輸業的主要運輸方式之一。與其他運輸方式相比，鐵路運輸具有準確性和連續性強、比較快、安全可靠等特點；但同時，鐵路運輸也具有建設初期投資大、建路工程艱鉅複雜等缺點。

鐵路運輸可以分為國際鐵路貨物聯運和國內鐵路貨物運輸。

(一) 國際鐵路貨物聯運

國際鐵路貨物聯運是指使用一份統一的國際聯運票據，由鐵路負責經過兩個或兩個以上國家鐵路的全程運輸，並由一國鐵路向另一國鐵路移交貨物時，不需要發貨人和收貨人參加的運輸方式。

國際鐵路貨物聯運出口貨物運輸的組織工作，主要包括計劃的編製以及貨物的托運、承運、裝車、運輸和交付。

(1) 托運與承運。發貨人在托運貨物時，向車站提出貨物運單和運單副本，車站接到運單後，審核通過，即交給簽證車站在運單上簽證表示受理托運。發貨人按指定的日期將貨物運送到指定的貨位，裝車完畢，本站在貨物運單上加蓋承運日期，即為承運。

(2) 發運。即貨物進站、請車、撥車、裝車、加固和密封。

(3) 取得運單和運單副本。運單是發收貨人與鐵路之間的運輸契約，運單副本是貿易雙方結算貨款的依據。兩者不能互相替代。

參加國際貨協的各國鐵路間運送費用的核算主要依據是《國際貨協統一過境運價規程》（簡稱《統一貨價》）和《鐵路貨物運價規則》（簡稱《價規》）。運費計算的原則為：

(1) 發送國鐵路的運送費用，按承運當日發送國國內的現行規定核收，並以發送

國貨幣，在發站向發貨人核收；

（2）到達國鐵路的運送費用，按承運當日到達國國內的現行規定核收，並以到達國貨幣，在到站向收貨人核收；

（3）過境鐵路的運送費用，均按《統一貨價》分為在發站向發貨人或在到站向收貨人核收。

如果在參加國際貨協的國家和未參加國際貨協的國家之間運送貨物，則發送國或到達國鐵路的運送費用，按其國內規定計算；參加國際貨協的國家各過境運送費用，按《統一貨價》計算；而未參加國際貨協的國家鐵路的運送費用，按這些鐵路參加的另一種國際聯運協定計算。

(二) 國內鐵路貨物運輸

國內鐵路運輸是指僅在本國範圍內按《國內鐵路貨物運輸規程》的規定辦理的貨物運輸。中國出口貨物經鐵路運輸至港口裝船及進口貨物卸船後經鐵路運往各地，均屬國內鐵路運輸的範疇。

對中國港澳地區的鐵路運輸按國內運輸辦理，但又不同於一般的國內運輸。貨物由內地各發站裝車後，經深圳直接過軌至香港九龍車站。發貨人在內地車站填寫國內鐵路運單，辦理發貨地至深圳北站的國內運段運送，以深圳外運分公司為收貨人。深圳外運分公司作為發貨人的代理，在口岸與鐵路辦理貨物運送票據的交接，並向鐵路部門租車，然後向海關辦理出口申報手續，經聯檢部門，如海關、商檢、動植物檢驗、邊防等，查驗放行後，過軌至香港九龍車站。貨車過軌後，由深圳外運分公司在香港的代理——香港中旅貨運有限公司，向香港九龍鐵路公司重新起票辦理港段鐵路運送。因此，對香港地區的鐵路運輸的特點是：租車方式，兩票運輸。澳門與內地沒有鐵路直通，因此內地各省市運送澳門的貨物，先由鐵路部門辦理國內運輸至廣州南站，之後再轉水路至澳門。

目前，對香港地區鐵路貨物運輸的組織是由鐵路部門負責的，但是供應中國港澳地區的運輸具有現貨商品多、按配額發運、兩票運輸等特點。所以，外貿運輸部門需要配合鐵路部門共同組織運輸工作，快運貨物列車就是根據這個特殊性，由外貿和鐵路部門共同協作組織進行的。開行的快運貨物列車有 751 次、753 次、755 次。其中，751 次貨物列車逢單日由江岸始發，逢雙日由長沙北始發，承擔兩湖供港物資的發運任務；753 次貨物列車由上海經龍華始發，承擔江蘇、上海、浙江、江西等省、市供港物資的發運任務；755 次貨物列車由鄭州北站始發，承擔河南省以及三北（東北、西北、華北）地區經鄭州中轉供港物資的發運任務。

三、航空運輸

國際航空貨物運輸作為一種新興的現代化運輸方式，具有許多其他運輸方式無可比擬的優越性，如運輸速度快，不受地面條件影響，安全準確，適於鮮活、易腐和季節性商品的運輸，可以節約包裝、保險、利息等費用，但是費用較高，運量有限。

(一) 國際航空貨物的運輸方式

1. 班機運輸

班機運輸（Schedule Airline）有固定的航線、固定的停靠場、固定的航期，因此使用班機運輸方式來運送貨物，特別是國際貨物流通，能夠保證貨物安全、迅速地到達世界上各通航地點，便於收發貨人確切掌握貨物起運和到達時間，這對貴重物品、市場上急需的商品、鮮活易腐貨物的運送是非常重要的。班機運輸在一定時間內有相對固定的收費標準，便於進出口商在貿易合同簽署之前核算運費成本，在一定程度上保障了合同的履行，因此成為多數貿易商的首選航空貨運形式。

2. 包機運輸

通常情況下，包機運輸（Chartered Carrier）可分為整機包機和部分包機兩種形式。整機包機是指航空公司或包機代理公司按照合同中雙方事先約定的條件和運價將整架飛機租給包機人，從一個或幾個航空站裝運貨物至指定目的地的運輸方式。部分包機則是指幾家航空貨運代理公司或發貨人聯合包租一架飛機，或者是由包機公司把一架飛機的艙位分別賣給幾家航空貨運代理公司的貨物運輸形式。1公噸以上但貨量不足整機的貨物，適合採用包機運輸。

包機運輸的運費一般為一次一議，並隨著國際市場供求情況的變化而變化。包機運輸原則上是按每一飛行千米的固定費率核收費用。如果是單程運輸，則要按每飛行千米費用的80%收取空載費。因此，採用包機運輸方式，最好爭取來回程都有貨載，這樣才能降低單位運輸成本。在整機包機這種運輸方式下，包機人一般要在貨物裝運前一個月與航空公司聯繫，以便公司安排運載和向相關機場及政府有關部門申請辦理過境或入境的有關手續。

3. 集中托運

集中托運（Consolidation）是指航空貨運代理公司將若干批單獨發運的貨物組成一整批，由航空公司辦理托運，採用一份航空總運單集中發運到同一目的站，由集中托運人在目的地指定的代理人收貨，再根據集中托運人簽發的航空分運單分撥給各實際收貨人的運輸方式。目前這種運輸方式是航空貨物運輸中開展的最為普遍的一種運輸方式。集中托運可以採用班機或包機運輸方式。集中托運具有運價低廉、服務質量高、加速資金週轉等優勢；但是也有一定的局限性，如集中托運只適合辦理普通貨物，且貨物的出運時間不能確定。因此，集中托運不適合運送貴重物品、特殊商品以及鮮活易腐貨物、市場上急需的貨物或其他對時間要求高的貨物，而且只有目的地相同或臨近才能辦理集中托運。

4. 航空快遞業務

航空快遞業務（Air Express Service）是指具有獨立法人資格的企業將進出境的貨物或物品從發件人所在地，通過自身或代理的網絡運送到收件人的一種快速運輸方式。其中，採用這種運輸方式進出境的貨物、物品被稱為快件。快件業務又可分為快件文件和快件包裹兩大類。快件文件主要指商務文件、資料等無商業價值的印刷品，也包括銀行單證、合同、照片、機票等；快件包裹是指一些貿易成交的小型樣品、返修零

配件及採用快件運送方式運送的一些進出口貨物和物品。它主要有下列三種形式：門/桌到門/桌（Door/Desk to Door/Desk）、門/桌到飛機（Door/Desk to Airport）、專人派送（Courier on Board）。

(二) 國際航空貨物的運輸流程

國際航空貨物運輸中的一個顯著特點是，航空公司一般不直接接受貨物委託，而是指定航空貨運代理人代其接受貨物運輸委託。航空貨物出口業務程序一般包括以下幾個環節：委託代理→審核單證→訂艙→製單→接收貨物→刷嘜和標籤→出口報關→裝板箱→簽單→交接發運→航班跟蹤→結算費用。

四、其他運輸方式

(一) 公路運輸

公路運輸（Road Transportation）是一種現代化的運輸方式，它既是一個獨立的運輸體系，也是鐵路車站、港口和機場集散物資的重要手段。

目前，世界各國的公路運輸一般以汽車為運載工具，所以它實質上主要是汽車運輸。公路運輸是一種機動靈活、簡捷方便的運輸方式，在短途貨物集散運轉上，它比鐵路、航空運輸具有更大的優越性，尤其是在「門到門」的運輸中，其重要性更為顯著。公路運輸是連接鐵路、水運、航空運輸的起端和末端不可缺少的條件，是溝通生產和消費的橋樑和紐帶。沒有公路的貨物集散運輸的配合，鐵路、水路、航空運輸就不能正常進行。但公路運輸也有一定的不足，如載重量小、不適宜裝載重件、大件貨物，不適宜長途運輸，車輛運行中震動較大、易造成貨損貨差事故，且運價也較水運和鐵路運輸高。

(二) 大陸橋運輸

大陸橋運輸（Land Bridge Transport）是指使用橫貫大陸的鐵路（公路）運輸系統作為中間橋樑，把大陸兩端的海洋連接起來的集裝箱連貫運輸方式。從形式上看，是海陸海的連貫運輸，但實際做法已在世界集裝箱運輸和多式聯運的實踐中發展成多種多樣。世界上最大的三條大陸橋運輸路線是西伯利亞大陸橋（Siberian Land Bridge）、新歐亞大陸橋和北美大陸橋（North American Land Bridge）。

西伯利亞大陸橋是利用俄羅斯西伯利亞鐵路作為橋樑，把太平洋遠東地區與波羅的海和黑海沿岸以及西歐大西洋口岸連接起來，它是目前世界上最長的大陸橋運輸線。新歐亞大陸橋於 1990 年 9 月 11 日正式通車。此條運輸線東起中國江蘇連雲港，西至荷蘭鹿特丹，跨亞歐兩大洲，連接太平洋和大西洋，穿越中國、哈薩克斯坦、俄羅斯，與第一條運輸線重合。經白俄羅斯、波蘭、德國到荷蘭，輻射 20 多個國家和地區，全長 1.08 萬千米，在中國境內全長 4134 千米。北美大陸橋包括兩條路線：一條是從西部太平洋口岸至東部大西洋口岸的鐵路（或公路）運輸系統；另一條是西部太平洋沿岸至南部墨西哥灣口岸的鐵路（或公路）運輸系統。

(三) 關於美國 OCP 運輸條款

1. OCP 運輸條款的含義

OCP 是 Overland Common Points 的簡寫，意即內陸地區。根據美國費率規定，內陸地區是指以美國西部九個州為界，即以羅基山脈為界，其以東地區，均為內陸地區範圍。這個範圍廣，約占美國全國 2/3 地區。按 OCP 運輸條款規定，凡是經過美國西海岸港口轉往上述內陸地區的貨物，如果按 OCP 運輸條款運輸，就可享受比一般直達西海岸港口為廉的優惠內陸運輸費率，一般約低 3%～5% 左右。相反，凡從美國內陸地區啟運經西海岸港口裝船出口的貨物同樣可按 OCP 運輸條款辦理。同時，按 OCP 運輸條款，尚可享受比一般正常運輸為低的優惠海運運費，每噸約低於 3～5 美元。

2. 條件

採用 OCP 運輸條款時必須滿足以下條件：

（1）貨物最終目的地必須屬於 OCP 地區範圍內；
（2）貨物必須經由美國西海岸港口中轉；
（3）在提單備註欄內及貨物嘜頭上應註明最終目的地 OCP×××城市。

例如：中國出口至美國一批貨物，卸貨港為美國西雅圖，最終目的地是芝加哥。西雅圖是美國西海岸港口之一，芝加哥屬於美國內陸地區城市，此筆交易就符合 OCP 規定。經雙方同意，就可採用 OCP 運輸條款。在貿易合同和信用證內的目的港可填寫「西雅圖」及括號內陸地區，即「CIF Seattle (OCP)」但在提單上除填寫目的港西雅圖外，必須在備註欄內註明「內陸地區芝加哥」字樣，即「OCP Chicago」。

(四) 郵包運輸

郵包運輸（Parcel Post Transport）是一種較簡便的運輸方式。各國郵政部門之間訂有協定和合約，通過這些協定和合約，各國的郵件包裹可以互相傳遞，從而形成國際郵包運輸網。

由於國際郵包運輸具有國際多式聯運和「門到門」運輸的性質，托運人只需按郵局章程一次托運、一次付清足額郵資，取得郵政包裹收據（Parcel Post Receipt），交付手續即告成功。郵件到達目的地後，收件人可憑郵局到件通知向郵局提取。所以，郵包運輸適用於重量輕、體積小的貨物的傳遞。郵包運輸、手續簡便、費用不高，故其成為國際貿易中普遍採用的運輸方式之一。

目前快遞業務主要有：國際特快專遞（International Express Mail Service），簡稱 EMS，是中國郵政部門辦理的特快專遞業務。DHL 信使專遞（DHL Courier Service）是國際信使專遞行業中具有代表性的專遞公司，總部設在美國紐約，在世界 140 多個國家和地區設有分支公司和代理機構，傳遞範圍遍及世界各地。

五、集裝箱運輸

(一) 集裝箱的定義

集裝箱（Container Transport）是指具有一定強度、剛度和規格專供週轉使用的大

型裝貨容器。運輸貨物用的集裝箱種類繁多。海上運輸中常見的國際貨運集裝箱類型按用途，可分為通用干貨集裝箱、保溫集裝箱、罐式集裝箱、散貨集裝箱、臺架式集裝箱、平臺集裝箱、敞頂集裝箱、汽車集裝箱、動物集裝箱等。按箱體材料，可分為鋼集裝箱、鋁集裝箱、玻璃鋼集裝箱和不銹鋼集裝箱四大類。按外部尺寸，目前國際標準集裝箱的寬度均為 8 英尺，高度有 8 英尺、8 英尺 6 英吋和小於 8 英尺三種；長度有 40 英尺、30 英尺、20 英尺和 10 英尺四種。使用集裝箱轉運貨物，可直接在發貨人的倉庫裝貨，運到收貨人的倉庫卸貨，中途更換車船時，無須將貨物從箱內取出換裝。

集裝箱運輸（Container Transport）是以集裝箱作為包裝和運輸單位進行貨物運輸的現代化運輸方式。它因高效、快速、廉價、安全而被世界上許多國家和地區廣泛採用和推廣。目前，集裝箱運輸已成為國際上普遍採用的一種重要的運輸方式，適用於海上運輸、鐵路運輸及國際多式聯運。

（二）集裝箱的種類

集裝箱按其用途不同，可分為以下幾種：

（1）雜貨集裝箱（Dry Container）。這種集裝箱又稱通用集裝箱，適用於裝載各種干雜貨，包括日用百貨、食品、機械、儀器、醫藥及各種貴重物品等，為最常利用的標準集裝箱。國際標準化建議使用的 13 種集裝箱均為此類集裝箱。

（2）冷藏集裝箱（Refrigerated Container）。這種集裝箱附有冷凍機，用以裝載冷凍貨物或冷藏貨物。

（3）散貨集裝箱（Solid Bulk Container）。這種集裝箱用以裝載大豆、大米、面粉、飼料以及水泥、化學製品等各種散裝的粉粒狀貨物。可以節約包裝費用，提高裝卸效率。

（4）開頂集裝箱（Open Top Container）。這種集裝箱適用於裝載玻璃板、鋼製品、機械等重貨，可以使用起重機從頂部裝卸。

（5）框架集裝箱（Flat Rack Container）。這種集裝箱用以裝載不適於裝在干貨集裝箱或開頂集裝箱的長大件、超重件、輕泡貨、重型機械、鋼管、裸裝機床和設備的集裝箱。

（6）罐裝集裝箱（Tank Container）。這種集裝箱適用於酒、油類及化學品等液體貨物，並為裝載這類貨物而具有特殊結構和設備的集裝箱。

另外，還有汽車集裝箱、通風集裝箱、保溫集裝箱、散裝貨集裝箱、散裝粉狀貨集裝箱、掛式集裝箱、牲畜集裝箱、獸皮集裝箱、平臺集裝箱等。

（三）集裝箱的特點

（1）提高了貨運速度，加快了運輸工具及貨物資金的週轉。
（2）減少了貨損貨差，提高了貨運質量。
（3）節省了貨物包裝費用，減少了運雜費支出。
（4）運輸成本降低。

（四）集裝箱貨物的裝箱方式

根據集裝箱貨物裝箱數量和方式，可分為整箱裝和拼箱裝兩種。

（1）整箱裝（Full Container Load，FCL）。整箱裝是由發貨人負責裝箱、計數、積載並加承運人不負責箱內的貨損、貨差，除非貨方舉證確屬承運人責任事故的損害，承運人才負責賠償。承運人對整箱貨，以箱為交接單位。只要集裝箱外表與收箱時相似和鉛封完整，承運人就完成了承運責任。整箱貨運提單上，要加上「委託人裝箱、計數並加鉛封」的條款。這種情況在貨主有足夠貨源裝載一個或數個整箱時通常採用。

　　（2）拼箱裝（Less Than Container Load，LCL）。拼箱貨是指裝不滿一整箱的小票貨物。這種貨物通常由承運人分別攬貨並在集裝箱貨運站或內陸站集中，而後將兩票或兩票以上的貨物拼裝在一個集裝箱內，同樣要在目的地的集裝箱貨運站或內陸站拆箱分別交貨。對於這種貨物，承運人要負擔裝箱與拆箱作業，裝拆箱費用仍向貨方收取。承運人對拼箱貨的責任，基本上與傳統雜貨運輸相同。這種情況一般在貨主托運的貨物數量不足以裝滿整箱時採用。

（五）集裝箱貨物的交接方式

　　在集裝箱運輸中，整箱貨和拼箱貨在承貨雙方之間的交接方式有以下幾種：

　　（1）門到門（Door to Door）。即由托運人負責裝載的集裝箱，在其貨倉或廠庫交承運人驗收後，負責全程運輸，直到收貨人的貨倉或工廠倉庫交箱為止。這種全程連線運輸，稱為「門到門」運輸。

　　（2）門到場（Door to CY）。即由發貨人貨倉或工廠倉庫至目的地或卸箱港的集裝箱裝卸區堆場。

　　（3）門到站（Door to CFS）。即由發貨人貨倉或工廠倉庫至目的地或卸箱港的集裝箱貨運站。

　　（4）場到門（CFS to Door）。即由起運地或裝箱港的集裝箱裝卸區堆場至收貨人的貨倉或工廠倉庫。

　　（5）場到場（CY to CY）。即由起運地或裝箱港的集裝箱裝卸區堆場至目的地或卸箱港的集裝箱裝卸區堆場。

　　（6）場到站（CY to CFS）。即由起運地或裝箱港的集裝箱裝卸區堆場至目的地或卸箱港的集裝箱貨運站。

　　（7）站到門（CFS to Door）。即由起運地或裝箱港的集裝箱貨運站至收貨人的貨倉或工廠倉庫。

　　（8）站到場（CFS to CY）。即由起運地或裝箱港的集裝箱貨運站至目的地或卸箱港的集裝箱裝卸區堆場。

　　（9）站到站（CFS to CFS）。即由起運地或裝箱港的集裝箱貨運站至目的地或卸箱港的集裝箱貨運站。

五、國際多式聯運

（一）國際多式聯運的定義

　　國際多式聯運（Multimodel Transport）是在集裝箱運輸的基礎上產生並發展起來的新型運輸方式，也是近年來在國際運輸上發展較快的一種綜合連貫運輸方式。它是指

由多式聯運經營人按照多式聯運合同，以至於兩種不同的運輸方式，由多式聯運經營人將貨物從一國境內接管貨物的地點運至另一國境內指定的交付貨物地點的一種運輸方式。

(二) 構成國際多式聯運的條件

構成國際多式聯運的條件主要有：

(1) 必須有一個多式聯運合同。該合同明確規定多式聯運經營人和托運人之間的權利、義務、責任和豁免。多式聯運合同（Multimodal Transport Contract）是指多式聯運經營人（Multimodal Transport Operator）與托運人之間訂立的憑以收取運費、負責完成或組織完成國際多式聯運的合同。

(2) 必須是國家間兩種或兩種以上不同運輸方式的連貫運輸。國際多式聯運簡化了手續，減少了中間環節，加快了貨運速度，降低了運輸成本，並提高了貨運質量。貨物的交接地點也可以做到門到門、門到站、站到站、站到門等。

(3) 必須使用一份包括全程的多式聯運單據，並由多式聯運經營人對全程運輸負總的責任。多式聯運經營人是指本人或通過其代表訂立多式聯運合同的任何人，多式聯運經營人是事主，而不是發貨人的代理人或代表或參加多式聯運的承運人的代理人或代表，並且負有履行合同的責任。他可以充任實際承運人，辦理全程或部分運輸業務，也可以是無船承運人，即將全程運輸交由各段實際承運人來履行。

(4) 必須是全程單一運費費率。多式聯運經營人在對貨主負全程運輸責任的基礎上，制定一個從貨物發運地至目的地的全程單一費率並以包干形式一次向貨主收取。

(三)《聯合國國際貨物多式聯運公約》

《聯合國國際貨物多式聯運公約》是世界上第一個關於多式聯運的公約。它是在聯合國貿發會議的主持下起草，於 1980 年 5 月在日內瓦召開的聯合國國際多式聯運公約會議上，經參加會議的 84 個貿發會議成員國一致通過的。中國參加了該公約的起草並在最後文件上簽了字。

《聯合國國際貨物多式聯運公約》旨在調整多式聯運經營人和托運人之間的權利、義務關係以及國家對多式聯運的管理。《聯合國國際貨物多式聯運公約》是繼《漢堡規則》之後制定的，對多式聯運經營人的賠償責任期間、賠償責任基礎、賠償責任限制權利及其喪失、非合同賠償責任、訴訟時效的管轄等方面都有著和《漢堡規則》大體相似的規定。

第二節　貨運單據

貨運單據是承運人收到承運貨物後簽發給出口商的重要單據。不同的運輸方式使用的運輸單據也各不相同，主要有海運提單、海運單、鐵路運單、航空運單和多式聯運單據等。

一、海洋運輸單據

(一) 海運提單

1. 性質與作用

海運提單（Bill of Lading, B/L）簡稱提單，是指由船長或船公司或其代理人簽發的，證明已收到特定貨物，允諾將貨物運到特定目的地並交付給收貨人的憑證。

海運提單的性質和作用可以概括為以下三個方面：

(1) 海上貨物運輸合同的證明

提單是承運人與托運人之間訂立運輸契約的證明。提單條款明確規定了承運人和托運人之間的權利、責任與豁免，一旦發生爭議，雙方據此進行解決。

(2) 貨物接收或裝船的收據

提單是承運人或其代理人簽發的貨物收據，證明承運人已經收到或接管提單上所列的貨物。

(3) 物權憑證

提單是一種貨物所有權的憑證，在法律上具有物權證書的作用，船貨抵達目的港後，承運人應向提單的合法持有人交付貨物。提單可以通過背書轉讓，從而轉讓貨物的所有權。

2. 提單的內容

海運提單包括班輪提單和租船合同項下的提單兩種。前者除提單正面列有有關貨物與運費等記載事項外，背面還有印就的涉及承運人與托運人，承運人與收貨人之間的權利、義務與責任豁免的條款；後者僅在提單正面列有簡單的記載事項，並表明「所有其他條款、條件和例外事項按某年某月某日租船合同辦理」，而提單背面則無印就的條款。

(1) 提單正面的內容

提單正面的內容通常包括：承運人（Carrier）、托運人（Shipper）、收貨人（Consignee）、被通知人（Notify Party）、提單號碼（B/L NO.）、船名（Name of Vessel）、裝卸貨港（Loading/Discharging Ports）、貨物描述（Cargo Description）、運費及其他費用（Freight and Charge）、提單的簽發（Issue and Release）等。

(2) 提單背面的內容

提單背面條款規定了承運人與貨方的權利義務、責任期間、責任限制、責任免除、法律適用、法律管轄和特殊貨物運輸等內容。通常包括：首要條款（Paramount Clause）、管轄權條款（Jurisdiction Clause）、承運人的責任與豁免（Responsibility and Immunity）、承運人責任期限（Duration of Liability）、托運人誤述條款（Inaccuracy in Particulars）、承運人賠償責任限制條款（Limit of Liability）、危險品、違禁品（Dangerous, Contraband Cargo）、共同海損及新杰森條款（General Average & New Jason Clause）、留置權條款（Lien）、艙面貨（On Deck Cargo）、互有責任碰撞條款（Both－to－Blame Collision Clause）等。具體提單樣本見附錄2。

3. 海運提單的種類

海運提單的種類繁多，可以從不同角度分為不同的種類。主要有以下幾種：

（1）根據貨物是否已裝船，可分為已裝船提單和備運提單

已裝船提單（On Board B/L; Shipped B/L）是指整票貨物已經全部裝進貨艙或裝在甲板（如集裝箱）後，船長或承運人或授權的代理人憑大副收據所簽發的提單。這種提單除載明一般事項外，通常還必須註明裝載貨物的船舶名稱和裝船日期，即提單項下貨物的裝船日期。這種提單在國際貿易中被廣泛使用。

備運提單（Received for Shipment B/L）又稱收妥待運提單，是指承運人在接管托運人送交的貨物後，在裝船之前，應托運人的要求簽發的提單。銀行結匯一般不接受備運提單。

（2）根據提單有無批註條款，可分為清潔提單和不清潔提單

清潔提單（Clean B/L）是指在裝船時，貨物的外表狀況良好，承運人在簽發提單時，未在提單上加註任何有關貨物殘損、包裝不良、件數、重量和體積短少，或其他妨礙結匯的批註的提單。在國際貿易實踐中，使用清潔提單非常重要，買方要想收到完好無損的貨物，首先必須要求賣方在裝船時保持貨物外觀良好，並要求賣方提供清潔提單。清潔提單是國際貿易中廣泛採用的提單。

不清潔提單（Foul B/L; Unclean B/L）是指承運人明確地在提單上加有有關貨物表面狀況或包裝不良或存在缺陷等批註的提單。承運人簽發不清潔提單，目的是對收貨人可能提出的索賠。例如，提單上批註「×件損壞」（…packages in damaged condition）、「鐵條鬆散」（Iron strap loose or missing）等。

（3）根據提單的不同抬頭，可分為記名提單、不記名提單和指示提單

記名提單（Straight B/L）是指提單上的收貨人欄內具體填寫某一特定的人或公司名稱的提單。這種提單只能由該特定收貨人提貨，因此原則上記名提單不能流通轉讓。記名提單在國際貿易中使用並不多，一般只在運輸展覽或貴重物品時使用。

不記名提單（Blank B/L; Open B/L; Bearer B/L）是指提單上的收貨人一欄內未寫明收貨人，只填寫「持有人」（Bearer）字樣，即貨交提單持有人，或收貨人一欄為空白。這種提單轉讓非常簡便，流通性極強，因此風險很大，目前在實際業務中極少使用。

指示提單（Order B/L）是指在提單正面收貨人一欄內填上「憑指示」（To Order）或「憑××指示」（To Order of）字樣的提單。指示提單是一種可轉讓提單。提單的持有人可以通過背書的方式把它轉讓給第三者，而無須經過承運人認可，所以這種提單為買方所歡迎。在國際貿易中，指示提單被廣泛使用。中國在出口業務中大多使用憑指示空白背書的提單，習慣上稱為「空白抬頭」、「空白背書」提單。

（4）按運輸方式，可分為直達提單、轉船提單和聯運提單

直達提單（Direct B/L）是指貨物從裝運港裝船後，中途不換船而直接運到目的港而使用的提單。直達提單上僅列有裝運港和目的港的港口名稱。裝直達船可節省費用、減少風險並及早提貨。

轉船提單（Transshipment B/L; Through B/L）是指貨物須經中途轉船才能到達目的

港而由承運人在裝運港簽發的全程提單。轉船提單在現實生活中應用得並不廣泛，多為掛靠港船隻較少或航次間隔時間長，通過轉船可加快貨物到港時間時採用。

國際多式聯運提單（Multimodal Transport Document, MTD）是指在國際多式聯運形式下由多式聯運經營人簽發的覆蓋全程運輸的具有提單性質的一種單據。

（5）按提單的簽發日期，可分為過期提單、倒簽提單和預借提單

過期提單（Stale B/L）。有兩種情況可以構成過期提單：第一種是指由於航線較短或銀行流轉速度過慢，以致貨物到達目的港時，收貨人尚未收到提單，造成提貨受阻；第二種則是由於出口商在取得提單後未能及時到銀行議付形成過期提單。對於第一種情況，目前的解決辦法是採用非轉讓的海運單或應用電子提單來替代目前的提單，以加快貨物的流轉。對於第二種情況，則根據國際商會《跟單信用證統一慣例》的規定，「在不遲於發運日之後的21天內交單」，銀行一般都拒收過期提單。

倒簽提單（Back Dated B/L; Anti-dated B/L）是指貨物裝船完畢後，承運人應托運人的要求，在貨物的實際裝船日期遲於信用證或合同規定的裝運期限時，倒簽日期以符合裝運期限的一種提單。倒簽提單既是一種違約又違法的行為，在許多國家都被視為賣方和船方的共同詐騙，一經發現，承運人將不得不與托運人共同賠償收貨人因此而遭受的損失。

預借提單（Advanced B/L）是指貨物在裝船前或裝船完畢前，托運人為及時結匯向承運人預先借用的提單。與倒簽提單相比，預借提單的風險性更大。

（6）根據提單內容的繁簡，可分為全式提單和略式提單

全式或繁式提單（Long Form B/L）是指在提單上列有承運人和托運人權利、義務、責任和豁免等詳細條款的提單。由於提單正反面均列有繁瑣的條款，所以又有繁式提單之稱。這是一種在實際業務中應用較廣的提單格式。

略式提單或簡式提單（Short Form B/L）是指僅保留提單正面的必要記載事項，而無背面詳細條款的提單。這種提單一般都列有「本提單貨物的收受、保管、運輸和運費等項，均按本公司全式提單內所印就的條款為準」的字樣。租船合同項下所簽發的提單通常是略式提單。

（二）海運單

海運單（Sea Waybill, SWB）是指證明國際海上貨物運輸合同和貨物由承運人接管或裝船，以及承運人保證據以將貨物交給單證所載明的收貨人的一種不可流通的運輸單證。故又稱不可轉讓海運單（Non-negotiable Sea Waybill）。

海運單的屬性與作用：海運單具有貨物收據和運輸合同證明的屬性，但不具有物權憑證的屬性。因此，收貨人提取貨物時無須出具海運單，只提供身分證明即可。海運單也不具有流通性，這使得運輸途中的貨物不能轉賣。所以，海運單一般適用於下列貨物運輸：中途不被轉售的製成品貨物的班輪運輸；出售給跨國公司的一家分公司或一家聯營公司、相關公司之間的貿易；以記帳貸款為基礎的買賣；結算方式為直接匯付、往來帳戶、現金的貿易；其他不需要信用證的貿易。

（三）電子提單

電子提單（Electronic Bill of Lading，e－B/L）是指一種利用 EDI 系統對海運途中的貨物支配權進行轉讓的過程。電子提單的載體和操作過程不同於傳統書面提單。與傳統書面提單相比，電子提單具有以下特點：

（1）貨物運輸途中所涉及的當事人均以承運人（或船舶）為中心，通過專有計算機密碼告知運輸途中貨物所有權的轉移時間和對象。誰持有密碼誰就擁有貨物的所有權。

（2）在完成貨物的運輸過程後使用電子提單時，在通常情況下，不出現任何書面文件。收貨人提貨，只需出示有效證件證明身分，由船舶代理驗明即可。

（3）電子提單表現為儲存於計算機存儲器中的電子數據，其交換和處理也由計算機自動進行。

二、鐵路運輸單據

鐵路運單（Railway Bill）是指鐵路承運人收到貨物後所簽發的鐵路運輸單據。中國對外貿易鐵路運輸，按營運方式分為國際鐵路聯運和國內鐵路運輸。前者使用國際鐵路聯運單據，後者使用承運貨物收據。

（一）國際鐵路聯運運單

國際鐵路聯運單據是國際鐵路聯運的主要運輸單據。它是參加聯運的發送國鐵路與發貨人之間訂立的運輸契約，對收發貨人和鐵路都具有法律約束力。運單正本隨同貨物到達終點站，並交給收貨人。它既是鐵路承運貨物出具的憑證，也是鐵路與貨主交接貨物、核收運雜費和處理索賠與理賠的依據。運單副本於運輸合同締結後交給發貨人，是賣方憑以向收貨人結算貨款的主要憑證。

（二）承運貨物收據

承運貨物收據（Cargo Receipt）是港澳鐵路運輸中使用的一種結匯單據。該收據包括大陸段和港澳段兩段運輸，是代辦運輸的外運公司向出口人簽發的貨物收據，也是承運人與托運人之間的運輸契約，同時還是出口人辦理結匯手續的憑證。

三、航空運單

航空運單（Air Waybill）與海運提單有很大不同，與國際鐵路運單相似。它是由承運人或其代理人簽發的重要貨物運輸單據，是承托雙方的運輸合同，其內容對雙方均具有約束力。航空運單不可轉讓，持有航空運單也並不能說明可以對貨物要求所有權。

航空運單的正本一式三份，每份都印有背面條款，其中一份交發貨人，是承運人或其代理人接收貨物的依據；第二份由承運人留存，作為記帳憑證；最後一份隨貨同行，在貨物到達目的地，交付給收貨人時作為核收貨物的依據。

四、多式聯運單據

多式聯運單據（Multimodal Transport Document，MTD）是指證明多式聯運合同以及

證明多式聯運經營人接管貨物並負責按照合同條款交付貨物的單據。

多式聯運單據與聯運提單在形式上有相同之處，但在性質上不同。

（1）提單的簽發人不同：多式聯運單據由多式聯運經營人簽發，而且可以是完全不掌握運輸工具「無船承運人」，全程運輸均安排各分承運人負責；聯運提單由承運人或其代理人簽發。

（2）簽發人的責任不同：多式聯運單據的簽發人對全程運輸負責；而聯運提單的簽發人僅對第一程運輸負責。

（3）運輸方式不同：多式聯運提單的運輸既可用於海運與其他方式的聯運，也可用於不包括海運的其他運輸方式的聯運；聯運提單的運輸僅限於海運與其他運輸方式的聯合運輸。

（4）裝運證明不同：多式聯運單據可以不表明貨物已裝上運輸工具；而聯運提單必須是已裝船提單。

五、郵政收據

郵政收據（Parcel Post Receipt）是郵包運輸的主要單據。它既是郵局收到寄件人的郵包後所簽發的憑證，也是收件人憑以提取郵件的憑證，它還可以作為索賠和理賠的依據，但郵包收據不是物權憑證。

根據《跟單信用證統一慣例》規定，如信用證要求郵包收據或郵寄證明，銀行將接收的郵包收據或郵寄證明表面上有信用證規定的寄發地蓋戳並加註日期，該日期即為裝運或發運日期；如信用證要求專遞或快遞機構出具的單據，銀行將接收快遞單據的表面註明專遞或快遞機構的名稱並蓋章、簽字並經證實，表明取件或收件日期，此日期即為裝運日期或發運日期。這種專遞和快遞採用先進的運輸工具和方式，實行門對門和桌到桌的服務，所以銀行接收這種快遞單據。

第三節　裝運條款

裝運條款的內容及其具體訂立與合同的性質和運輸方式有著密切的關係。因此，裝運時間、裝卸港、轉船與分批裝運、裝運通知以及滯期與速遣條款等內容都應包括在裝運條款中。

一、裝運時間

裝運時間（Time of Shipment）又稱裝運期，是指賣方將合同規定的貨物裝上運輸工具或交給承運人的期限。裝運時間是買賣合同的主要條件，如違反這一條件，買方有權撤銷合同，或要求賣方賠償損失。但在規定裝運時間內，應注意它與交貨時間（Time of Delivery）的區別。

隨著國際貿易和運輸方式的發展，國際慣例對裝運時間的最新解釋是：裝船（Loading on Board Vessel）、發運（Despatch）、收妥待運（Accepted for Carriage）、郵局

收據日期（Date of Post Receipt）、收貨日期（Date of Pick-up）以及在多式聯運方式下承運人的接受監管（Taking in Charge）均可理解為裝運日期。

裝運時間的規定方法主要有：

(一) 規定明確具體的裝運時間

(1) 規定某月內裝運。

Shipment during/in Feb. 2005.（2005 年 2 月裝運）

(2) 規定某月月底或某日前裝運。

Shipment at or before the end of March 2002.（2002 年底前裝運）

Shipment not later than Dec. 25, 2005.（貨物最遲不晚於 2005 年 12 月 25 日裝運）

(3) 允許跨月裝運。

Shipment during Jan./Feb. 1999.（1999 年 1/2 月裝運）

(二) 規定收到信用證後一定時間內裝運

Shipment within 45 days after receipt of L/C.（收到信用證後 45 天內裝運。）

為防止買方不按時開證，一般還規定：「買方必須不遲於某月某日將信用證開到賣方」(The relevant L/C must reach the seller not later than……) 的限制性條款。賣方對某些進口管制較嚴的國家或地區，或專為買方製造的特定商品，或對買方資信不夠瞭解時，為防止買方不履行合同而造成損失，可採用此種規定方法，以保證其利益。

(三) 規定近期裝運

如規定「盡快裝運」(Shipment as soon as possible……)、「立即裝運」(immediate shipment)、「即期裝運」(prompt shipment) 等，由於這些術語在各國各行業中解釋不一，不宜使用。國際商會制定的《跟單信用證統一慣例》也明確規定不宜使用此類用語，如果使用，銀行將不予置理。

二、裝運港（地）和目的港（地）

裝運港（Port of Shipment）是指貨物起始裝運的港口。目的港（Port of Destination）是指最終卸貨的港口。在國際貿易中，裝運港（地）一般由賣方提出，經買方同意後確認；目的港（地）一般由買方提出，經賣方同意後確認。

在買賣合同中，裝運港和目的港的規定方法有以下幾種：

(1) 在一般情況下，裝運港和目的港各規定一個。

例如：Port of shipment: Shanghai（裝運港：上海）

Port of destination: New York（目的港：紐約）

(2) 有時按實際業務的需要，也可以分別規定兩個或兩個以上的裝運港或目的港。

例如：Port of shipment: Qingdao / Shanghai（裝運港：青島/上海）

Port of destination: London/Liverpool（目的港：倫敦/利物浦）

(3) 在磋商交易時，如明確規定裝運港和目的港有困難，可以採用選擇港的辦法。

例如：CIF London, optional Hamburg/Rotterdam（CIF 倫敦選擇港漢堡或鹿特丹）

CIF London/ Hamburg/Rotterdam（CIF 倫敦/漢堡/鹿特丹）

(4) 籠統規定。

例如：China main port（中國主要港口）。這種方法由於不夠具體，很少使用。

三、分批裝運和轉運

(一) 分批裝運

分批裝運（Partial Shipment）又稱分期裝運，是指一個合同項下的貨物分若干批或若干期裝運。在大宗貨物或成交數量較大的交易中，買賣雙方根據交貨數量、運輸條件和市場等因素，可在合同中規定分批裝運條款。

根據《跟單信用證統一慣例》規定，除非信用證另有規定，應允許分批裝運。因此，為了避免不必要的爭議和防止交貨時發生困難，除非買方堅持不允許分批裝運，原則上應明確在出口合同中規定「允許分批裝運」。

《跟單信用證統一慣例》規定：「運輸單據表面上註明貨物是使用同一運輸單據裝運並經同一路線運輸的，即使每套運輸單據註明的裝運日期不同，以及或裝運港、接受監管地不同，只要運輸單據註明的目的地相同，也不視為分批裝運。」該慣例對定期、定量分批裝運還規定：「信用證規定在指定時期內分期付款或裝運，其中任何一期未按期付款或裝運，除非信用證另有規定，則信用證對該期及以後各期均告失效。」

分批裝運條款舉例：

(1) 只是原則性規定允許分批裝運，對分批的具體時間、批次和數量均不做規定。

Partial shipments allowed (prohibited). 允許（或禁止）分批裝運。

(2) 具體訂明每批的裝運時間、批次或數量。

During Oct. / Nov. /Dec. 2000 in three monthly Shipments：

During Oct. 500 metric tons

During Nov. 750 metric tons

During Dec. 1000 metric tons

10~12月份分3批裝運，每月一批，其中10月裝500公噸，11月裝750公噸，12月裝1000公噸。

在買賣合同和信用證中規定分批、定期、定量發運時，賣方必須重合同、守信用，嚴格按照合同和信用證的有關規定辦理。

(二) 轉運

轉運（Transshipment）包括運輸過程中的轉船、轉機以及從一種運輸工具上卸下再裝上另一種運輸工具的行為。賣方在交貨時，如駛往目的港沒有直達船或船期不定或航次間隔時間太長，為了便於裝運，則應在合同中訂明「允許轉船」。

按照《跟單信用證統一慣例》規定，「轉運」一詞在不同運輸方式下有不同的含義，應根據具體情況進行分析。另外，除非信用證另有規定，可允許轉運。為了明確責任和便於安排裝運，買賣雙方是否同意轉運以及有關轉運的辦法和轉運費用的負擔等問題，應在買賣合同中明確做出規定。

轉運條款舉例：

Transshipment permitted.（允許轉船）

Transshipment not allowed.（禁止轉運）

Transshipment at ××port.（在××港口轉船）

四、裝運通知

裝運通知（Shipping Advice）又稱 Declaration of Shipment 或 Notice of Shipment，是指在採用租船運輸大宗進出口貨物的情況下，在合同中加以約定的條款。規定裝運通知條款的目的在於明確買賣雙方的責任，促使買賣雙方互相合作，共同做好船貨銜接工作。如賣方未及時發送上述裝船通知給買方而使其不能及時辦理保險或接貨，賣方就應負責賠償買方由此而引起的一切損害及/或損失。

如按照 FOB、CFR 和 CIF 術語簽訂的合同，賣方應在貨物裝船後，按約定的時間，將合同、貨物名稱、數量、重量、發票金額、船名及裝船日期等項內容電告買方；如按 FCA、CPT 和 CIP 術語簽訂的合同，賣方應在把貨物交付承運人接管後，將交付貨物的具體情況及交付日期電告買方，以便買方辦理保險並做好接卸貨物的準備，及時辦理進口報關手續。一般要求出口商在貨物離開啓運地後兩個工作日內向進口商發出裝船通知。

例如：SC NO. EF94SP—71—023、LC NO. 764351 COLOUR TELEVISION SET 4860 SETS IN 6 CONTAINERS OF 810 SETS TOTAL AMOUNT USD72，900.00 SHIPPED ON BOARD SS TUO HE0N 15TH JULY 2005 SAILING ON ABOUT 17TH JULY FROM SHANG-HAI TO SINGAPORE VOYAGE NO. V. 144

確認書 NO. EF94SP—71—023 信用證 NO. 764351 彩色電視機 4860 臺裝 6 集裝箱每箱 810 臺金額 72，900.00 美元，2005 年 7 月 15 日裝上陀河號輪航次 NO. V. 144 約 7 月 17 日自上海起航往新加坡。

五、裝卸時間、裝卸率、速遣費和滯期費

（一）裝卸時間

裝卸時間（Lay Time）是指承租人和船方約定的，承租人保證將合同貨物在裝貨港全部裝完和在卸貨港全部卸完的時間，它一般以天數或小時數來表示。裝卸時間的規定要注意其規定方法、起始和終止時間的規定等問題。

裝卸時間的規定方法很多，其中主要有下列幾種：

1. 日（Days）或連續日（Consecutive Days；Running Day）
2. 累計 24 小時好天氣工作日（Weather Working Days of 24 Hours）

這是指在好天氣情況下，不論港口習慣作業為幾小時，均以累計 24 小時作為一個工作日。如果港口規定每天作業 8 小時，則一個工作日便跨及幾天的時間。這種規定對租船人有利，而對船方不利。

3. 連續24小時好天氣工作日（Weather Working Days of 24 Consecutive Hours）

這是指在好天氣情況下，連續作業24小時算一個工作日，中間因壞天氣影響而不能作業的時間應予扣除。這種方法一般適用於晝夜作業的港口。當前，國際上採用這種規定較為普遍。中國一般都採用此種規定辦法。

除了具有一定含義的日數表示裝卸時間的辦法外，有時關於裝卸時間並不按日數或每天裝卸貨物的噸數來規定，而是按「港口習慣速度盡快裝卸」（To Load/Discharge in Customary Quick Dispatch，CQD）。這種規定不明確，容易引起爭議，故採用時應審慎行事。

為了計算裝卸時間，合同中還必須對裝卸時間的起算和止算時間加以約定。

關於裝卸時間的起算時間，各國法律規定或習慣並不完全一致，一般規定在船長向承租人或其代遞交了裝卸準備就緒通知書（Notice of Readiness，N/R）以後，經過一定的規定時間後，開始起算。

關於止算時間，現在世界各國習慣上都以貨物裝完或卸完的時間，作為裝卸時間的止算時間。

（二）裝卸率

裝卸率即指每日裝卸貨物的數量。裝卸率的具體確定，一般應按照習慣的正常裝卸速度，掌握實事求是的原則。裝卸率的高低關係到完成裝卸任務的時間和運費水準，裝卸率規定過高或過低都不合適。若裝卸率規定過高，完不成裝卸任務，要承擔滯期費的損失；反之，若裝卸率規定過低，雖能提前完成裝卸任務，可得到船方的速遣費，但船方會因裝卸率低，船舶在港時間長而增加運費，致使租船人得不償失。因此，裝卸率的規定應適當。

（三）速遣費和滯期費

1. 速遣費（Dispatch Money）

速遣費是指由於裝卸所用的時間比允許的少，而由船東向租船人或發貨人或收貨人按事先約定的費率支付的款項。如果租船合同有規定，通常速遣費率與滯期費率相等，或為一半。

速遣費的計算時間有兩種：一是按節省的全部時間（All Time Saved）計算，那麼承租人在合同規定的裝卸期限內完成貨物裝卸，它所節省的時間不應扣除例外條款規定的時間或節假日；二是按節省的全部工作時間（All Working Time Saved）計算，那麼承租人在合同規定的裝卸期限內完成了貨物裝卸，其所節省的時間應扣除例外條款中規定的時間或節假日。

2. 滯期費（Demurrage）

在規定的裝卸時間內未能將貨物全部裝卸完畢，致使貨物及船舶繼續在港內停泊，使船東開始增加在港費用支出並遭受船期損失的時間，這段超出規定的時間叫滯期。而按實際滯港時間向船東支付的補償金（罰金），稱為滯期費。一般船公司會規定免箱期為5~6天，超出了免箱期即算滯期，但簽署合同之前可以向船公司申請延長免箱期。

通常滯期費按船舶滯期時間乘以合同規定的滯期費率計算。滯期時間等於實用裝

卸時間與合同規定的裝卸時間之差。滯期時間的具體計算主要有兩種方法：一是滯期時間連續計算（Demurrage Runs Continuously）或一旦滯期，始終滯期（Once on Demurrage, Always on Demurrage）。即超過合同規定的裝卸時間後的裝卸時間，該扣除的星期日、節假日及壞天氣因素就不再扣除，而按自然日有一天算一天，均做滯期時間計算。二是按同樣的日（Per like Day）計算，即滯期時間與裝卸時間一樣計算，該做扣除的時間同樣扣除。

思考與練習題

一、名詞解釋

班輪運輸　國際多式聯運　滯期費　速遣費　提單

二、簡答題

1. 班輪運輸的特點是什麼？
2. 班輪運費是怎樣構成的？各部分計費標準有哪些？
3. 租船方式有哪幾種？每一種租船方式的特點是什麼？
4. 國際銷售合同中的裝運時間有哪幾種規定方法？
5. 國際銷售合同中的裝運港和目的港有哪幾種規定方法？
6. 提單的作用和性質是什麼？
7. 什麼是分批裝運？什麼是轉船？

三、選擇題

1. FCL—FCL 貨物交接的運輸條款包括（　　）。
   A. CY—CY　　　B. CY—DOOR　　　C. CFS—CY　　　D. CY—CFS
2. 海運單是（　　）。
   A. 貨物收據和海運合同的證明　　　B. 有價證券
   C. 物權證書　　　D. 流通證券
3. 提單收貨人欄記載：「TO THE HOLDER」，這表明（　　）。
   A. 該提單是記名提單
   B. 該提單是不記名提單
   C. 收貨人是「TO THE HOLDER」公司
   D. A 和 C
4. 證明海上貨物運輸合同和貨物已經由承運人接收或裝船，以及承運人保證據以交付貨物的單證是（　　）。
   A. 提單　　　B. 大副收據　　　C. 場站收據　　　D. 海運單
5. 貨運單 NOT NEGOTIABLE 的意義是（　　）。
   A. 航空業務權不可轉讓　　　B. AWB 是不可轉讓的文件

C. AWB 上航程不可改變　　　　　D. AWB 不可以在運輸始發國以外銷售

6. 國際貿易業務中，裝運期和結匯期的確定最好是（　　）。
   A. 不可同一日期　　　　　　　　B. 裝運期應該早於結匯期
   C. 結匯期應該早於裝運期　　　　D. 可以在同一日期

7. 班輪基本運費的計算標準包括（　　）。
   A. 按貨物的毛重或重量噸計收
   B. 按貨物的體積或重量噸計收
   C. 有貨主與船公司臨時議定計收
   D. 在所列幾種計收運費辦法中，選擇收費高者作為計收標準

8. 航空運單是由承運航空公司簽發的貨運單證。關於航空運單，下列表述中正確的是（　　）。
   A. 是托運人與承運人之間的運輸契約證明
   B. 是貨物收據
   C. 必須填寫收貨人的全稱和地址，但不得做成指示性抬頭
   D. 是物權憑證

9. 班輪運輸的運費（　　）。
   A. 應包括裝卸費，又計滯期費、速遣費
   B. 應包括裝卸費，不計滯期費、速遣費
   C. 應計滯期費、速遣費，但不包括裝卸費
   D. 既不包括裝卸費，又不計滯期費、速遣費

10. 提單 CONSINEE 欄載明 TO ORDER 時，第一背書人為（　　）。
    A. CARRIER　　　B. ISSUING　　　C. SHIPPER　　　D. CONSINEE

11. 海洋運輸中的運費噸僅指（　　）。
    A. 重量噸　　　　　　　　　　　B. 尺碼噸
    C. 重量噸與尺碼噸中大者　　　　D. 重量噸與尺碼噸之和

12. 航空貨運單是（　　）。
    A. 可議付單據　　　　　　　　　B. 物權憑證
    C. 貨物收據和運輸合同　　　　　D. 提貨憑證

13. 理論上，集裝箱班輪運輸下簽發的提單通常是（　　）。
    A. 預借提單　　　　　　　　　　B. 收貨待運提單
    C. 已裝運提單　　　　　　　　　D. 倒簽提單

14. 多式聯運單據的簽發人是（　　）。
    A. 船公司　　　　　　　　　　　B. 貨主
    C. 多式聯運經營人　　　　　　　D. 收貨人

15. 對中國香港地區採用鐵路運輸時，對外結匯的憑證是（　　）。
    A. 國內鐵路運單　　　　　　　　B. 港段鐵路運單
    C. 承運貨物收據　　　　　　　　D. 國際鐵路聯運運單

16. 班輪運輸最基本的特點有（　　）。

A. 固定航線　　　　　　　　　B. 固定港口
C. 固定船期　　　　　　　　　D. 相對固定的運價

17. 在出口業務中，賣方可憑以結匯的運輸單據有（　　）。
A. 海運提單　　　　　　　　　B. 鐵路運單正本
C. 承運貨物收據　　　　　　　D. 大副收據

18. 在使用提單的正常情況下，收貨人要取得提貨的權利，必須（　　）。
A. 將全套提單交回承運人　　　B. 將任一份提單交回承運人
C. 提單必須正確背書　　　　　D. 付清應支付的費用

19. 信用證的到期日為12月31日，最遲裝運期為12月16日，最遲交單日期為運輸單據出單後15天，出口人備妥貨物安排出運的時間是12月10日，則出口人最遲應於（　　）向銀行交單議付。
A. 12月16日　　　　　　　　B. 12月25日
C. 12月28日　　　　　　　　D. 12月31日

四、判斷題

1. 承運人簽發倒簽提單屬欺騙性質的行為。　　　　　　　　　　　　（　　）
2. 班輪運費計收標準中的「W/M Plus Adval」是指計收運費時，應按二者中較高者計收。　　　　　　　　　　　　　　　　　　　　　　　　　　（　　）
3. 海運提單的簽發日期應早於保險單的簽發日期。　　　　　　　　　（　　）
4. 運輸合同的當事人是托運人、承運人。　　　　　　　　　　　　　（　　）
5. 某雜貨班輪在目的港的交貨實際數量少於B/L記載數量，其短少損失應由承運人賠償。　　　　　　　　　　　　　　　　　　　　　　　　　　（　　）
6. 填寫空運托運書時，若機場名稱不明確，可填城市名稱。　　　　　（　　）
7. 在國際航空貨物運輸當中，托運人在填寫托運書中品名欄目時可填寫「樣品」、「部件」。　　　　　　　　　　　　　　　　　　　　　　　　　　（　　）

五、案例分析

1. 2005年5月中國某糧油進出口公司A與歐洲某國B公司訂立出口大米合同，該合同規定：大米水分最高20%，破損率20%，雜質最高1%，以中國商檢局的檢驗報告為最後依據。單價為USD360/MT，FOB中國港口，麻袋裝，每袋淨重50kg，買方應於2005年9月派船接運貨物。B公司未按期派船接運貨物，一直延誤到12月才派船接運貨物。大米裝船交貨，承運人簽發了清潔提單，運到目的港後，買方發現大米生蟲，於是委託當地的貨物檢驗機構進行檢驗，並簽發蟲害證明。買方B公司據此向賣方A公司提出索賠20%的貨款，當A公司接到B公司的索賠後，不僅不賠，而且要求B公司支付延遲裝貨的倉儲費等。另保存在中國商檢局的檢驗貨樣到發生爭議時仍完好無損，未發生蟲害。試分析：

（1）A公司要求B公司支付延遲裝貨的倉儲費等能否成立？為什麼？
（2）B公司的索賠能否成立？為什麼？

2. 我某公司出口一批貨物，合同規定 3~4 月份裝運，國外來證也如是規定，但我方在租船訂艙時發生困難，因租不到足夠的艙位須分三批裝運。問此情況下是否需要國外修改信用證的裝運條款？

3. 中國某公司出口一批貨物，國外來證規定不允許分批裝運。結果我方在規定期限內分別在大連、新港各裝 1/2 的貨物於同一航次的同一船上，提單上註明了不同的裝運地和不同的裝船日期。請問：我方是否違約？銀行是否應當議付？

六、技能實訓

1. 中國擬出口一批工具，共 19.6 公噸，14.892 立方米。由上海裝船經香港轉運至溫哥華。經查，上海至香港，該貨物計費標準為 W/M，8 級，基本運費率為每運費噸 20.5 美元；香港至溫哥華，該貨物計費標準為 W/M，8 級，基本運費率為每運費噸 60 美元，另收香港中轉費，每運費噸 14 美元。請計算該批貨物的總運費。

2. 外輪在天津新港每一晴天工作日裝卸袋裝花生米的標準為 1000M/T。現有一艘登記為 20,000 噸的輪船，按晴天工作節假日除外的標準裝運花生米 7200M/T 出口。具體裝運情況如下：

日期	工作時間	實際工作時間
8月18日	14：00－24：00	10 小時
8月19日	0：00－24：00	24 小時
8月20日	0：00－24：00（下雨10小時）	14 小時

試計算速遣費或滯期費。速遣費為一天 2000 美元，滯期費為一天 4000 美元。

3. 將下述條款翻譯成英文：

裝運港口：中國大連港

目的港口：加拿大溫哥華港（Vancouver）

裝船時間：收到信用證後 30 天內裝船，該信用證不能遲於 2010 年 6 月 10 日開到賣方，允許分批，禁止轉船。

第五章　國際貨物運輸保險

【本章要點】

本章主要介紹國際貨物運輸保險的基本原則、保險險別及其風險與損失的界定，保險條款的基本內容和注意事項，保險相關的單據等。

通過本章學習，要求掌握海上國際貨物運輸保險的範圍，熟悉中國海陸空郵運輸貨物保險的險別，瞭解倫敦保險業協會海運貨物條款，學會操作貨運保險基本業務以及掌握合同保險條款的內容及規定方法。

【導入案例】

貨物運輸可保利益認定的保險案例

某年9月，中國某技術進出口公司以FOB加拿大渥太華為價格條件進口一套設備，合同總價為85萬美元。合同簽訂後，技術進出口公司在安排了貨物運輸事宜後，於11月份與某保險公司簽署了一份國際運輸預約保險啟運通知書。技術進出口公司向保險公司支付了保險費，並收到保險公司出具的收據。但不幸的是，被保險貨物在渥太華承運人倉庫被盜。12月，技術進出口公司將出險情況告知了保險公司，同時向保險公司提出索賠，保險公司以技術進出口公司不具有保險利益而主張合同無效並拒賠，技術進出口公司遂向法院起訴。

保險是一種經濟補償制度，從法律角度看，它是一種補償性契約行為，即被保險人向保險人提供一定的對價（保險費），保險人則對被保險人將來可能遭受的承保範圍內的損失負賠償責任。

保險種類很多，其中包括財產保險、責任保險、保證保險和人身保險，國際貨物運輸保險屬於財產保險的範疇。由於國際貨物一般都需要通過長途運輸，貨物在整個運輸過程中，可能遇到自然災害或意外事故而使途中貨物遭受損失，貨主為了轉嫁貨物在運輸過程中的風險損失，就需要辦理貨物運輸保險。可見，辦理國際貨物運輸保險，是人們同自然災害和意外事故作鬥爭的一種經濟措施。國際貨物通過投保運輸險，將可能發生的損失變為固定的費用，在貨物遭到承保範圍內的損失時，可以從有關保險公司及時得到經濟上的補償，這不僅有利於進出口企業加強經濟核算，而且也有利於進出口企業保持正常營業，從而有效地促進國際貿易的發展。

由於國際貨物運輸方式很多，其中包括海洋運輸、陸上運輸、航空運輸和郵包運輸等，因此，國際貨物運輸保險也相應地分為海運貨物保險、陸運貨物保險、航空貨運保險和郵包運輸保險。

在國際貿易中,涉及貨物運輸保險問題,買賣雙方洽商交易時必須談妥,並在合同中具體訂明。為了訂好合同中的保險條款和正確處理有關進出口貨物運輸保險事宜,凡從事國際貿易的人員都必須瞭解國際貨運保險的有關基本知識。

第一節　保險的基本原則

保險是一種重要的損失補償方法,有其特有的法律法規和原則。在保險業務的每一個環節,在保險合同的每一個方面都存在著保險的原則和相應的法律規範。

一、可保利益原則

可保利益原則(Insurable Interests)是應用於投保環節用以判斷投保人是否有資格就某一特定的標的進行投保,衡量投保人能購買多少保額的原則;可保利益原則還應用於保險理賠環節用以判斷被保險人是否有資格就某一受損的保險標的進行索賠,衡量被保險人能獲得多少賠償的原則。

(一)可保利益的含義

可保利益,通俗地講就是可以保險的利益,也稱保險利益,是指投保人或被保險人對保險標的所具有的合法的經濟利益。它體現了投保人或被保險人同保險標的之間存在著的合法的經濟上的利益關係。投保人在投保時必須對保險標的具有可保利益,才能同保險人簽訂有效的保險合同;被保險人在進行索賠時必須對遭受損失的保險標的具有可保利益,保險人才對被保險人進行損失賠償。如果投保人對保險標的沒有可保利益,則他同保險人所簽訂的保險合同是非法的、無效的合同;如果被保險人對保險標的沒有可保利益,則保險人不承擔損失的賠償責任。

從保險發展的歷史來看,自從有了保險這種補償損失的經濟手段,也就有了以保險為發財手段的保險賭博和保險詐騙行為。為了制止這些不良的行為,防止濫用保險,世界各國都以立法的形式將保險賭博、保險詐騙列為違法行為,並通過立法確立了可保利益原則,以維護保險業的健康發展。有關可保利益的法律規定最早出現在1746年的英國《海上保險法》中。在此之前,海上保險人通常並不要求投保人對其投保的船舶或貨物具有可保利益關係。因此,在當時出現了許多人以保險的船舶能否完成海上航行作為賭博對象,導致人為地破壞航程的順利完成、海事詐欺行為的大量出現。

(二)可保利益原則的作用

1. 可以防止保險合同變為賭博性合同

可保利益原則的確立,要求投保人或被保險人必須對保險標的具有可保利益,才能同保險人訂立有效的保險合同。這一規定可以從根本上避免變保險合同為賭博性合同的行為。

2. 可以防止被保險人的道德危險

如果保險法律不規定保險必須具有可保利益,則被保險人為獲取保險賠款而故意

地作為或不作為，會造成或擴大保險標的損失。保險的開辦勢必縱容了被保險人的道德危險，破壞了社會道德，導致社會道德標準的下降，使社會財富受損。有了可保利益原則，在保險事故發生時，保險賠款的支付，以被保險人對保險標的具有合法的利害關係為前提，因而保險標的的損壞或滅失，只能給被保險人帶來損失，不會帶來好處，這樣便可有效地防止道德危險的發生。

3. 可以限制保險補償的程度

被保險人參加保險後，當保險標的物發生損失時，保險人只能按照損失發生時被保險人對保險標的所具有的經濟利益進行賠償。即被保險人可以獲得的賠償金額，不能超過其對保險標的所具有的可保利益的金額，否則就違背了保險經濟補償的目的，並且會誘發被保險人的道德危險，所以可保利益應該是保險補償的最高限度。

二、最大誠信原則

（一）最大誠信原則的含義

最大誠信原則（Utmost Good Faith）是一切合同有效的內在要求，即合同雙方在簽訂合同時以及在合同的履行過程中，任何一方當事人對合同的另一方當事人不得有隱瞞、欺騙行為，而必須善意地、全面地履行自己的合同義務。

（二）最大誠信原則對投保人和被保險人的約束

對投保人和被保險人來說，最大誠信原則是通過保險合同中關於不告知（隱瞞）、錯誤陳述和違反保證三方面的規定來表現的。

三、近因原則

近因原則（Principle of Proximate Cause）是指保險標的的損失與保單承保風險之間存在著內在的必然的聯繫，保險人只承擔以保單承保風險為近因造成的保險標的的損失。

英國《1906海上保險法》第五十五條第一款規定，除本保險法或保險契約另有規定外，保險人對直接由於承保的風險所引起的任何損失，均負賠償責任；對於非直接由於承保的風險所引起的任何損失，均不負賠償責任。

四、補償原則

從理論上來講，除人壽保險合同以外，各種保險合同都是補償性合同。補償合同的實質，就是補償因保險標的的損失而給被保險人造成的經濟損失。補償性的保險合同都是根據補償原則來履行保險的補償職能。

（一）補償原則的含義

補償原則（Indemnity）是指當保險標的發生了保險責任範圍內的損失時，保險人按照保險標的的實際損失對被保險人進行損失補償，通過保險補償使被保險人恢復到損失發生之前的經濟狀況。保險人的賠償不應使被保險人因保險賠償而獲得額外利益。

(二) 可保利益原則與補償原則

保險賠償的損失必須是被保險人的存在於保險標的之上的可保利益的損失，沒有可保利益就不存在損失，也就失去了獲得保險補償的基礎。因此，在損失發生時，被保險人必須對保險標的具有可保利益，才能獲得保險賠償。

五、代位追償原則

根據保險的賠償原則，保險是對被保險人遭受的實際損失進行補償。當保險標的發生了保險承保責任範圍內的災害事故，而這一保險事故又是由保險人和被保險人以外的第三者承擔責任時，為了防止被保險人在取得保險賠款後，又重複從第三者責任方取得賠償，獲得額外利益，在保險賠償原則的基礎上產生了代位追償原則。

代位追償（Subrogation）是指當保險標的發生了保險責任範圍內的第三者責任方造成的損失時，在向被保險人履行了損失賠償的責任後，保險人有權取得被保險人在該項損失中，依法享有的向第三者責任方要求索賠的權利。保險人取得該項權利後，即可以被保險人的名義向責任方進行追償。

六、重複保險的分攤原則

(一) 重複保險

重複保險（Double Insurance）亦稱雙重保險，是指相同的可保利益方就相同的保險標的向兩家或兩家以上的保險公司投保了相同的風險，兩張或兩張以上的保險單具有相同的有效期，並且各家保險公司保單上的保險金額總和超過了該保險標的的保險價值，如果保險標的在共同的有效的期間內發生了損失，就構成了重複保險。

(二) 重複保險的分攤原則的含義

重複保險的分攤原則是從保險補償原則派生出來的一項原則。在重複保險的情況下，當保險標的發生損失時，按照保險補償原則，被保險人不能從幾家保險公司那裡獲得超過保險標的實際損失的賠償。

英國《1906年海上保險法》第八十條規定，當保單項下的保險標的出現了重複保險時，保險人應按比例分攤被保險人遭受的損失，如果其中任一保險公司賠償的損失金額超過了其應該分攤的份額時，該保險公司可以像債務保證人一樣，就其超額賠付的部分向其他保險公司進行追償；並且當承保損失是由第三者責任方造成時，任何分攤了承保損失的保險公司有權取得與其分攤份額相適應的代位追償權利。

第二節　海洋貨物運輸保險的風險與損失

我們在這裡討論的海洋貨物運輸保險保障的範圍是以英國1779年的Lloyd's S. G. Policy、《1906年海上保險法》、1963年和1982年的協會貨物條款以及中國1981年修訂

的《海洋運輸貨物保險條款》為框架，以這些法律、條款和海上保險慣例為依據，介紹海上保險保障的風險、損失和費用的範圍及規定。

一、海洋貨運保險承保的風險

在海洋運輸貨物保險中，保險人承保的風險主要分為兩大類：海上危險（風險）和外來危險（風險）。

(一) 海上危險（風險）

根據英國《1906年海上保險法》第三條的規定，海上危險是指由於航海的後果所造成的危險或與航海有關的危險。被列為《1906年海上保險法》附錄一的 Lloyd 』s S. G. Policy 承保的海上危險具體是指下列風險：海難（Perils of the sea）、火災（Fire）、戰禍（War Perils）、海盜（Pirates）、流氓（Rovers）、盜竊（Thieves）、捕獲（Captures）、扣押（Seizures）、限制（Restraints）、政府和人民的限制（Detainment of Princes and Peoples）、抛棄（Jettisons）、船員的不法行為（Barratry）、其他類似性質的或在保險合同中所註明的風險（Other Perils Either of the Like Kind or Which May Be Designated by the Policy）。其中，戰禍、捕獲、扣押、限制、政府和人民的限制等風險現在由海洋貨運戰爭險予以承保。

海上風險是一個廣義的概念，一方面它並不包括一切在海上發生的風險；另一方面它又不局限於航海中所發生的風險，還包括一些與海上運輸有關的風險。

(二) 海上風險的分類

海洋貨運保險承保的海上風險可以分為自然災害和意外事故兩大類。正確理解各種海上風險的含義對判定損失原因、劃分損失責任是非常重要的。

1. 自然災害（Natural Calamities）

中國1981年1月1日修訂的《海洋運輸貨物保險條款》規定，保險人承保的自然災害僅指惡劣氣候、雷電、海嘯、地震、洪水等人力不可抗拒的災害。根據英國1982年的協會貨物條款，在保險人承保的風險中，屬自然災害性質的風險有：雷電、地震、火山爆發、浪擊落海，以及海水、湖水或河水進入船舶、駁船、船艙、運輸工具、集裝箱、大型海運箱或儲存處所等。

茲將海上貨運保險承保的各種自然災害的含義分別說明如下：

(1) 惡劣氣候（Heavy Weather）

惡劣氣候一般是指海上的颶風（八級以上的風）和大浪（三米以上的浪）引起的船體顛簸傾斜，並由此造成船體、船舶機器設備的損壞，或者由此而引起的船上所載貨物的相互擠壓、碰撞所導致的貨物的破碎、滲漏、凹癟等損失。

(2) 雷電（Lightning）

海上貨運保險承保的雷電，是指貨物在海上或陸上運輸過程中由於雷電所直接造成的或者由於雷電引起的火災所造成的貨物的滅失和損害。

(3) 海嘯（Tsunami）

海嘯是由地震或風暴所造成的海面的巨大漲落現象，按其成因可分為地震海嘯和

風暴海嘯兩種。地震海嘯是伴隨地震而形成的，即海底火山爆發或海岸附近地殼發生斷裂，引起劇烈的震動，產生高達十餘米的大浪，從而造成海面上的船舶及貨物的損失。風暴海嘯為強大低氣壓通過時，海水異常升起對在海上航行的船舶、貨物造成的損失。

（4）浪擊落海（Washing Overboard）

浪擊落海通常是指存放在艙面上的貨物在運輸過程中受海浪的劇烈衝擊而落海造成的損失。

中國現行海運貨物保險條款的基本險條款不保此項風險，這項風險可以通過附加投保艙面險而獲得保障。ICC（B）和ICC（A）均承保此項風險。但是投保人就堆放在甲板上的貨物申請保險時，必須履行事先告知是甲板貨的義務，並且加繳額外的保險費。

（5）洪水（Flood）

洪水是指因江河泛濫、山洪暴發、湖水上岸及倒灌或暴雨積水致使保險貨物遭受泡損、淹沒、衝散等的損失。

（6）地震（Earth Quake）

地震是指由於地殼發生急遽的自然變化，使地面發生震動、坍塌、地陷、地裂等造成的保險貨物的損失。

（7）火山爆發（Volcanic Eruption）

火山爆發是指由火山爆發產生的地震以及噴發出的火山岩灰造成的保險貨物的損失。

（8）海水、湖水或河水進入船舶、駁船、船艙、運輸工具、集裝箱、大型海運箱或儲存處所（Entry of Sea Lake or River Water into Vessel Craft Hold Conveyance Container Liftvan Or Place of Storage）

這一風險是指由於海水、湖水和河水進入船舶等運輸工具或儲存處所造成的保險貨物的損失。這一風險對「儲存處所」的範圍未加限定，可以理解為包括陸上一切永久性的或臨時性的有頂棚的或露天的儲存處所。

在以上解釋的自然災害中，洪水、地震、火山爆發以及海水、湖水或河水進入船舶、駁船等風險，實際上並非是真正發生在海上的風險，而是發生在內陸或陸海、海河以及海輪與駁船相連接之處的風險。但對海上貨運保險來說，由於這些風險是隨附海上航行而產生的，而且危害性往往很大，為了適應被保險人的實際需要，在海上貨物運輸保險的長期實踐中，逐漸地把它們列入海上貨運保險承保的風險範圍之內。

2. 意外事故（Accident）

按照中國1981年1月1日修訂的《海洋運輸貨物保險條款》的規定，保險人承保的意外事故包括運輸工具遭受擱淺、觸礁、沉沒、互撞、與流冰或其他物體碰撞以及失火、爆炸等；根據新的協會貨物條款的規定，陸上運輸工具的傾覆或出軌也屬意外事故的範疇。由此可以看出，海上貨物運輸保險所承保的意外事故，也不僅限於在海上所發生的意外事故。

茲將海上貨運保險承保的各種意外事故的含義分別說明如下：

（1）火災（Fire）

火災是指由於意外、偶然發生的燃燒失去控制，蔓延擴大而造成的船舶和貨物的損失。海上貨物運輸保險不論是直接被火燒毀、燒焦、燒裂，或者間接被火熏黑、灼熱或為救火而造成的損失，均屬火災風險。由於貨物固有瑕疵或在不適當的情況下運送引起的貨物自燃，則不屬保險人的承保責任範圍。在海上貨物運輸中，火災是最嚴重的風險之一。

（2）爆炸（Explosion）

貨物在海上運輸過程中，因爆炸而受損的情況較多。如船舶鍋爐爆炸致使貨物受損，貨物自身因氣候溫度變化的影響產生化學作用引起爆炸而受損。

（3）擱淺（Grounding）

擱淺是指船舶在航行中，由於意外或異常的原因，船底與水下障礙物緊密接觸牢牢地被擱住，並且持續一定時間失去進退自由的狀態。若船舶僅從障礙物上面或旁邊擦過而並未被阻留，或船底與水下障礙物的接觸不是偶然的或異常的原因造成的，如規律性的潮汐漲落而造成船舶擱淺在沙灘上，則不能以擱淺的名義向保險人要求賠償。

（4）觸礁（Stranding）

觸礁是指船舶在航行中觸及海中岩礁或其他障礙物如木樁、漁柵等造成的一種意外事故。

（5）沉沒（Sunk）

沉沒是指船舶因海水侵入，失去浮力，船體全部沉入水中，無法繼續航行的狀態，或雖未構成船體全部沉沒，但已大大超過船舶規定的吃水標準，使應浮於水面的部分浸入水中無法繼續航行，由此造成保險貨物的損失。如果船體只有部分浸入水中而仍能航行，則不能視為船舶沉沒。

（6）碰撞（Collision）

貨物運輸保險承保的碰撞是指載貨船舶同水以外的外界物體，如碼頭、船舶、燈塔、流冰等，發生的猛力接觸，由此造成船上貨物的損失。若發生碰撞的是兩艘船舶，則碰撞不僅會帶來船體及船上貨物的損失，還會產生碰撞責任損失。碰撞是船舶在海上航行中的一項主要風險。

（7）傾覆（Capsized）

傾覆是指船舶在航行中遭受自然災害或意外事故導致船體翻倒或傾斜，失去正常狀態，非經施救不能繼續航行，由此造成保險貨物的損失。

（8）投棄（Jettison）

投棄也稱拋貨，是指船舶在海中航行遭遇危難時，為了減輕船舶的載重以避免全船受損，由承運人做出決定將船上所載貨物的一部分或部分船上用具有意地拋入海中，由此造成保險貨物的損失。

（9）吊索損害（Sling Loss）

吊索損害是指被保險貨物在起運港、卸貨港或轉運港進行裝卸作業時，從吊鉤上摔下而造成的貨物損失。

（10）海盜行為（Piracy）

按照1981年《海洋法公約》的規定，海盜是指：

①必須旨在扣留人或者掠奪財物的非法行為；

②通過暴力或威脅手段達到目的；

③並非出自某一官方或半官方的指令或默許而進行的對敵方的攻擊；

④必須發生在沿海國家管轄範圍以外的海域或天空。

（11）船長、船員的不法行為（Barratry of Master and Mariner）

船長、船員的不法行為是指船長、船員背著船東或貨主故意做出的有損於船東或貨主利益的惡意行為。例如，丟棄船舶，縱火焚燒船舶和貨物，鑿漏船體，違法運輸走私品造成船舶被扣押或被沒收，故意違反航行規則而遭受處罰等。

3. 外來風險

外來風險是指海上風險以外的其他外來原因所造成的風險。貨物運輸保險中所指的外來風險必須是意外的、事先難以預料的風險，而不是必然發生的外來因素。例如，貨物在運輸過程中可能發生的玷污、串味而造成的損失；而貨物的自然損耗和本質缺陷等屬必然發生的損失，不包括在外來風險之內。

外來風險可分為一般外來風險和特殊外來風險兩類。

（1）一般外來風險

海上貨運保險業務中承保的一般外來風險有以下幾種：

①偷竊（Theft，Pilferage）。偷竊是指整件貨物或包裝貨物的一部分被人暗中竊取造成的損失。偷竊不包括公開的攻擊性的劫奪。

②短少和提貨不著（Short-delivery & Non-delivery）。短少和提貨不著是指貨物在運輸途中由於不明原因被遺失，造成貨物未能運抵目的地，或運抵目的地時發現整件短少，沒能交付給收貨人的損失。

③滲漏（Leakage）。滲漏是指流質或半流質的貨物在運輸途中因容器損壞而引起的損失。

④短量（Shortage in Weight）。短量是指被保險貨物在運輸途中或貨物到達目的地時發生的包裝內貨物數量短少或散裝貨物重量短缺的損失。

⑤碰損（Clashing）。碰損主要是指金屬和金屬製品貨物在運輸途中因受震動、顛簸、碰撞、受壓等而造成的凹瘪、變形的損失。

⑥破碎（Breakage）。破碎主要是指易碎物品在運輸途中因受震動、顛簸、碰撞、受壓等而造成的破碎損失。

⑦鈎損（Hook Damage）。鈎損主要是指袋裝、捆裝貨物在裝卸、搬運過程中因使用手鈎、吊鈎操作不當而致貨物的損壞。

⑧淡水雨淋（Fresh and Rain Water Damage）。淡水雨淋是指直接由於淡水、雨水以及冰雪融化造成貨物的水漬損失。

⑨生鏽（Rusting）。海運貨物保險中承保的生鏽是指貨物在裝運時無生鏽現象，在保險期內生鏽造成的貨物損失。

⑩玷污（Contamination）。玷污是指貨物同其他物質接觸而受污染。如布匹、紙張、

食物、服裝等被油類或帶色的物質污染造成的損失。

⑪受潮受熱（Sweating & Heating）。受潮受熱是指由於氣溫變化或船上通風設備失靈而使船艙內水蒸氣凝結，造成艙內貨物發潮、發熱的損失。

⑫串味（Taint of Odor）。串味是指被保險貨物受其他帶異味貨物的影響，引起串味，失去了原味，喪失了原有的用途和價值。如香料、除味劑等。

（2）特殊外來風險

特殊外來風險是指戰爭、種族衝突或一國的軍事、政治、國家政策、法律以及行政措施等的變化。常見的特殊外來風險有戰爭、罷工、交貨不到、拒收等。

二、海上貨運保險保障的海上損失

由於各種海上風險及外來風險的客觀存在，必然會給運輸途中的貨物造成各種損失。我們把貨物在海上運輸途中發生的損失稱為海上損失。海上貨運保險對各種海上損失的賠償規定是不一樣的。

根據保險的近因原則，保險人賠償的損失應同保險單的承保風險存在著直接的合理的因果關係，只要這種「近因」關係存在，則保單承保風險造成的損失保險人都要賠償，而無論是全部損失還是部分損失。保單承保風險造成的損失可按損失程度的不同分為全損和部分損失。其中，全損可分為實際全損和推定全損，部分損失可分為共同海損和單獨海損。

（一）實際全損（Actual Total Loss）

1. 實際全損的概念

實際全損也稱絕對全損，是指被保險貨物的實體已經完全滅失；被保險貨物遭到了嚴重損失，已喪失了原有的用途和價值；被保險人對保險貨物的所有權已無可挽回地被完全剝奪；載貨船舶失蹤，達到一定時期（中國《海商法》規定為2個月）仍無音訊等。

2. 實際全損的賠償方法

被保險人在貨物遭受了上述實際全損後，可按其保單的投保金額，獲得保險人的全部損失的賠償。

（二）推定全損（Constructive Total Loss）

1. 推定全損的概念

推定全損也稱商業全損，是指被保險貨物在海上運輸途中遭遇承保風險之後，雖未達到完全滅失的狀態，但是可以預見到它的全損將不可避免；或者為了避免全損，需要支付的搶救、修理費用加上繼續將貨物運抵目的地的費用之和將超過貨物的保險價值或超過貨物到達目的地時的價值。

2. 推定全損的損失賠償方法

（1）按全損賠償

為防止出現被保險人因保險賠償而額外獲利的現象，如果被保險人想獲得全損賠償，他必須無條件地把受損的保險貨物委付給保險人。所謂委付（Abandonment）是指

被保險人在保險貨物遭受到嚴重損失，處於推定全損狀態時，向保險人聲明願意將保險貨物的一切權利（包括財產權及一切由此而產生的權利與義務）轉讓給保險人，而要求保險人按貨物全損給予賠償的一種特殊的索賠方式。

例如：汽車運往銷售地銷售，每輛售價為10,000美元。途中船舶遇險，導致貨物遭受嚴重損失。如要修復汽車，所需修理費用，再加上繼續運往目的地費用，每輛車將超過10,000美元。此時，被保險人有權要求保險公司按投保金額予以全部賠償，並將殘損汽車交保險公司處理。

(2) 按實際損失賠償

對於經保險調查確認損失程度不嚴重，不能構成推定全損的委付申請，保險人將按照保險標的實際損失情況，向被保險人履行賠償責任。另外，對於可以推定全損的嚴重貨損，若被保險人根本沒有向保險人發出委付申請，保險人對這項損失只能按貨物的實際損失賠償。

(三) 部分損失 (Partial Loss)

1. 部分損失的概念

部分損失是指由保單承保風險直接造成的保險標的的沒有達到全部損失程度的一種損失。

2. 部分損失的賠償方法

由保單承保風險造成的保險標的的部分損失，保險公司怎樣賠償要視保單上的具體規定，根據海上保險的慣例，保險人對由遭受損失的一方自己承擔的部分損失即使損失一方購買了貨運保險，保險的賠償也有免賠的規定。

海上保險中關於免賠額的規定有以下幾種方式：

(1) 對於部分損失絕對不予賠償，即部分損失免賠，這種規定常用於海上船舶保險。

(2) 對於部分損失給予賠償，但對未達到約定金額或百分比的部分損失不賠，而對已達到或超過約定金額或百分比的部分損失，全部給以賠償，即按實際損失額賠償。這種做法就是相對免賠額的規定。國際海洋貨運保險關於部分損失賠償的規定一般均採取此種做法。

(3) 對於部分損失給予賠償，但對於沒有超過約定的金額或百分比的部分損失不賠，保險人只賠償超過約定金額或百分比的部分損失。這種做法就是絕對免賠額的規定。中國海洋貨運保險對易損貨物的部分損失一般採用絕對免賠額的做法。

(4) 對部分損失的賠償無任何限制，只要是保單承保風險造成的，保險公司就給予賠償。

對於貨物損失規定免賠額或免賠率的做法只是用於部分損失，而對全損則沒有免賠的規定。這是國際上的慣例。其原因是一些易損貨物往往由於貨物固有的特性造成一定的損失，免賠的部分可理解為是由貨物本身特性造成的運輸貨物的正常損失。

(四) 共同海損 (General Average)

1. 共同海損的概念

共同海損是指載貨運輸的船舶在海上運輸途中遭遇自然災害、意外事故或其他特

殊情況，使航行中的船東、貨主及承運人的共同安全受到威脅，為了解除共同危險，維護各方的共同利益並使航程繼續完成，由船方有意識地採取的合理的搶救措施所直接造成的某些特殊的貨物犧牲或支出的額外費用。

海上保險保障的共同海損損失包括共同海損犧牲、共同海損費用及共同海損分攤三種。

（1）共同海損犧牲是指共同海損措施所造成的船舶或貨物本身的滅失或損壞。常見的項目有：抛棄；救火；自動擱淺；起浮脫淺；船舶在避難港卸貨、重裝或倒移貨物、燃料或物料，這些操作造成船舶和貨物的損失；將船上貨物或船舶物料當做燃料，以保證船舶繼續航行；有意識地砍斷錨鏈、丟棄錨具，以便船舶啟動。

按照英國《1906年海上保險法》第六十六條第四款的規定的被保險人對其在海上運輸途中發生的共同海損犧牲，可以從保險人處獲得對全部損失的賠償，而無須從其他分攤責任方進行分攤的權利。

（2）共同海損費用是指由船方採取共同海損措施而支出的額外費用。常見的共同海損費用有避難港費用和雜項費用。

船方支出的共同海損費用在經過共同海損理算之後，應由貨方承擔的部分就變成了貨方的共同海損分攤。

（3）共同海損分攤是指由船方採取共同海損措施而造成的共同海損的犧牲和共同海損的費用，應當由當時在船上的所有獲益方按獲救財產的價值比例分攤。共同海損分攤的基礎是，同一航程遇難船舶上的所有貨方和船東的受益財產在目的港或航程終止港的價值總和。遭受共同海損犧牲的貨方與支出共同海損費用的船東或承運人，一方面從分攤方獲得損失補償，另一方面也要與其他分攤方在同一基礎上參與本身損失的分攤。

按照英國《1906年海上保險法》第六十六條第五款的規定，如果被保險人已經支付或應該支付與保險標的相關的共同海損分攤，他可以從保險人處獲得賠償。在共同海損理算之後，保險人根據保單的規定對被保險人根據保險標的的價值應該分擔的共同海損分攤金額承擔賠償責任。

2. 構成共同海損的條件

鑒於共同海損犧牲及共同海損費用是由大家共同分攤的，因此參與共同海損分攤的利益方要求分攤的共同海損應公平、公正、合理。構成共同海損犧牲及共同海損費用必須符合下列條件：

（1）導致共同海損的危險必須是真實存在的、危及船舶與貨物共同安全的危險。臆測的危險不能構成共同海損的危險。

（2）共同海損的措施必須是為了解除船、貨的共同危險，人為地、有意識地採取的合理措施。

（3）共同海損的犧牲是特殊性質的，費用損失必須是額外支付的。

（4）共同海損的損失必須是共同海損措施的直接的、合理的後果。

（5）造成共同海損損失的共同海損措施最終必須有效。

以上各項是構成共同海損所必須全部具備的條件，這些條件是一個統一整體，缺

一不可。之所以嚴格地規定構成共同海損的條件，就是為了避免船方將由於自己的責任造成的貨物損失，以及在航行中船方應承擔的正常的費用支出列為共同海損的分攤項目。

(五) 單獨海損 (Particular Average)

單獨海損是指僅涉及船舶或貨物所有人單方面的利益的損失。它與共同海損的主要區別是：

(1) 造成海損的原因不同。單獨海損是承保風險所直接導致的船、貨損失；共同海損，則不是承保風險所直接導致的損失，而是為了解除或減輕共同危險人為地造成的一種損失。

(2) 承擔損失的責任不同。單獨海損的損失一般由受損方自行承擔；而共同海損的損失，則應由受益的各方按照受益大小的比例共同分攤。

第三節　中國海運貨物保險條款

保險險別是指保險人對風險和損失的不同承保責任範圍。在保險業務中，各種險別的承保責任是通過各種不同的保險條款規定的。為了適應國際貨物海運保險的需要，中國人民保險公司根據中國保險實際情況並參照國際保險市場的習慣做法，分別制定了各種條款，總稱為中國保險條款（China Insurance Clauses, CIC），其中包括海洋運輸貨物保險條款、海洋運輸貨物戰爭險條款以及其他專門條款。投保人可根據貨物特點和航線與港口實際情況自行選擇投保適當的險別。

按中國保險條款規定，中國海運貨物保險的險別包括下列幾種類型：

一、基本險別

中國人民保險公司所規定的基本險別包括平安險 [Free From Particular Average, (F. P. A.)]、水漬險 [With Average Or With Particular Average, (W. A. or W. P. A)] 和一切險 [All Risks]。

(一) 平安險

投保了平安險，保險公司對以下八項損失負賠償責任：

(1) 被保險的貨物在運輸途中由於惡劣氣候、雷電、海嘯、地震、洪水等自然災害造成整批貨物的全部損失或推定全損。若被保險的貨物用駁船運往或運離海輪時，則每一駁船所裝的貨物可視作一個整批。

(2) 由於運輸工具遭到擱淺、觸礁、沉沒、互撞，與流冰或其他物體碰撞以及失火、爆炸等意外事故所造成的貨物全部或部分損失。

(3) 在運輸工具已經發生擱淺、觸礁、沉沒、焚毀等意外事故的情況下，貨物在此前後又在海上遭受惡劣氣候、雷電、海嘯等自然災害所造成的部分損失。

(4) 在裝卸或轉船時由於一件或數件甚至整批貨物落海所造成的全部或部分損失。

（5）被保險人對遭受承保責任範圍內危險的貨物採取搶救、防止或減少貨損的措施所支付的合理費用，但以不超過該批被毀貨物的保險金額為限。

（6）運輸工具遭遇海難後，在避難港由於卸貨引起的損失，以及在中途港或避難港由於卸貨、存倉和運送貨物所產生的特殊費用。

（7）共同海損的犧牲、分攤和救助費用。

（8）契約中如訂有「船舶互撞責任」條款，則根據該條款規定應由貨方償還船方的損失。

上述責任範圍表明，在投保平安險的情況下，保險公司對由於自然災害所造成的單獨海損不負賠償責任，而對於因意外事故所造成的單獨海損則要負賠償責任。此外，如在運輸過程中運輸工具發生擱淺、觸礁、沉沒、焚毀等意外事故，則不論在事故發生之前或之後由於自然災害所造成的單獨海損，保險公司也要負賠償責任。

（二）水漬險

投保水漬險後，保險公司除擔負上述平安險的各項責任外，還對被保險貨物如由於惡劣氣候、雷電、海嘯、地震、洪水等自然災害所造成的部分損失負賠償責任。

（三）一切險

投保一切險後，保險公司除擔負平安險和水漬險的各項責任外，還對被保險貨物在運輸途中由於外來原因而遭受的全部或部分損失負賠償責任。

從上述三種基本險別的責任範圍來看，平安險的責任範圍最小，它對自然災害造成的全部損失和意外事故造成的全部和部分損失負賠償責任，而對自然災害造成的部分損失，一般不負賠償責任。水漬險的責任範圍比平安險的責任範圍大，凡因自然災害和意外事故所造成的全部和部分損失，保險公司均負責賠償。一切險的責任範圍是三種基本險別中最大的一種，它除包括平安險、水漬險的責任範圍外，還包括被保險貨物在運輸過程中，由於一般外來原因所造成的全部或部分損失。由此可見，一切險是平安險、水漬險加一般附加險的總和。

在這裡還需特別指出的是，一切險並非保險公司對一切風險損失均負賠償責任，它只對水漬險和一般外來原因引起的可能發生的風險損失負責，而對貨物的內在缺陷、自然損耗以及由於特殊外來原因（如戰爭、罷工等）所引起的風險損失，概不負賠償責任。

中國的《海洋運輸貨物保險條款》除規定了上述各種基本險別的責任外，還對保險責任的起訖，也作了具體規定。在海運保險中保險責任的起訖，主要採用「倉至倉」條款（Warehouse to Warehouse Clause），即保險責任自被保險貨物運離保險單所載明的起運地倉庫或儲存處所開始，包括正常運輸中的海上、陸上、內河和駁船運輸在內，直至該項貨物運抵保險單所載明的目的地收貨人的最後倉庫或儲存處所或被保險人用做分配、分派或非正常運輸的其他儲存處所為止。但被保險的貨物在最後到達卸載港卸離海輪後，保險責任以60天為限。

關於倉至倉條款的案例

有一份FOB合同，貨物在裝船後，賣方向買方發出裝船通知，買方向保險公司投保了「倉至倉條款一切險」（All Risks with Warehouse to Warehouse Clause），但貨物在從賣方倉庫運往碼頭的途中，被暴風雨淋濕了10%的貨物。事後，賣方以保險單含有倉至倉條款為由，要求保險公司賠償此項損失，但遭到保險公司拒絕。後來賣方又請求買方以投保人名義憑保險單向保險公司索賠，也遭到保險公司拒絕。試問在上述情況下，保險公司能否拒賠？為什麼？

分析：對本案例情況，保險公司完全可以拒賠。這是因為：

第一，此案中，儘管保險公司承擔倉至倉條款的責任，但是賣方只對貨損時的貨物有所有權，他並未與保險公司簽訂保險合同，他不是前述保險單的被保險人或合法的受讓人。因此，賣方不能向保險公司索賠，保險公司當然可以拒賠。

第二，此案中，買方雖然是前述保險單的被保險人和持有人，但是在保險貨物受損時，買方對該貨物尚未取得所有權，他對貨物裝船前發生的風險損失不負任何責任。因此，在貨物發生風險損失時，買方對保險標的不具有保險利益，儘管保險單內有倉至倉條款，保險公司也可對買方拒賠。

二、附加險別

在海運保險業務中，進出口商除了投保貨物的上述基本險別外，還可以根據貨物的特點和實際需要，酌情再選擇若干適當的附加險別。附加險別包括一般附加險和特殊附加險。

（一）一般附加險（General Additional Risk）

一般附加險不能作為一個單獨的項目投保，而只能在投保平安險或水漬險的基礎上，根據貨物的特性和需要加保一種或若干種一般附加險。可見一般附加險被包括在一切險的承保範圍內，故在投保一切險時，不存在再加保一般附加險的問題。

由於被保險貨物的品種繁多，貨物的性能和特點各異，而一般外來風險又多種多樣，所以一般附加險的種類也很多。其中主要包括：偷竊提貨不著險、淡水雨淋險、滲漏險、短量險、鉤損險、污染險、破碎險、碰損險、生鏽險、串味險和受潮受熱險等。

所謂外來風險是指除了海上自然災害和意外事故以外的外來風險。外來風險主要包括下述11種風險：

（1）偷竊、提不著貨險［Theft Pilferage and Non-delivery, (T. P. N. D)］；

（2）淡水雨淋險［Fresh Water &/or Rain Damage (F. W. R. D)］；

（3）短量險［Risk of Shortage］；

（4）混雜、玷污險［Risk of Intermixture and Contamination］；

（5）滲漏險［Risk of Leakage］；

（6）碰撞、破碎險［Risk of Clash and Breakage］；

（7）串味險〔Risk of Odor〕；
（8）鉤損險〔Hook Damage〕；
（9）受潮受熱險〔Damage Caused by Sweating and Heating〕；
（10）包裝破裂險〔Breakage of Packing〕；
（11）銹損險〔Risk of Rust〕。

（二）特殊附加險（Special Additional Risk）

1. 戰爭險和罷工險

凡加保戰爭險時，保險公司則按加保戰爭險條款的責任範圍，對由於戰爭和其他各種敵對行為所造成的損失負賠償責任，按中國人民保險公司的保險條款規定，戰爭險不能作為一個單獨的項目投保，而只能在投保上述三種基本險別之一的基礎上加保。戰爭險的保險責任起訖和貨物運輸險不同，它不採取倉至倉條款，而是從貨物裝上海輪開始至貨物運抵目的港卸離海輪為止，即只負責水面風險。

戰爭險的除外責任包括由於敵對分子使用核武器造成的損失和費用、由於執政者、當權者、或其他武裝組織的扣押、拘留引起的承保航程的喪失和挫折而提出的任何索賠。

根據國際保險市場的習慣做法，一般將罷工險與戰爭險同時承保。如投保了戰爭險又需加保罷工險時，僅需在保單中附上罷工險條款即可，保險公司不再另行收費。

2. 其他特殊附加險

為了適應對外貿易貨運保險的需要，中國人民保險公司除承保上述各種附加險外，還承保交貨不到險〔Failure to Delivery〕、進口關稅險〔Import Duty Risk〕、艙面險〔On Deck Risk〕、拒收險〔Rejection Risk〕、黃曲霉毒素險〔Aflatoxin Risk〕以及中國某些出口貨物運至港澳存倉期間的火險等特殊附加險。

黃曲霉毒素，又叫黃曲霉素，是一種致癌毒素。主要存在於被黃曲霉素污染過的糧食、油及其製品中。例如，發霉的花生、花生油、玉米、大米、棉籽中最為常見，在干果類食品如胡桃、杏仁、榛子、干辣椒中，在動物性食品如肝、咸魚中以及在奶和奶製品中也曾發現過黃曲霉素。

黃曲霉素是目前發現的化學致癌物中最強的物質之一。它主要引起肝癌，還可以誘發骨癌、腎癌、直腸癌、乳腺癌、卵巢癌等。中國規定大米、食用油中黃曲霉毒素允許量標準為 10ug/Kg，其他糧食、豆類及發酵食品為 5ug/Kg。嬰兒代乳食品不得檢出。而世界衛生組織推薦食品、飼料中黃曲霉毒素最高允許量標準為 15ng/kg。30～50ua/kg 為低毒，50～100ug/kg 為中毒，100～1000ug/kg 為高毒，1000ug/kg 以上為極毒。其毒性為氰化鉀的 10 倍，為砒霜的 68 倍。

如果進口的貨物中黃曲霉素的含量超標，則會被拒收或沒收，或者被強制更改用途。黃曲霉毒素險就是承保由此造成損失的險別。

第四節　倫敦保險協會海運貨物保險條款

英國倫敦保險協會在 1963 年制定了協會貨物保險條款（Institute Cargo Clauses，ICC），即 ICC（1963），對世界各國有著廣泛影響。在 1982 年 1 月 1 日，新的協會貨物保險條款生效，即 ICC（1982）。目前，世界上許多國家在海運保險業務中直接採用該條款，還有許多國家在制定本國保險條款時參考或採用該條款的內容。

在中國，按 CIF 條件出口，雖然一般以中國人民保險公司所制定的保險條款為依據，但如果客戶要求按 ICC（1982）為準，我們也可酌情接受。因此，我們對 ICC（1982），也必須有所瞭解，以便訂好保險條款和正確處理有關貨運保險事宜。現將 ICC（1982）的主要內容簡介如下：

一、協會貨物保險條款的種類

協會貨物保險條款主要有以下六種：
（1）協會貨物條款（A）[Institute Cargo Clauses（A），ICC（A）]；
（2）協會貨物條款（B）[Institute Cargo Clauses（B），ICC（B）]；
（3）協會貨物條款（C）[Institute Cargo Clauses（C），ICC（C）]；
（4）協會戰爭險條款（貨物）[Institute War Clauses（Cargo）]；
（5）協會罷工險條款（貨物）[Institute Strikes Clauses（Cargo）]；
（6）惡意損害險條款[Malicious Damage Clauses]。

上述 ICC（A）、ICC（B）、ICC（C）三種險別都有獨立完整的結構，對承保風險及除外責任均有明確規定，因而都可以單獨投保。上述戰爭險和罷工險，也具有獨立完整的結構，如徵得保險公司同意，必要時，也可作為獨立的險別投保。唯獨惡意損害險，屬附加險別，故其條款內容比較簡單。

二、協會貨物保險主要險別的承保風險與除外責任

（一）ICC（A）險的承保風險與除外責任

ICC（A）採用「一切險除外責任」的概括方式說明，大體相當於中國人民保險公司所規定的一切險，其責任範圍最廣，故對 ICC（A）的理解關鍵是對除外責任的理解。除外責任不負責任，其他的風險均予負責。

ICC（A）險的除外責任包括下列幾個方面：

1. 一般除外責任

一般除外責任包括：由於被保險人故意的不法行為造成的損失或費用；自然滲漏、重量或容量的自然損耗或自然磨損；包裝或準備不足或不當所造成的損失或費用；保險標的的內在缺陷或特性所造成的損失或費用；直接由於遲延所引起的損失或費用；由於船舶所有人、經理人、租船人或經營破產或不履行債務造成的損失或費用；由於

使用任何原子或熱核武器所造成的損失或費用。

2. 不適航和不適貨除外責任

這是指在裝船時，如被保險人或其受雇人已經知道船舶不適航，以及船舶、裝運工具、集裝箱等不適貨，保險人不負賠償責任。

3. 戰爭除外責任

這是指由於戰爭、內戰、敵對行為等造成的損失或費用；由於捕獲、拘留、扣留等（海盜除外）所造成的損失或費用；由於漂流水雷、魚雷等造成的損失或費用。

4. 罷工除外責任

這是指由於罷工者、被迫停工工人等造成的損失或費用；任何恐怖主義者或出於政治動機而行動的人所造成的損失或費用。

如果將 ICC（A）所承保的具體風險進行描述，則可概括為以下幾項：

（1）ICC（B）承保的所有風險；

（2）海盜行為；

（3）惡意損害行為；

（4）外來風險造成的貨物損失。

（二）ICC（B）險的承保風險與除外責任

ICC（B）採用承保除外責任之外列明風險的辦法，即將其承保的風險一一列舉出來，大體相當於中國人民保險公司所規定的水漬險。它比 ICC（A）險的責任範圍小。這種規定辦法，既便於投保人選擇投保適當的險別，又便於保險人處理損害賠償。ICC（B）險具體承保的風險包括：

（1）滅失或損害合理歸因於下列原因者：火災、爆炸；船舶或駁觸礁、擱淺、沉沒或傾覆；陸上運輸工具傾覆或出軌；船舶、駁船或運輸工具同水以外的外界物體碰撞；在避難港卸貨；地震、火山爆發、雷電。

（2）滅失或損害由於下列原因造成者：共同海損犧牲；拋貨；浪擊落海；海水、湖水或河水進入船舶、駁船、運輸工具、集裝箱、大型海運箱或貯存處所；貨物在裝卸時落海或摔落造成整件的全損。

ICC（B）險的除外責任與 ICC（A）險的規定的不同之處有下列兩點：

（1）在 ICC（A）險中，僅規定保險人對歸因於被保險人故意的不法行為所導致的損失或費用，不負賠償責任；而在 ICC（B）險中，則規定保險人對被保險人以外的其他人的故意非法行為所導致的風險不負責任。可見，在 ICC（A）險中，惡意損害的風險被列為承保風險；而在 ICC（B）險中，保險人對此項風險卻不負賠償責任。被保險人如想獲得此種風險的保險保障，就需加保惡意損害險。

（2）在 ICC（A）險中，標明海盜行為不屬除外責任；而在 ICC（B）險中，保險人對此項風險不負保險責任。

（三）ICC（C）險的承保風險與除外責任

ICC（C）險的承保風險較 ICC（A）和 ICC（B）都小得多，它僅承保重大意外事故的風險，而不承保自然災害及非重大意外事故的風險。對承保風險的規定，採用的

是列明風險方式。ICC（C）險具體承保的風險包括：

（1）滅失或損害合理歸因於下列原因者：火災、爆炸；船舶或駁船觸礁、擱淺、沉沒或傾覆；陸上運輸工具傾覆或出軌；船舶或駁船或運輸工具同水以外的任何外界物體碰撞；在避難港卸貨。

（2）滅失或損害由於下列原因所造成者：共同海損犧牲；拋貨。

ICC（C）險的除外責任與ICC（B）險完全相同，在此不贅述。為了便於比較和查閱，使人一目了然，現將ICC（A）、ICC（B）和ICC（C）三種險別條款中的保險人承保的風險列表說明如下：

表 5－1　　　　　　　　　倫敦保險協會貨物條款

承保風險	ICC（A）	ICC（B）	ICC（C）
1. 火災、爆炸	√	√	√
2. 船舶或駁船觸礁、擱淺、沉沒或傾覆	√	√	√
3. 陸上運輸工具傾覆或出軌	√	√	√
4. 船舶或駁船或運輸工具同水以外的任何外界物體碰撞	√	√	√
5. 在避難港卸貨	√	√	√
6. 地震、火山爆發或雷電	√	√	×
7. 共同海損犧牲	√	√	√
8. 投棄	√	√	√
9. 浪擊落海	√	√	×
10. 海水、湖水或河水進入船舶、駁船、運輸工具、集裝箱、大型海運箱或貯存處所	√	√	×
11. 貨物在裝卸時落海或摔落造成任何整件的全損	√	√	×
12. 海盜行為	√	×	×
13. 惡意損害行為	√	×	×
14. 「除外責任」以外的一切外來原因所造成的損失	√	×	×

說明：「√」代表承保風險　「×」代表免責風險或不承保風險

（四）戰爭險的承保風險及其除外責任

戰爭險主要承保由於下列原因造成保險標的物的損失：

（1）戰爭、內戰、革命、叛亂、造反或由此引起的內亂，或交戰國或針對交戰國的任何敵對行為。

（2）捕獲、拘留、扣留、禁制或扣押，以及這些行動的後果或這方面的企圖。

（3）遺棄的水雷、魚雷、炸彈或其他遺棄的戰爭武器。

戰爭險的除外責任與ICC（A）險中的「一般除外責任」及「不適航、不適貨除外責任」大致相同。

（五）罷工險的承保風險及其除外責任

罷工險主要承保由於下列原因造成保險標的物的損失：

（1）罷工者、被迫停工工人或參與工潮、暴動或民眾鬥爭的人員採取行動造成的損失和費用。

（2）罷工、被迫停工、工潮、暴動或民變造成的損失和費用。

（3）任何恐怖主義者或任何人出於政治目的採取的行動所造成的損失和費用。

罷工險的除外責任也與ICC（A）險中的「一般除外責任」及「不適航、不適貨除外責任」大致相同。

除上述五種主要險別外，還有一種附加險別，即惡意損害險。它所承保的是被保險人以外的其他人（如船長、船員等）的故意破壞行動所導致被保險貨物的滅失或損害。這種風險僅在ICC（A）險中被列為承保風險的範疇，而在ICC（B）險和ICC（C）險中均列為除外責任。因此，如被保險人需要對此風險取得保險保障，在其投保ICC（B）險或ICC（C）險時，就需另行加保惡意損害險。

三、協會海運貨物保險的保險期限

保險期限是指保險人承擔保險責任的起訖期限，也就是保險的有效期。英國倫敦保險協會海運貨物保險條款和海運貨物戰爭險條款對保險期限的規定，與上述中國海運貨物保險與海運貨物戰爭險條款對保險期限的規定大體相同，但其規定比中國有關條款的規定更為詳細。這裡不再贅述。

第五節　陸運、空運貨物與郵遞貨物保險實務

在國際貿易中，貨物運輸除了主要採用海洋運輸方式之外，還採用陸運貨物、空運貨物與郵遞貨物的方式。陸運貨物、空運貨物與郵遞貨物保險是在海運貨物保險的基礎上發展起來的，在整個保險業務中的重要性也日益顯著。

由於陸運、空運與郵遞貨物等運輸業務的保險來源於海運保險的框架，所以在很多方面具有相似性：

（1）保險適用原則相同；

（2）基本條款中，關於除外責任、被保險人義務、索賠期限等各項規定基本相同；

（3）附加險險別和條款相同；

（4）保險單方面，陸運貨物、空運貨物與郵遞貨物的保險沒有自身的保險單格式，其條款附貼於海運保險單格式上作為保險合同的證明。

然而陸運貨物、空運貨物與郵遞貨物同海運可能導致貨物損失的風險種類不同，所以陸運貨物保險、空運貨物保險、郵遞貨物保險與海上貨運保險的險別及其承保責任範圍也有所不同。現分別簡要介紹如下：

一、陸運貨物保險 (Overland Transportation Cargo Insurance)

(一) 陸運風險與損失

貨物在陸運過程中，可能遭受各種自然災害和意外事故。常見的風險有：車輛碰撞、傾覆和出軌、路基坍塌、橋樑折斷和道路損壞，以及火災和爆炸等意外事故；雷電、洪水、地震、火山爆發、暴風雨以及霜雪冰雹等自然災害；戰爭、罷工、偷竊、貨物殘損、短少、滲漏等外來原因所造成的風險。這些風險會使運輸途中的貨物造成損失。貨主為了轉嫁風險損失，就需要辦理陸運貨物保險。

(二) 陸運貨物保險的險別

根據中國人民保險公司制定的《陸上運輸貨物保險條款》的規定，陸運貨物保險的基本險別有陸運險 (Overland Transportation Risks) 和陸運一切險 (Overland Transportation All Risks) 兩種。此外，還有陸上運輸冷藏貨物險 (Overland Transportation Cargo Insurance Frozen Products)，它也具有基本險性質。

陸運險的承保責任範圍同海運水漬險相似。陸運一切險的承保責任範圍與海運一切險相似。上述責任範圍，均適用於鐵路運輸和公路運輸，並以此為限。陸運險與陸運一切險的責任起訖，也採用倉至倉責任條款。如未運抵倉庫，則以運抵最後卸載的車站滿60天為止。索賠時限為貨物在最後目的地車站或倉庫全部撤離車輛後兩年內。

陸運貨物在投保上述基本險之一的基礎上可以加保附加險。如投保陸運險，則可酌情加保一般附加險和戰爭險 (Overland Transportation Cargo War Risks – By Train) 等特殊附加險；如投保陸運一切險，就只需加保戰爭險，而不再加保一般附加險。陸運貨物在加保戰爭險的前提下，再加保罷工險，不另收保險費。陸運貨物戰爭險的責任起訖，是以貨物置於運輸工具時為限。如果貨物不卸離火車，以火車到達目的地當日午夜起計算滿48小時為止。如果貨物中途轉車，則以到達該中途站當日午夜起計算滿10天為止。

二、航空運輸貨物保險 (Air Transportation Cargo Insurance)

航空運輸貨物保險是指以飛機等航空器為運輸工具的貨物運輸保險。隨著航空運輸的發展，航空運輸貨物保險業務也在迅速發展。然而，畢竟航空運輸貨物保險業發展歷史不長，航空運輸貨物保險迄今為止還沒有發展成為一個完整的體系。

(一) 協會貨物條款

ICC (1982) 關於航空運輸貨物的保險條款包括以下三種：

(1) 協會貨物條款 (航空)(郵件除外)〔Institute Cargo Clauses (Air) – excluding sending by Post〕；

(2) 協會戰爭條款 (航空貨物)(郵件除外)〔Institute War Clauses (Air Cargo) – excluding sending by Post〕；

(3) 協會罷工險條款 (航空貨物)〔Institute Strikes Clauses (Air Cargo)〕。

以上條款沒有專用的保險單格式，必須與海上保險單格式連用。在實際業務中，對於航空運輸貨物條款有關術語的解釋，也常參照英國海上保險法的規定。

(二) 空運風險與損失

貨物在空運過程中，有可能因自然災害、意外事故和各種外來風險而導致貨物全部或部分損失。常見的風險有：雷電、火災、爆炸、飛機遭受碰撞、傾覆、墜落、失蹤、戰爭破壞以及被保險物由於飛機遇到惡劣氣候或其他危難事故而被拋棄等。為了轉嫁上述風險，空運貨物一般都需要辦理保險，以便當貨物遭到承保範圍內的風險損失時，可以從保險公司獲得賠償。

(三) 空運貨物保險的險別

中國人民保險公司制定的空運貨物保險的基本險別有航空運輸險（Air Transportation Risks）和航空運輸一切險（Air Transportation All Risks）。這兩種基本險都可單獨投保，在投保其中之一的基礎上，經投保人與保險公司協商可以加保戰爭險等附加險。加保附加險時須另付保險費。在加保戰爭險的前提下，再加保罷工險，則不另收保險費。

航空運輸險和航空運輸一切險的責任起訖也採用倉至倉條款。但是與海運保險的倉至倉條款不同的是：如果貨物運達保險單所載明的目的地但是未運抵保險單所載明的收貨人倉庫或儲存處所，則保險人的責任以貨物最後卸離飛機後30天為止。如果在上述30天內，因被保險人要求而轉運貨物至非保險單所載明的目的地範圍時，則保險責任以貨物開始轉運時為止。航空運輸貨物戰爭險的責任期限，是自貨物裝上飛機時開始至卸離保險單所載明的目的地的飛機時為止。如果貨物不卸離飛機，則以飛機飛抵目的地當日午夜起計算15日為止。

三、郵遞貨物保險（Parcel Post Insurance）

(一) 郵遞貨物風險與損失

郵遞貨物通常須經海、陸、空輾轉運送，實際上屬於門到門運輸，在長途運送過程中遭受自然災害、意外事故以及各種外來風險的可能性較大。寄件人為了轉嫁郵包在運送當中的風險損失，故須辦理郵遞貨物保險，以便在發生損失時能從保險公司得到承保範圍內的經濟補償。

(二) 郵遞貨物保險的險別

ICC（1982）關於郵遞貨物的保險只制定了《協會郵遞戰爭險條款》（Institute War Clauses－Sending by Post），尚未制定相關成套的郵遞貨物保險條款。

根據中國人民保險公司制定的《郵政包裹保險條款》的規定，有郵包險（Parcel Post Risks）和郵包一切險（Parcel Post All Risks）兩種基本險。

郵包險的承保責任範圍是，負責賠償被保險郵包在運輸途中，因惡劣氣候、雷電、海嘯、地震、洪水、自然災害，或由於運輸工具擱淺、觸礁、沉沒、碰撞、出軌、傾覆、墜落、失蹤，或由於失火和爆炸等意外事故所造成的全部或部分損失；以及採取

搶救、防止損失而支付的合理費用，但費用以不超過該批被救貨物的保險金額為限。

郵包一切險的承保責任範圍是，除上述郵包險的全部責任外，還負責由於除外責任外的外來原因所導致的全部或部分責任。

郵包險和郵包一切險的責任起訖是，自被保險郵包離開保險單所載起運地點寄件人的處所運往郵局時開始生效，直至被保險郵包運達保險單所載明的目的地郵局發出通知書給收件人當日午夜起算滿 15 天為止，但在此期限內，郵包一經遞交至收件人處所時，保險責任即告終止。

在投保郵包運輸基本險之一的基礎上，經投保人與保險公司協商可以加保郵包戰爭險等附加險。加保附加險時，也須另加保險費。在加保戰爭險的基礎上，如加保罷工險，則不另收費。郵包戰爭險承保責任的起訖是，自被保險郵包經郵政機構收訖後自儲存處所開始運送時生效，直至該項郵包運達保險單所載明的目的地郵政機構送交收件人為止。

第六節　買賣合同中的保險條款

在實際發生的國際貿易買賣合同中，通常都訂有保險條款。其主要內容包括：保險投保人、保險公司、保險險別、保險費率和保險金額的約定等事項。

一、保險投保人的約定

每筆交易的貨運保險，究竟由買方抑或賣方投保，完全取決於買賣雙方約定的交貨條件和所使用的貿易術語。由於每筆交易的交貨條件和所使用的貿易術語不同，故對投保人的規定也相應有別。例如，按 FOB 或 CFR 條件成交時，在買賣合同的保險條款中，一般只訂明「保險由買方自理」。如買方要求賣方代辦保險，則應在合同保險條款中訂明：「由買方委託賣方按發票金額×××% 代為投保××險，保險費由買方負擔。」按 DES 或 DEQ 條件成交時，在合同保險條款中，也可訂明「保險由賣方自理」。凡按 CIF 或 CIP 條件成交時，由於貨價中包括保險費，故在合同保險條款中，需要詳細約定賣方負責辦理貨運保險的有關事項，如約定投保的險別、支付保險費和向買方提供有效的保險憑證等。

二、保險公司和保險條款的約定

在按 CIF 或 CIP 條件成交時，保險公司的資信情況，與賣方關係不大，但與買方卻有重大的利害關係。因此，買方一般要求在合同中限定保險公司和所採用的保險條款，以利日後保險索賠工作的順利進行。例如，中國按 CIF 或 CIP 條件出口時，買賣雙方在合同中，通常都訂明：「由賣方向中國人民保險公司投保，並按該公司的保險條款辦理。」

（一）訂立保險條款應當注意的問題

（1）應明確按什麼保險條款進行投保，是按 ICC 條款還是按 CIC 條款。

（2）應明確投保險別，是平安險還是水漬險或一切險。如需另加某一種或某幾種附加險也應一併寫明。

（3）應明確由何方負責投保，如系 FOB、CFR 合同，應明確由買方負責投保，但賣方為避免工廠倉庫至碼頭的運輸風險可加保倉至船險（Before loading risk）；如系 CIF 合同，應明確由賣方負責投保。

（4）應明確投保加成率，如超過 10%，由此而產生的超額保險費應由買方負擔。如加保戰爭險，應明確「若發生有關的保險費率調整，所增加的保費由買方負擔」。

（5）應明確不同保險條款的生效日期。

（6）保險單的簽訂日期不能遲於裝運日期，如果貨物在裝運以後才簽訂保險合同，則貨物從裝運到簽訂保險合同的一段時間沒有被保險。

（7）保險貨幣應與發票貨幣一致，以避免匯率風險。

（8）注意合同的價格條件與船舶的船齡與適航性。

(二) 合同中的保險條款舉例

（1）以 EXW、FAS、FOB、CFR 或 FCA、CPT 術語成交，合同中的保險條款可訂為：「保險由買方辦理」（Insurance is to be covered by the Buyers），或者「由買方委託賣方按發票金額110%代辦投保××險和××險，保險費用由買方負擔，按1981年1月1日中國人民保險公司海洋貨物運輸保險條款負責。」（Insurance：To be covered by the sellers on behalf of the buyers for 110% of invoice value against ×× and ×× as per Ocean Marine Cargo Clauses of the People's Insurance Company of China dated Jan. 1, 1981.）

（2）以 CIF 或 CIP 術語成交，合同中的保險條款內容要明確由賣方辦理保險，保險險別是什麼，保險金額是多少，受何種保險條款的約束以及保險條款的生效日期等。具體訂法如下：

「由賣方按發票金額的 110% 投保一切險和戰爭險，按 1981 年 1 月 1 日中國人民保險公司海洋貨物運輸保險條款負責。」（Insurance is to be covered by the sellers for 110% of the invoice value against all risks and war risk as per Ocean Marine Cargo Clauses of the People's Insurance Company of China dated Jan. 1, 1981.）

(三) L/C 中有關保險條款舉例

（1）INSURANCE POLICY OR CERTIFICATE IN THREE COPIES MADE OUT TO APPLICANT, COVERING INSTITUTE CARGO CLAUSES (A), AND INSTITUTE WAR CLAUSES (CARGO) AS PER ICC CLAUSE, INCLUDING WAREHOUSE TO WAREHOUSE UP TO FINAL DESTINATION AT OSAKA FOR AT LEAST 110% OF CIF VALUE, MARKED PREMIUM PREPAID AND SHOWING CLAIMS IF PAY ABLE IN JAPAN.

（2）2/2 SETS OF ORIGINAL INSURANCE POLICY OR CERTIFICATE, BLANK ENDORSED, COVERING ALL RISKS AND WAR RISKS FOR 110% INVOICE VALUE, SHOWING CLAIMS PAYABLE IN INDIA.

三、保險險別的約定

按 CIF 或 CIP 條件成交時，運輸途中的風險本應由買方承擔，但一般保險費則約定由賣方負擔，因貨價中包括保險費。買賣雙方約定的險別通常為平安險、水漬險、一切險三種基本險別中的一種。但有時也可根據貨物特性和實際情況加保一種或若干種附加險（見表5-1）。如約定採用英國倫敦保險協會貨物保險條款，也應根據貨物特性和實際需要約定該條款的具體險別。在雙方未約定險別的情況下，按慣例，賣方可按最低的險別予以投保。

表 5-1　　　　　　　　　常見貨物種類及險別的選擇

貨物種類	常見危險	險別選擇
糧谷類	短量、霉爛、受熱受潮	●一切險 ●水漬險＋短量險＋受熱受潮險
食品類	包裝破碎、包裝生鏽、被盜	●一切險 ●平安險＋偷竊、提貨不著險＋包裝破碎險
酒、飲料	破碎、被盜	●一切險 ●平安險＋偷竊、提貨不著險＋破損和破碎險
玻璃、陶瓷製品、家電、工藝品、儀器儀表類	破碎、被盜	●平安險＋偷竊、提貨不著險＋破損和破碎險
工藝品、儀器儀表類		
貨物種類	常見危險	險別選擇
毛絨類、紡織纖維類	水濕導致色變、霉爛	●一切險 ●水漬險＋混雜和沾污險
雜貨類	水濕、被盜	●水漬險＋偷竊、提貨不著險＋淡水雨淋險
散裝礦石類	散落、短量	●平安險＋短量險
木材、車輛（艙面類）	浪擊落海或被拋棄	●平安險＋艙面險
活牲畜、家禽、活魚	死亡	●活牲畜、家禽海陸空運輸保險條款
原糖	溶解短量、吸濕、被盜、可能發生爆炸、油漬沾污	●一切險

在 CIF 或 CIP 貨價中，一般不包括加保戰爭險等特殊附加險的費用，因此，如買方要求加保戰爭險等特殊附加險時，其費用應由買方負擔。如買賣雙方約定，由賣方投保戰爭險並由其負擔保險費時，賣方為了避免承擔戰爭險的費率上漲的風險，他往往要求在合同中規定：「貨物出運時，如保險公司增加戰爭險的費率，則其增加的部分保險費，應由買方負擔。」

四、保險金額的約定

按 CIF 或 CIP 條件成交時，因保險金額關係到賣方的費用負擔和買方的切身利益，故買賣雙方有必要將保險金額在合同中具體訂明。根據保險市場的習慣做法，保險金額一般都是按 CIF 價或 CIP 價加成計算，即按發票金額再加一定的百分率。此項保險加成率，主要是作為買方的預期利潤。按國際貿易慣例，預期利潤一般按 CIF 價的 10% 估算，因此，如果買賣合同中未規定保險金額時，習慣上是按 CIF 價或 CIP 價的 110% 投保。

中國人民保險公司承保出口貨物的保險金額，一般也是按國際保險市場上通常的加成率，即按 CIF 或 CIP 發票金額的 110% 計算。由於不同貨物、不同地區、不同時期的期得利潤不一，因此，在洽商交易時，如買方要求保險加成超過 10% 時，賣方也可酌情接受。如買方要求保險加成率過高，則賣方應同有關保險公司商妥後方可接受。

根據國際保險業的習慣，保險金額的計算公式為：

保險金額 = CIF（或 CIP）價 ×（1 + 投保加成率）

出口貿易中如果是以其他貿易術語（如 FOB、CFR）成交，則應先折算為 CIF 或 CIP 值再按加成率計算保險金額。

中國進口貨物的保險金額，原則上雖也按進口貨物的 CIF 或 CIP 值計算，但不另加成。目前，中國進口合同較多採用 FOB（或 FCA）條件，為簡化手續，方便計算，一些外貿企業與保險公司簽訂預約保險合同，共同議定平均運費率（也可按實際運費計算）和平均保險費率。其計算保險金額的公式為：

保險金額 = FOB（或 FCA）價 ×（1 + 平均運費率）/（1 − 平均保險費率）

這裡的保險金額即估算的 CIF（或 CIP）價，而不另加成。如投保人要求在 CIF（或 CIP）價的基礎上加成投保，保險公司也可以接受。

五、保險費的約定

中國進出口貨物保險費率是按照不同貨物、不同目的地、不同運輸工具和投保險別，由保險公司以貨物損失率和賠付率為基礎，參照國際保險費率水準，結合中國國情而制定的。

保險費的計算公式為：

保險費 = 保險金額 × 保險費率

如按 CIF 或 CIP 加成投保，保險費的計算公式為：

保險費 = CIF（或 CIP）價 ×（1 + 投保加成率）× 保險費率

例題 1：

中國某外貿公司出口成交一批價值為 CIF2000 美元的貨物。現按 CIF 價格加成 10% 投保一切險（1%）和戰爭險（0.5%），計算保險費。

2000 ×（1 + 10%）×（1% + 0.5%）= 2211（美元）

例題2：

中國某外貿公司進口成交一批價值為CFR12,000美元的貨物。現按CIF價格加成10%投保一切險和戰爭險，計算保險費。

（1）查保費率表得出一切險和戰爭險的費率分別為0.5%和0.04%，則總費率為：0.5% + 0.04% = 0.54%

（2）將CFR價值轉化為CIF價值，即：

CIF = 12,000/（1 - 0.54% × 1.1）= 12,072（美元）

（3）得出保險費為：

12,072 × 0.54% = 65.2（美元）

六、保險單的約定、內容與繕制要求

在買賣合同中，如約定由賣方投保，通常還規定賣方應向買方提供保險單，如被保險的貨物在運輸過程中發生承保範圍內的風險損失，買方即可憑賣方提供的保險單向有關保險公司索賠。

保險索賠（Insurance Claim）是指當被保險的貨物在保險責任有效期內發生屬於保險責任範圍內的損失，被保險人可向保險公司提出索賠。

（一）被保險人提出索賠應具備的條件

1. 被保險人是保險單的合法持有人。
2. 被保險人要求賠償的損失必須是承保責任範圍內風險造成的損失。
3. 被保險人必須擁有可保利益。

（二）保險人索賠時應注意做好的幾項工作

被保險人或其代理人向保險人索賠時，應做好下列幾項工作：

1. 分清責任。
2. 及時向保險公司發出損失通知。
3. 採取合理的施救措施。
4. 備齊索賠單證。
5. 瞭解索賠免賠的一些規定。
6. 瞭解有關代位追償和委付的問題。

（一）保險單繕制需要注意的要點

（1）保險公司名稱（Name of Insurance Company）——根據信用證和合同要求相應的保險公司辦理保險單據。在信用證方式下，如來證要求「INSURANCE POLICY IN DUPLICATE BY PICC」，PICC即中國人民保險公司，信用證要求提交由中國人民保險公司出具的保險單。

（2）保險單據名稱（Name）——按信用證和合同填製。如來證規定「INSURANCE POLICY IN DUPLICATE」，即要求出具保險單而非保險憑證（INSURANCE CERTIFICATE）。

（3）發票號碼（Invoice NO.）——填寫投保貨物商業發票的號碼。

（4）保險單號（NO.）——填寫保險公司的保險單號碼。

（5）被保險人（Insured）——按照習慣，人們在被保險人一欄中填出口公司的名稱，除非信用證有特別規定，一般為信用證受益人。

（6）嘜頭（Marks and Nos）——同商業發票上的嘜頭一致。如嘜頭比較複雜，也可以簡單填寫「As per Invoice No. ×××」。

（7）包裝及數量（Quantity）——本欄填寫外包裝的數量及種類。

（8）保險貨物項目（Description of Goods）——本欄填寫商品的名稱，可以用總稱，標記可以只填「AS PER INVOICE NO. ×××」。數量一欄填寫最大包裝的件數。

（9）保險金額（Amount Insured）——按信用證規定的金額及加成率投保。如信用證對此未做具體規定，則按 CIF 或 CIP 或發票金額的 110% 投保。注意：保單上的保險金額的填法應該是「進一取整」，即如果保險金額經計算為 US＄11,324.12，則在保險單上應填「US＄11,325」。

（10）總保險金額（Amount Insured in Capital）——本欄只須填入保險金額的大寫即可。注意保險金額使用的貨幣應與信用證使用的貨幣一致。計價貨幣應以全稱形式填入，例如，美元不能用「USD」，而應寫「U.S. DOLLARS」。大小寫金額須相符，因為保險金額精確到個位數，所以大寫金額後應加上「ONLY」，以防塗改。

（11）「保費（Premium）」和「費率（Rate）」——如信用證無特別規定，此兩欄一般打「As Arranged」（按照約定）。如果信用證要求註明「保費已付」（Premium Paid），可將原印製的「As Arranged」刪掉改打上「Paid」或「Prepaid」。

（12）裝載運輸工具（Per Conveyance S.S.）——如採用海運，則根據配艙回單填寫相應的承運船只及航次。當運輸由兩種運輸工具完成時，應分別填寫第一程船船名和第二程船船名。填寫時，要按提單中相應欄目的內容填寫。如提單的第一程船船名是「May Flower」，第二程船船名是「Shanghai」，本欄目應這樣填寫：「May Flower／Shanghai」。陸運，則填寫「by Train」；空運，則填寫「by Air」；郵包，則填寫「by Parcel」。

（13）開航日期（Sailing on or about）——一般填寫提單簽發日期。更簡單的就只填「As per B/L」。空運可填：as per AWB 等。

（14）起訖地點（From...To…）——填寫貨物的起運地和目的地。當一批貨物經轉船到達目的港時，這一欄照下列方法填寫：From 裝運港 To 目的港 W/T（VIA）轉運港。

如選用海運直達船，則「From××」即提單中的「Port of Loading」；「To××」即提單中的「Port of Discharge」。如果信用證上的目的地（一般為內陸）非提單卸貨港，則保單上的起訖地點應按信用證規定原樣顯示 。（例：信用證上要求「Port of Loading：Shanghai」；「Port of Discharge：Hamburg」；「Final Destination：Austria」則保單上應顯示：From Shanghai to Hamburg in transit to Austria.）

如選用海運非直達船，則保單上的轉運地點應註明。例如，從上海經香港轉紐約：From Shanghai to New York W/T at Hong Kong.

如選陸、空、郵運，則可在「To x x」欄中直接填上目的地即可。

（15）承保險別（Conditions）——按信用證規定的承保險別，包括險別和相應的保險條款等。在填寫時，一般只需填寫險別的英文縮寫。同時，註明險別的來源，即頒布這些險別的保險公司。如：「PICC」指中國人民保險公司。「. C. I. C.」指中國保險條款。並標明險別生效的時間。如：PICC 或 C. I. C. 頒布的險別生效時間是 1981 年 1 月 1 日。在實際業務中，對於要求投保英國協會貨物條款的，我方一般也可以接受。

（16）保險代理（Named Survey Agent）——保單上通常還須填寫保險公司在目的地的代理機構的名稱及聯繫地址。

（17）賠款償付地點及賠款幣種（Claim Payable at）——賠款償付地點一般填運輸目的地。幣種採用信用證或匯票所用貨幣的幣種。

（18）保單日期（Place and Date of Issue）——填寫保險單的簽發日期，應不遲於提單日期，但一般應晚於發票日期。由於保險公司提供倉至倉服務，所以要求保險手續在貨物離開出口方倉庫前辦理。保險單的日期相應地填寫貨物離開倉庫的日期，或至少填寫早於提單簽發日的日期。

（19）投保地點（Place）——填製裝運港口名稱。

（20）蓋章和簽字（Stamp & Signature）——填製保險公司印章及其負責人簽字。

（21）特殊條款（Special Conditions）——如信用證和合同對保險單據有特殊要求的，就填在此欄。如來證要求：「L/C NO. MUST BE INDICATED IN ALL DOCUMENTS」，即在此欄中填入 L/C NO. XXX。

（22）保險單的份數和「ORIGINAL」字樣。如信用證無明確規定保險單的份數時，保險公司一般出具一套三份正本（ORIGINAL）的保險單。

在信用證沒有特別規定交幾份的情況下，必須向銀行提交全套正本。如果保險單據未註明正本份數，而信用證也沒有特別規定，則銀行可接受只提交一份正本的保險單據，但該保險單據必須註明系唯一正本。

（23）投保幣種，如果信用證沒有特別規定，應與信用證中的幣種一致。

（24）免賠率，如果信用證要求不計免賠率（irrespective of percentage，簡稱 IPO），則保險單據中不應標明含有此類條款。但是如果信用證未明確規定，銀行可接受表明有免賠率和免賠額的保單。

（25）賠付代理人，保險賠付代理人的名稱及地址，一般為貨物的進口地。

（26）查勘人，保險查勘人的名稱及地址，而且其所在地一般情況下是貨物的進口地。

（二）對保險單據格式的要求

（1）大小寫金額只能更改一處，其他地方不能超過兩次，更改處需加蓋校正章或簽字確認。

（2）保險單上各個項目應按保單格式提供的位置填寫，不能超出格式提供的空格位置，更不能與格式上的鉛字重疊。

（3）內容排列應整齊，行距要統一。

（4）被保險人名稱、商品名稱、大寫金額、條款、地名及月份等單詞的第一個字母需大寫的不能小寫。

（5）保險單措辭要明確，內容要和發票、提單等有關單證相符。保險條款既要明確承保的責任範圍，又要正確反應客戶的要求。

(三) 保險單的轉讓

保險單背書——出口人在交單時應將保單作背書轉讓，以便進口方在發生由承包風險引起的損失時能取得保險公司的賠付。背書應按信用證的有關條款執行，如無特殊規定則應做成空白背書。

保單的背書方法同提單基本相似：

記名背書：

Endorsed to DEF Co. 或 Pay to DEF Co.

    ABC Co.（簽章）

    December 10，1998

空白背書：

    ABC Co.（簽章）

    December 10，1998

國際貨物運輸保險業務的一般手續

程序：投保單——→保險單

時間：出口商備妥貨，並確定了裝運日期和運輸工具後（收到經船公司簽署的配艙回單後），即填製投保單向保險公司投保。保險公司接受投保後即簽發保險單。

出口貨物明細單、加註了運輸方式、承保險別等的出口發票也可作為投保單使用。

(四) 保險單的種類及作用

1. 保險單（Policy）

保險單俗稱大保單，是一種正規的保險單據。除載明被保險人名稱、被保險貨物名稱、數量或者重量、嘜頭、運輸工具、保險起止地點、承保險別、保險金額和期限等項目外，還有保險人的責任範圍以及保險人與被保險人的各自權利、義務等方面的詳細條款。保險單經由被保險人背書後隨物權的轉移而轉讓，按照 CIP 或 CIF 條件訂立出口合同時，買方通常要求賣方提供保險單。

2. 保險憑證（Insurance Certificate）

保險憑證也稱小保單，是一種簡化的保險單據。除在憑證上不印詳細條款外，其他內容與保險單相同，且與保險單有同樣效力。但若信用證要求需要提供保險單時，一般不能用保險憑證代替。近年來，保險機構為實現單據規範化，此類保險憑證逐漸被廢棄而統一採用大保單。

3. 聯合憑證（Combineel Certificate）

聯合憑證是一種更為簡化的保險憑證。在中國，保險機構在外貿企業的商業發票上加註保險編號、險別、金額，並加蓋保險機構印戳，即作為承保憑證，其餘項目以

發票所列為準。此種憑證不能轉讓，目前已很少使用。

4. 預約保險單（Open Policy）

預約保險單是保險人承保被保險人在一定時期內分批發運的貨物所開列的保險單。在預約保險單內，載明保險貨物的範圍、險別、保險費率、每批運輸貨物的最高保險金額以及保險費的結算辦理等。凡屬預約保險範圍內的進出口貨物，一經啓運，即可自動按預約保險單所列條件保險，保險人可不再簽發每批貨物的保險單。但被保險人應在獲悉每批貨物啓運時，立即以啓運通知書或其他書面形式將該批貨物的名稱、數量、保險金額、運輸工具的種類和名稱、航程起訖地點、開航日期等情況通知保險人。預約保險單在中國僅適用於以 FOB 或 CFR 條件成交的進口貨物的保險業務。

5. 保險通知書（Insurance Declaration）

保險通知書亦稱保險聲明書。在 FOB、FCA、CFR 等條件的出口貿易中，由買方自費辦理保險。但有些進口商與國外保險公司之間訂有預保合同，因此他們常在信用證中要求賣方在發運貨物時，向進口商制定的外國保險公司發出保險通知書，列明所運貨物的名稱、數量或重量、金額、運輸工具、運輸日期、進口商名稱、預報合同號等。近些年，為了簡化手續，出口商徵得銀行同意，以商業發票代替上述通知書，但須在該發票上加註「Insurance Declaration」字樣。

6. 批單（Endorsernent）

批單是在保險單出具後，因保險內容有所變更，保險人應被保險人的要求而簽發的批改保險內容的憑證，它具有補充、變更原保險單內容的作用。保險單一經批改，保險人須按批改後的內容承擔責任。批改的內容如涉及增加保險金額、擴大承保範圍時，須經保險人同意，被保險人方可辦理申請批改手續。被批准的批單，一般被粘貼在保險單上並加蓋騎縫章，作為保險單不可分割的組成部分。

思考與練習題

一、名詞解釋

國際貨物運輸保險　保險利益　保險的最大誠信原則　推定全損

二、簡答題

1. 進出口貨物為什麼要投保運輸險？
2. 在海運貨物保險中，保險公司承保哪些風險、損失和費用？
3. 何謂實際全損？何謂推定全損？請用實例說明。
4. 何謂共同海損？它與單獨海損有何區別？
5. 在國際保險業務中所使用的倉至倉（w/w）條款是什麼意思？
6. 國際貨物運輸為什麼要加保戰爭險？中國人民保險公司關於戰爭險保險期限是如何規定的？
7. 倫敦保險協會貨物保險條款規定承保哪幾種險？在保險實務中如何具體運用？

8. 採用 CIF 條件成交時，按國際慣例，保險金額如何確定？並說出其理由。

9. 中國人民保險公司關於進出口貨物投保陸運險、航空運輸險和郵包險是怎樣規定的？

10. 買賣合同中的保險條款主要包括哪些內容？規定此條款時應注意什麼問題？

三、單項選擇題

1. 關於國際貨運保險被保險人應在（　　）具有可保利益。
   A. 投保時　　　　　　　　　　B. 保險單簽發時
   C. 保險事故發生要求賠償時　　D. 向保險公司辦理索賠時

2. 對於共同海損所做出的犧牲和支出的費用，應由（　　）。
   A. 船方承擔
   B. 貨方承擔
   C. 保險公司承擔
   D. 所有與之有利害關係的受益人按獲救船舶、貨物、運費獲救後的價值比例分攤

3. 保險公司承擔保險責任的期間通常是（　　）。
   A. 鈎至鈎期間　　　　　　　　B. 舷至舷期間
   C. 倉至倉期間　　　　　　　　D. 水面責任期間

4. 按 CIF 術語成交的貿易合同，貨物在運輸途中因火災被焚，應由（　　）。
   A. 賣方承擔貨物損失　　　　　B. 賣方負責向保險公司索賠
   C. 買方負責向保險公司索賠　　D. 買方負責向承運人索賠

5. 平安險不賠償（　　）。
   A. 自然災害造成的實際全損
   B. 自然災害造成的推定全損
   C. 意外事故造成的全部損失和部分損失
   D. 自然災害造成的單獨海損

6. 淡水雨淋險屬於（　　）的承保範圍。
   A. 平安險　　　　　　　　　　B. 水漬險
   C. 一般附加險　　　　　　　　D. 特別附加險

7. 中國某公司以 CIF 條件與國外客戶訂立出口合同。根據《2000 通則》的解釋，買方對投保無特殊要求，我公司只需投保（　　）。
   A. 平安險　　　　　　　　　　B. 水漬險
   C. 一切險　　　　　　　　　　D. 一切險加戰爭險

8. 按中國人民保險公司海洋貨物運輸保險條款的規定，在三種基本險別中，保險公司承擔賠償責任的範圍是（　　）。
   A. 平安險最大，其次是一切險，再次是水漬險
   B. 水漬險最大，其次是一切險，再次是平安險
   C. 一切險最大，其次是水漬險，再次是平安險
   D. 一切險最大，其次是平安險，再次是水漬險

四、多項選擇題

1. 在國際貨物運輸保險中，保險公司承保的風險包括（　　）。
   A. 自然災害　　　　　　　　　　B. 意外事故
   C. 外來風險　　　　　　　　　　D. 運輸延遲造成損失的風險

2. 保險公司承保水漬險的責任包括賠償（　　）。
   A. 自然災害造成的全部損失　　　B. 自然災害造成的部分損失
   C. 意外事故造成的共同海損　　　D. 意外事故造成的單獨海損

3. 一般附加險包括（　　）。
   A. 淡水雨淋險　　　　　　　　　B. 包裝破裂險
   C. 拒收險　　　　　　　　　　　D. 艙面險

4. 為防止海上運輸途中貨物被竊，可以投保（　　）。
   A. 平安險加保偷竊險　　　　　　B. 水漬險加保偷竊險
   C. 一切險加保偷竊險　　　　　　D. 一切險

5. 中國人民保險公司海洋貨物運輸保險條款規定的基本險別包括（　　）。
   A. 平安險　　B. 戰爭險　　C. 水漬險　　D. 一切險

五、判斷題

1. 平安險（F.P.A）英文名稱為單獨海損不賠，實際上，保險公司仍然承擔了一部分單獨海損的責任。（　　）
2. 對於推定全損，應由保險公司按全部損失賠償貨物的全價。（　　）
3. 共同海損屬於全部損失範疇。（　　）
4. 單獨海損損失由受損失方自行承擔。（　　）
5. 委付是指被保險人在保險標的發生實際全損的情況下，將保險標的的所有權轉移給保險人，以便得到賠償。（　　）
6. 投保一切險意味著保險公司為一切風險承擔賠償責任。（　　）
7. 在基本險別中，保險公司責任最小的險別是水漬險。（　　）
8. 托運出口玻璃製品時，被保險人在投保一切險後，還應加保碰損破碎險。（　　）
9. 倉至倉條款是指船公司負責將貨物從裝運地發貨人倉庫運送至目的地收貨人倉庫的運輸條款。（　　）
10. 按中國保險條款的規定，三種基本險和戰爭險均適用倉至倉條款。（　　）

六、案例分析

1. 我方以CFR貿易術語出口貨物一批，在從出口公司倉庫運到碼頭待運過程中，貨物發生損失，該損失應由何方負責？如買方已經向保險公司辦理了保險，保險公司對該項損失是否給予賠償？並說明理由。

2. 某一貨輪，在航行中有一船艙發生火災，危及船、貨的共同安全。經船長下令

灌水滅火後，原裝在該船艙內的 500 包棉花，除燒毀部分外，剩下部分有嚴重水漬，只能作為紙漿出售給造紙廠，獲得的價值為原貨價值的 30%，原裝在該艙內的 500 包大米，經檢查後發現只有水漬損失，而無燒毀或熱薰的損失，經曬乾後出售，可得價值為原價的 50%。按上述情況，棉花損失價值占原價的 70%，大米損失價值占原價的 50%。試分析在保險業務中，這兩種損失屬於何種性質的損失？

七、技能實訓

1. 某公司出口報價為 USD2000.00 PER MT CFR NEWYORK，現客戶要求改報 CIF 價，加投保一切險和戰爭險，查一切險費率為 1%，戰爭險費率為 0.03%。試計算在不影響外匯淨收入前提下的 CIF 報價。

2. 我出口公司按發票金額 100,000 美元，投保一切險、戰爭險，前者費率為 0.6%，後者費率為 0.03%，投保加成率為 10%。問應付多少保險費？

3. 中國某進出口公司按 CIF 貿易術語對外發盤，如按賣方負責投保下列險別作為保險條款是否妥當？如有不妥，試予更正並說明理由。

（1）一切險、偷竊提貨不著險、串味險、交貨不到險。

（2）平安險、一切險、受潮受熱險、戰爭險、罷工險。

（3）水漬險、碰損破碎險。

（4）偷竊提貨不著險、鈎損險、戰爭險、罷工險。

第六章 國際貨款的收付

【本章要點】

本章重點介紹國際貿易中的支付工具匯票、本票和支票，尤其是匯票的概念、特點以及使用。同時，本章還介紹了國際貿易中不同支付方式，尤其是信用證的特點和使用。

通過本章的學習，瞭解和掌握不同支付工具和支付方式的特點，掌握不同支付方式的使用方法。

【導入案例】

關於支付的案例

2008年5月16日，甲公司向乙公司銷售一批商品，價值650萬美元，5月18日，乙公司開給甲公司一張以丙公司為付款人，甲公司為收款人的遠期匯票作為貨款支付工具，付款期為2008年8月10日。6月5日，甲公司將匯票背書轉讓給丁公司。丁公司於到期日向丙提示付款，但遭拒付。丁公司於是將拒付事實通知甲公司和乙公司，並向乙公司追索。而乙公司以收到的貨物與合同不符為由拒付。

試問：

(1) 此事件應由誰負責？為什麼？
(2) 正確的處理方法是什麼？

第一節 結算工具

傳統貿易所採用的主要結算工具是貨物（易貨貿易），隨著貿易的發展，貨幣、黃金和白銀成為支付工具。但是，當大規模的國際貿易展開後，數額巨大的貨幣跨國之間運送，是一般商人無法實現的。於是，人們開始採用新的結算工具——票據，借助於銀行的仲介作用，實行非現金結算方式。

票據（Bill/Receipt），有廣義和狹義之分。廣義的票據是指商業活動中的一切票證，包括各種有價證券和憑證。如股票、債券、本票、提單、借據等。狹義的票據是指由出票人無條件地承諾由自己或者委託他人支付一定金額的有價證券。

各國的票據法都要求對票據的形式和內容保持標準化和規範化。目前世界上影響較大的票據法有兩類：《1882年票據法》（Bills of Exchange Act, 1882）和《日內瓦統一法》。中國也於1995年5月10日通過了《中華人民共和國票據法》（以下簡稱《票

據法》），並於 1996 年 1 月 1 日起施行。根據中國《票據法》第二條第二款的規定，票據包括匯票、本票、支票，本章所指票據僅是狹義的票據。

當前國際貨款的支付，可以採用現金和票據兩種方式，但現金結算方式僅限於小量交易。因此票據是國際貿易中的主要支付工具，主要包括匯票、本票和支票，尤其以匯票的使用居多。

一、匯票

匯票是使用最為廣泛的一種國際結算票據，因此各國針對於匯票都制定了詳細具體的法律法規，以規範匯票的使用。

（一）匯票的含義

中國《票據法》對匯票（Bill of Exchange，簡稱 Draft 或 Bill）的定義如下：匯票是出票人簽發的，委託付款人在見票時或者在指定日期無條件支付確定的金額給收款人或者其指定的人，或持票人的票據。這裡的持票人（Holder）是指持有票據的人。

（二）匯票的內容及填寫

根據各國票據法的規定，匯票必須要式齊全，即必須具備必要的形式和內容，否則在法律上視為無效。但各國票據法對匯票必要項目的規定不盡相同。根據中國《票據法》的規定，匯票的必要項目如下：

（1）表明「匯票」的字樣。
（2）無條件支付命令。
（3）確定的金額。
（4）付款人名稱或商號；付款人（Drawee）是指支付給持票人或收款人票面金額的人，付款人並不一定是出票人，他只是出票人的債務人。
（5）收款人名稱或商號；收款人（Payee）是指收取票款的人。收款人有權要求出票人或付款人付款或承兌。
（6）出票日期。
（7）出票人簽章。

除了以上項目，匯票中還通常涉及匯票號等內容：

Bill of Exchange

    No. _____（1）_____（匯票號碼）

    Exchange for _____（2）_____（匯票金額）_____（3）_____（出票時間地點）

    At _____（4）_____（付款日期）Sight of this FIRST of Exchange（Second of Exchange being unpaid）（付一不付二）

    Pay to the order of _____（5）_____（收款人）

    the sum of _____（6）_____（大寫匯票金額）

    Drawn under（出票依據）_____（7）_____ L/C No. _____ Dated _____

    To _____（8）_____（付款人的名稱和地址）

                           （9）Signature　（出票人簽章）

根據以上匯票樣張，其內容的填寫如下：

（1）匯票號碼。在實際業務中，匯票號碼都以相應的發票號碼兼作匯票的編號。

（2）匯票金額。這裡填寫小寫金額，根據信用證規定的金額填寫。要注意匯票的貨幣名稱應與發票和信用證的一致。

（3）出票時間地點。

（4）付款日期。這裡分為即期付款和遠期付款。在即期付款的情況下，此欄一般不必填寫；在遠期付款的情況下，此欄填上天數即可。

在此需要注意的是，遠期匯票付款的時間有以下幾種規定方法：

　　A. 見票後若干天付款（At××days after sight）

　　B. 出票後若干天付款（At××days after date）

　　C. 提單簽發後若干天付款（At××days after date of Bill of Lading）

　　D. 指定日期付款（Fixed Date）

（5）收款人（Payee）。即匯票抬頭，因為「收款人」的記載通常稱為「抬頭」。對收款人通常有以下三種規定方法：

　　A. 限制性抬頭（Restrictive Order），如「Pay to Henry Brown only」；「Pay to Henry Brown」，不可轉讓（not transferable）。

　　B. 指示性抬頭（Demonstrative Order），如「Pay to the order of Henry Brown」；「Pay to Henry Brown or order」，通過背書交付可轉讓。

　　C. 來人抬頭（Payable to Bearer），如「Pay Henry Brown or Bearer」；「Pay Bearer」交付即可轉讓。

（6）大寫匯票金額。此處的大寫金額應與前面的小寫一致。一般表示為：「SAY………ONLY」，其中，SAY 表示「計」，ONLY 表示「整」。

（7）出票依據。若信用證有規定的，這裡按信用證的原有規定填寫；若信用證沒有規定，這裡應分別填寫開證行名稱、信用證號碼及開證日期。

（8）付款人的名稱和地址。這裡通常填寫開證行的名稱和地址。

（9）出票人簽章。所謂簽章，即是指簽名、蓋章或簽名加蓋章，它表明行為人對其行為承擔責任。

（三）匯票的種類

根據匯票的出票人、付款時間等不同角度，可以把匯票分為以下幾個種類：

1. 根據出票人的不同，匯票可分為銀行匯票和商業匯票

銀行匯票（Banker's Draft）是指出票銀行簽發的，由其在見票時按照實際結算金額無條件支付給收款人或者持票人的票據。銀行匯票的出票銀行為銀行匯票的付款人。在實際業務中，一般是匯款人將款項交存當地銀行，由銀行簽發給匯款人，匯款人寄交給出口商或持往異地辦理轉帳結算或支取現金。

商業匯票（Commercial Draft）是指出票人為企業或個人，付款人為其他企業、個人或者銀行的匯票。

在國際結算中，商業匯票使用較多，通常由出口方開立，向國外進口方或銀行收

取貨款。

2. 根據有無隨附單據，匯票可分為光票匯票和跟單匯票

光票（Clean Bill）匯票本身不附帶貨運單據，銀行匯票多為光票。

跟單匯票（Documentary Bill）又稱信用匯票、押匯匯票，是指需要附帶提單、保險單、裝箱單、商業發票等單據，才能進行付款的匯票。商業匯票多為跟單匯票，在國際貿易中經常使用。

3. 根據付款時間的不同，匯票可分為即期匯票和遠期匯票

即期匯票（Sight Bill, Demand Bill）又稱見票即付匯票，是指持票人向付款人提示後，對方立即付款的匯票。即期匯票能夠使出口商在提示時立即得到貨款，因此對出口商比較有利。

即期匯票表示方法舉例：At sight of……（見票後即付）

遠期匯票（Time Bill, Usance Bill）是指在將來某個時間付款的匯票。

4. 根據承兌人的不同，匯票可分為商業承兌匯票和銀行承兌匯票

由銀行承兌的遠期商業匯票為銀行承兌匯票。銀行對匯票承兌後即成為該匯票的主債務人，出票人成了次債務人。因此，銀行承兌匯票是建立在銀行信用的基礎之上，銀行承兌匯票更易於在金融市場上流通。實際業務中，銀行承兌匯票一般是由銀行直接蓋章簽發的。由銀行以外的企事業單位承兌的遠期商業匯票為商業承兌匯票。它是建立在商業信用的基礎之上。

除了以上幾種分類方法之外，匯票還有其他分類方法，在此不做贅述。一般一張匯票往往會同時具備幾種特徵，如一張遠期的商業匯票。

（四）匯票的使用

1. 出票（Draw）

出票即開出匯票，開出匯票的人即出票人（Drawer），一般為出口商。出票行為包括繕制和交付兩個步驟。繕制即出票人按照法定款式製作匯票，填寫各個必要項目並簽名；交付即出票人將其交給收款人的行為。由於現在匯票都由一定機構印製，因而出口商的出票行為只是填寫匯票的必要項目和簽名，並交給收款人即可。

2. 提示（Presentation）

提示是指收款人或持票人將匯票提交付款或承兌的行為。提示可分為以下兩種：

（1）提示承兌（Presentation for Acceptance）。提示承兌是指遠期匯票持票人向付款人出示匯票，並要求付款人承諾付款的行為。匯票被承兌前，出票人是票據的主債務人；匯票被承兌後，承兌人即成為主債務人。

（2）提示付款（Presentation for Payment）。提示付款是指匯票持票人向付款人或遠期匯票的承兌人出示匯票要求付款人付款或承兌人付款的行為。

3. 承兌（Acceptance）

承兌是指匯票的付款人承諾負擔票據債務的行為。承兌為匯票所獨有。出票人簽發匯票，並不等於付款人就一定付款，持票人為確定匯票到期時能得到付款，在匯票到期前向付款人進行承兌提示。如果付款人簽字承兌，那麼他就對匯票的到期付款承

擔責任，否則持票人有權對其提起訴訟。

　　4. 付款（Payment）

　　付款是指在持票人向付款人做付款提示時，付款人向持票人支付匯票金額的行為。即期匯票是付款人見票時即付，遠期匯票是付款人於匯票到期日進行付款。持票人獲得付款時，應當在匯票上簽收，並交予付款人。

　　匯票一經付款，匯票上的一切債權債務關係即告終止。

　　5. 背書（Endorsement）

　　匯票具有流通性，可以在票據市場上進行流通轉讓，而背書是轉讓匯票的一種法定手續。背書是指持票人（背書人）在轉讓匯票權利時，在匯票背面簽上自己的名字或再加上受讓人（被背書人）的名字並交付給受讓人的行為。按照中國《票據法》規定，在票據上的簽名應當為該當事人的本名，而不能用筆名、藝名等來代替。

　　通過背書，這張匯票可以被繼續轉讓下去。在整個轉讓過程中，對受讓人而言，每一個在他之前的背書人包括出票人都稱為他的前手；相反，對於背書人而言，每一個在他之後的受讓人都稱為他的後手。前手對後手負有擔保匯票必然被承兌或付款的責任。

　　6. 拒付與追索（Dishonour and Recourse）

　　拒付包括拒絕承兌和拒絕付款。付款人拒付並不使他對持票人負有責任，除非對遠期匯票已承兌（承兌人必須對遠期匯票承擔到期付款的責任，否則可被持票人和出票人追索）。

　　匯票被拒付，持票人可以向承兌人、所有前手直至出票人追索。行使追索權時，應將拒付事實書面通知前手，並提供被拒絕承兌或被拒絕付款的證明和退票理由書。

二、本票

（一）本票的含義

　　中國《票據法》第七十三條規定：本票（Promissory Notes）是出票人簽發的，承諾自己在見票時無條件支付確定的金額給收款人或持票人的票據。

（二）本票的必要項目

　　根據中國《票據法》規定，本票必須記載下列事項：①表明「本票」字樣；②無條件支付的承諾；③確定金額；④收款人名稱；⑤出票日期；⑥出票人簽章；未記載上述規定事項之一的，本票無效。

（三）本票的種類

　　根據出票人的不同，本票可以分為商業本票和銀行本票。

　　（1）商業本票（Promissory Note）也稱為一般本票，即出票人是企業或個人的本票。商業本票的受票人可以是企業、個人或銀行。商業本票可分為即期本票和遠期本票。

　　（2）銀行本票（Casher's Order），即出票人是銀行的本票。銀行本票的收票人也是

銀行。銀行本票只能是即期的。

在國際貿易結算中使用的本票大多是銀行本票。中國《票據法》中所規定的本票僅為銀行本票，並且只有經中國人民銀行審定的銀行及其他金融機構才能簽發本票。

（四）本票與匯票的區別

本票與匯票都具有票據的一般特性，其票據行為除《票據法》特定的以外，均適用匯票的規定，但兩種票據也存在著明顯的差別，見表6-1。

表6-1　　　　　　　　　　　本票與匯票的區別

	匯票	本票
當事人	出票人、付款人和收款人	出票人和收款人
份數	一式多份（銀行匯票除外）	一式一份
承兌	遠期匯票都要經付款人承兌	無須承兌
債務	承兌前出票人為主債務人，承兌後承兌人為主債務人，出票人為從債務人	出票人始終為債務人

三、支票

（一）支票的含義

中國《票據法》規定：支票（Check/Cheque）是出票人簽發，委託辦理支票存款業務的銀行或者其他金融機構在見票時無條件支付確定的金額給收款人或者持票人的票據。

從以上定義可見，支票是以銀行受票人的憑票即付的匯票，可以看成匯票的特例。出票人簽發支票時，應在付款行存有不低於票面金額的存款。如存款不足，持票人提示時銀行會拒付，這種支票稱為空頭支票。開出空頭支票的出票人要負法律責任。

支票都是即期的。如果支票上另行記載付款日期的，該記載無效。

（二）支票的必備項目

根據中國《票據法》的規定，支票必須記載下列事項：①表明「支票」的字樣；②無條件支付命令；③確定金額；④付款銀行名稱；⑤出票日期和地點；⑥出票人簽章；未記載上述規定事項之一的，支票無效。

第二節　國際結算方式

國際貿易結算即通過貨幣的收付結清國家之間貿易雙方的債權債務關係。國際結算有以下幾種結算方法：①以貨易貨。但這種方式下的貨物很難匹配，主要用於補償貿易。②現金結算。但現金運送風險大，費用高，而且還有資金週轉問題及外匯管制

問題。③票據結算。這種方式迅速、簡便、節約現金和流通費用，並且能加快資金週轉。因此，在國際貿易實踐中，絕大多數的貿易結算都是通過票據進行的。本章我們將介紹以票據為支付工具的幾種主要結算方式。

國際結算方式按照支付工具和資金流向的不同，可分為順匯和逆匯兩種方式。順匯是指支付工具的傳遞方向和資金的流向相同；逆匯是指支付工具的傳遞方向和資金的流向相反。目前，國際貿易中所使用的基本結算方式主要有三種，即匯付、托收和信用證。其中，匯付屬於順匯，托收和信用證屬於逆匯。在中國，電匯、托收結算方式越來越普遍，但信用證結算方式的使用仍然最為普遍。此外，還有國際保理、銀行保函、福費廷等結算方式。各種結算方式可以單獨使用，也可視需要結合使用。

一、匯付

（一）匯付的含義及當事人

匯付（Remittance）又稱匯款，是指匯款人主動將貨款交給銀行，由銀行根據匯款指示匯交給收款人的付款方式。在國際貿易中如採用匯付，通常是由買方按合同規定的條件和時間（如預付貨款或貨到付款或憑單付款）通過銀行將貨款匯交賣方。在匯付方式下，貨款的支付是以企業或個人的信用為保證的，屬於商業信用。

匯業務一般涉及的當事人主要有四個：

（1）匯款人（Remitter），通常是指國際貿易中的買方，即進口方。

（2）收款人（Payee/Beneficiary），通常是指國際貿易中的買方，即出口方。

（3）匯出行（Remitting bank），通常是指接受匯款人申請，代其匯款的銀行，匯款行一般是進口地銀行。

（4）匯入行（Paying bank），是接受匯出行的委託，對收款人付款的銀行，通常匯入行是出口地銀行。匯入行通常是匯出行的分行或代理行。

（二）匯付的種類

根據匯出行向匯入行發出匯款委託的方式不同，匯付可分為以下三種形式：

1. 電匯（T/T，Telegraphic Transfer）

電匯是指匯出行接受匯款人委託後，以電訊方式委託匯入行向指定收款人支付一定款項的結算方式。

電匯因其交款迅速，在三種匯付方式中使用最廣。但因銀行利用在途資金的時間短，所以電匯的費用比下述信匯的費用高，即匯款人要承擔較多的費用。

2. 信匯（M/T，Mail Transfer）

信匯是指匯出行應匯款人的要求以信函方式委託匯入行向收款人付款的結算方式。採用信匯方式，信匯的費用較小，但匯款的速度較慢。

電匯和信匯流程簡圖如圖 6-1 所示。

電匯、信匯的基本程序如下：

（1）進口商交付款項委託匯款。進口商（匯款人）根據合同將匯款交付銀行（匯出行），並填寫電匯或信匯申請書，委託匯款行匯出款項。匯出行接受匯款委託，將電

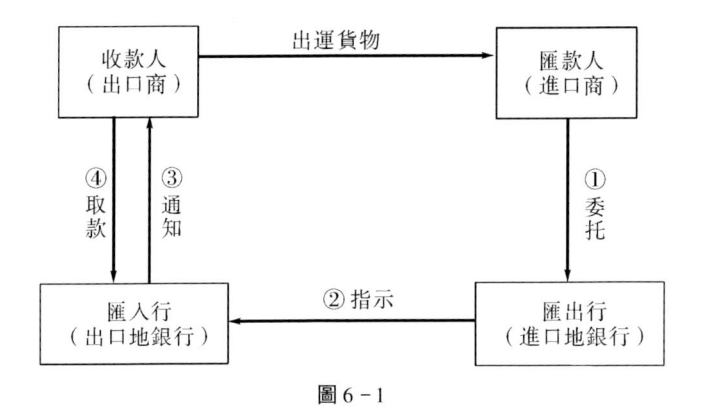

```
        收款人  ──出運貨物──→  匯款人
       (出口商)                (進口商)
         │ ↑                      │
       ④ │ │ ③                   │ ①
       取 │ │ 通                  │ 委
       款 │ │ 知                  │ 託
         ↓ │                      ↓
        匯入行  ←──②指示──  匯出行
      (出口地銀行)           (進口地銀行)
```

圖 6-1

匯或信匯申請書回執退給匯款人。

（2）匯出行通知匯入行，指示其對收款人付款。匯出行通過電訊工具或郵寄匯款委託書，委託匯入行解付匯款。

（3）匯入行通知收款人收取匯款。匯入行收到電訊通知或信匯委託書，經審核無誤後，將匯款通知單交付收款人。

（4）出口商收取匯款。出口商（收款人）持蓋章後的匯款通知單向匯入行收取匯款。

信匯和電匯的主要區別在於，匯出行向匯入行航寄付款委託，所以匯款速度比電匯慢。因信匯方式人工手續較多，目前歐洲銀行已基本不再辦理信匯業務。

3. 票匯（D/D，Demand Draft）

票匯是指匯出行應匯款人的申請，代匯款人開立以其分行或代理行為解付行的銀行即期匯票支付一定金額給收款人的一種匯款方式。

票匯是以銀行即期匯票為支付工具的一種匯付方式。由匯出行應匯款人的申請，開立以其代理行或分行為付款人，列明匯款人所指定的收款人名稱的銀行即期匯票，交由匯款人自行寄給收款人。由收款人憑票向匯票上的付款人（銀行）取款。

票匯的流程簡圖如圖 6-2 所示。

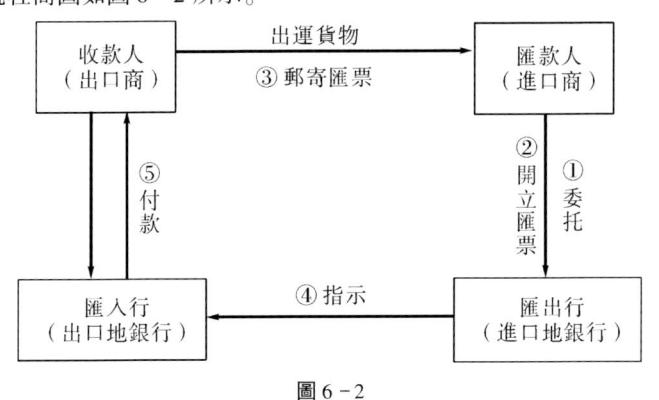

```
        收款人  ──出運貨物──→  匯款人
       (出口商)  ──③郵寄匯票──→ (進口商)
         │ ↑                      │ │
         │ │                     ② │ ① 
       ⑤ │ │                     開 │ 委
       付 │ │                     立 │ 託
       款 │ │                     匯 │
         │ │                     票 │
         ↓ │                      ↓
        匯入行  ←──④指示──  匯出行
      (出口地銀行)           (進口地銀行)
```

圖 6-2

票匯的基本程序如下：

(1) 進口商交付匯款並委託匯款。進口商（匯款人）填寫票匯申請書，並向銀行（匯出行）交付款項，委託銀行辦理匯付業務。

(2) 開立匯票。匯出行審核無誤後，開立銀行即期匯票並交付進口商。

(3) 郵寄匯票。進口商將銀行即期匯票郵寄給出口商（收款人）。

(4) 指示。即匯出行將匯付通知書郵寄給匯入行指示其付款。

(5) 付款。出口商憑銀行匯票向匯入行收取匯款。經匯入行審核無誤後，解付匯款。

從以上的描述中，我們可以看出各種方式的優劣，但鑒於電匯的速度較快，因此目前電匯是使用最多的一種匯付方式。

(三) 匯付在國際貿易中的應用

買賣雙方對每一種結算方式，都從手續費用、風險和資金負擔的角度來考慮它的利弊。匯付的優點在於手續簡便、費用低廉。匯付的缺點主要有兩個：

首先是風險大。因為匯付方式屬於商業信用，它完全取決於交易一方對另一方的信任，故其中提供信用的一方要承擔很大的風險，這也是匯付方式最大的缺陷。因此這種結算方式只有在進雙方高度信任的基礎上才適用。此外，結算貨款尾差、支付佣金、歸還墊款、索賠理賠、出售少量樣品等也可以採用。

其次，交易雙方的資金負擔不平衡。因為匯付方式通常用於預付貨款（Payment in Advance）和貨到付款（Payment after Arrival of the Goods）即賒銷（Open Account, O/A）。預付貨款是指進口人先將貨款用匯付的方式交給出口人，出口人立即或在一定時間內發運貨物。貨到付款是指出口人先發貨給進口人，進口人收到貨後在一定時間內付款的方式。貨到付款方式對出口人不利，多用於新產品或滯銷貨的出口。如果是貨到付款，賣方向買方提供信用並融通資金。而預付貨款則是買方向賣方提供信用並融通資金。因此，不論哪一種方式，風險和資金負擔都集中在一方。在中國外貿實踐中，匯付一般只用來支付訂金貨款尾數、佣金等項費用，不是一種主要的結算方式。而在發達國家，由於跨國公司的內部交易所占的比重比較大，而且外貿企業在國外有可靠的貿易夥伴和銷售網絡，匯付成為主要的結算方式。

二、托收

(一) 托收的含義

托收（Collection）是指出口商開立匯票，委託銀行代收款項，向國外進口商收取貨款或勞務款項的一種結算方式。其基本做法是出口方先行發貨，然後備妥包括運輸單據（通常是海運提單）在內的貨運單據並開出匯票，把全套跟單匯票交出口地銀行（托收行），委託其通過進口地的分行或代理行（代收行）向進口方收取貨款。托收也屬於商業信用。

(二) 托收的當事人及其主要責任

托收方式的基本當事人有：

（1）委託人（Principal），也稱出票人，即開出匯票委託銀行向國外付款人收款的出票人。委託人一般是國際貿易中的出口方。

（2）托收行（Remitting Bank），也稱寄單行，即接受委託人的委託，轉托國外銀行向國外付款人代為收取款項的銀行。

（3）代收行（Collecting Bank），即接受托收行的委託，向付款人收款的銀行。代收行一般是托收行在進口地的代理人。

（4）付款人（Payer），即接收匯票的付款命令並進行支付款項的人，也就是匯票的受票人付款人一般是國際貿易中的進口方。

委託人與托收行、托收行與代收行之間都只是委託代理關係。

(三) 托收的種類

按托收項下的匯票是否附有貨運單據的標準，可分為光票托收和跟單托收。

1. 光票托收（Clean Collection）

光票托收是指出口商（委託人）僅開具匯票而不附帶貨運單的托收。光票托收並不一定不附帶任何單據，有時附有一些非貨運單據，如發票、墊款清單等，仍被視為光票托收。由於不涉及貨物所有權的轉移或貨物的處理，光票托收的業務處理比較簡單，它主要適用於向進口商收取貨款差額、貿易從屬費用等。

在實際業務中，光票托收一般涉及金額不大，所以使用即期匯票的比較多。

2. 跟單托收（Documentary Collection）

跟單托收是指附帶有貨運單據的托收方式。即出口商將匯票和貨運單據一起交給銀行，委託其向進口商收取款項。有時為了避免印花稅，也有不開匯票，只拿商業單據委託銀行代收。

國際貿易結算中使用的托收一般都是跟單托收。根據交單條件的不同，跟單托收可分為兩種方式：付款交單和承兌交單。

（1）付款交單（Documents against Payment，簡稱 D/P）

付款交單是指出口方在委託銀行收款時，指示銀行只有在付款人（進口方）付清貨款時，才能向其交出貨運單據的方式。

按付款時間的不同，付款交單又可分為即期付款交單（D/P at sight）和遠期付款交單（D/P after Sight）。

即期付款交單是出口方按合同規定日期發貨後，開具即期匯票（或不開匯票）連同全套貨運單據，委託銀行向進口方提示，進口方見票（和單據）後立即付款，付清貨款後銀行即交出貨運單據。

遠期付款交單是出口方按合同規定日期發貨後，開具遠期匯票連同全套貨運單據，委託銀行向進口方提示，進口方審單無誤後在匯票上承兌，於匯票到期日付清貨款，然後才可以從銀行取得貨運單據。

遠期付款交單和即期付款交單的交單條件是相同的，即買方只有付清貨款後才能從銀行取得貨運單據，這兩種方式下賣方承擔的風險責任基本相同。所不同的是，即期付款交單方式下賣方能盡快地得到貨款；而遠期付款交單是賣方給予買方的資金融

通，融通時間的長短取決於匯票的付款期限。

在遠期付款交單方式下，通常有兩種規定期限的方式：一種是付款日期和到貨日期基本一致，買方在付款後，即可提貨。另一種是付款日期比到貨日期要推遲許多。對於第二種情況，買方可憑信託收據借取貨運單據，以先行提貨。所謂信託收據（Trust Receipt，簡稱 T/R），是指進口方借單時提供的一種擔保文件，表示願意以銀行受託人身分代為報關、提貨、存倉、保險、出售，並承認貨物所有權仍歸銀行，貨物售出後所得貨款應於匯票到期時交於銀行。但憑信託收據借出單據的做法可能面臨貨款無法收回的風險。在此要區分兩種不同性質的借出單據行為：①若是出口方授權代收行憑信託收據將單據借給進口方，出口方自行承擔匯票到期拒付的風險，與代收行無關，稱之為「付款交單，憑信託收據借單（D/P, T/R）」。如果遭到進口人拒絕付款，除非另外有規定，銀行沒有代管貨物的義務，出口人仍需要關心貨物的安全，直到對方付清貨款為止。因此，在這種方式下，出口商面臨的風險和負擔是多重的。②若代收行主動同意憑信託收據向進口方借單，則由代收行承擔匯票到期拒付的風險。

（2）承兌交單（Documents against Acceptance，簡稱 D/A）

承兌交單是指出口方發運貨物後開具遠期匯票，連同貨運單據委託銀行辦理托收，並明確指示銀行，進口人在匯票上承兌後即可領取全套貨運單據，待匯票到期日進口人再付清貨款的方式。

承兌交單是在進口方承兌之後，即可取得貨運單據，憑以提取貨物。但承兌畢竟不等於付款，一旦交出單據，出口方就失去了物權，喪失了約束進口方付款的手段。一旦進口方到期不付款，出口方便可能面臨錢貨兩空的情況。因而，出口商對採用此種方式應持謹慎態度。

中國外貿企業一般不採用承兌交單方式出口。在進口業務中，尤其是對外加工裝配和進料加工業務中，往往對進口料件採用承兌交單方式付款。

（四）托收的一般業務流程

1. 付款交單的收付程序

付款交單方式分為即期付款交單和遠期付款交單。這兩種交單方式的業務流程大致相同，首先看即期付款交單的收付程序，見圖 6-3。

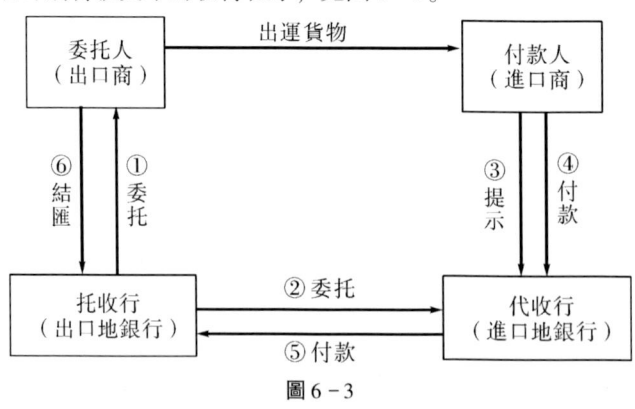

圖 6-3

（1）出口商委託托收行（出口地銀行）。出口商填寫托收申請書，並在托收申請書中註明交單條件。然後開立即期匯票，連同全套貨運單據交給托收行，委託其代收貨款。

　　托收申請書一般包括以下內容：代收行的名稱和地址、申請人（出口商）的名稱和地址及聯繫方式、付款人（進口商）名稱和地址及聯繫方式、匯票的時間和期限、合同號碼、提交給銀行的單據名稱及數量等。

　　（2）托收行委託代收行（進口地銀行）。托收行根據托收申請書中規定的條件繕制托收委託書，通過其在進口地的代理行或往來行（代收行）發出托收通知書，連同匯票及商業單據寄交代收行，要求其按照通知書的指示向進口商收取貨款。

　　（3）代收行收到單據後，按委託書的指示，及時通知進口商（付款人）付款贖單。

　　（4）進口商付款。代收行將貨運單據交於進口商。進口商拿到單據後即可向船公司提貨。

　　（5）代收行辦理轉帳手續，並通知托收行款已收妥。

　　（6）托收行向出口商交款。

　　遠期付款交單是指出口商開立遠期匯票，進口商見票並審單無誤後，立即承兌匯票，並於匯票到期日由代收銀行再次向其提示時經付款後才能取得單據。在匯票到期前，匯票和貨運單據由代收行保管。

　　遠期付款交單和即期付款交單的不同之處就在於出口商開立的匯票不同。在即期付款交單方式下，出口商開立的是即期匯票；在遠期付款交單方式下，出口商開立的是遠期匯票，故有承兌這一票據行為的發生。

　　2. 承兌交單的收付程序（見圖 6-4）

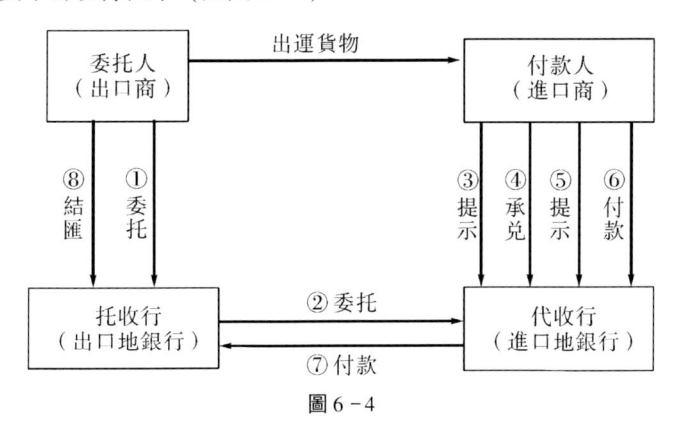

圖 6-4

　　（1）出口商填寫托收申請書，開立遠期匯票，連同貨運單據交托收行，委託其代收貨款。

　　（2）托收行根據托收申請書繕制托收委託書，連同跟單匯票寄交代收行委託代收。

　　（3）代收行按托收申請書指示向進口商提示跟單匯票。

　　（4）進口商對遠期匯票進行承兌，代收行將貨運單據交於進口商，進口商即可憑

單據向船公司提貨。

(5) 代收行待匯票到期時再次向進口商提示。

(6) 進口商向代收行付款。

(7) 代收行辦理轉帳手續，並通知托收行款已收妥。

(8) 托收行向出口商交款。

(五) 托收的特點及其在國際貿易中的應用

托收方式有以下特點：

1. 托收屬於逆匯

在托收方式下，出口方簽發匯票並委託銀行傳遞給進口方，而資金的流動方向恰好相反，是由進口方流向出口方。

2. 托收方式是出口人先發貨，後收取貨款

因為貨已發運，所以若進口方以某種原因拒付，賣方不僅收不回貨款，還要承擔來回運輸費用的損失和貨物轉售的損失，故對出口方極為不利。

另外，雖然國際上處理托收業務的主要根據是1979年1月1日生效的國際商會制定的《托收統一規則》。但是仍有某些國家和地區的銀行採用一些特殊的規定和做法，如某些歐洲和拉美國家的銀行基於當地的法律和習慣，對來自他國銀行按遠期付款交單方式的委託收款業務，均在進口商承兌匯票後立即把單據交給進口人，將遠期付款交單（D/P）按承兌交單（D/A）處理。這給出口商帶來很大的風險，使得不法商人可在未付款的情況下，憑承兌匯票提取貨物，造成出口商貨款兩空。

3. 托收屬於商業信用

雖然托收是通過銀行辦理，但銀行只是受出口方的委託行事，它不承擔付款責任，因此出口方能否收回貨款主要取決於進口方的商業信用及進口國的法律政策。如果進口方因破產倒閉，或貨物發運後進口地貨物價格下跌，或事先沒有領到進口許可證，或沒有申請到外匯等，出口方不但無法按時收回貨款，而且在承兌交單或憑信託收據借單的情況下，還可能造成錢、貨兩空的損失。如果進口方的信譽較好，出口方在國外又有自己的辦事機構，風險可以相對小一些。

總體而言，托收對出口方的風險較大，而對進口方較為有利，費用低、風險小、資金負擔小。但在當前出口商品市場競爭日益激烈的情況下，為推銷商品和擴大出口，出口商有時也不得不採用這種方式。在採用托收方式對外出口時，出口商一定要做好以下幾項調查工作：進口商的資信、進口地有關貨物的市場情況（因為市價低落往往是造成經營作風不好的商人拒付的主要動因）、進口國家的貿易管制和外匯管制規定、對方的進口許可證和進口用匯是否落實等。此外，還要在進口地找妥代理人，以便在遭拒付時，可以委託代理人代辦貨物存倉、保險、轉售或回運手續。

(六) 採用托收結算出口時應注意的問題

採用托收方式結算出口的最大問題在於風險不均衡。賣方只有發運貨物後，才能憑運輸單據辦理托收，如果貨物已經到達進口地，進口人借故不付款，出口人還要承擔貨物在目的地的提貨、倉儲費用和可能變質、短量、短重的風險，如果貨物轉售它

地，會產生數量與價格上的損失，如果貨物轉售不出去，出口人就要承擔貨物運回本國的費用以及承擔可能因為存儲時間過長被當地政府賤賣的損失等。雖然，上述損失出口人有權向進口人索賠，但在實踐中，在進口人已經破產或逃之夭夭的情況下，出口人即使可以追回一些賠償，也難以彌補全部損失。綜上所述，在托收方式下，賣方的風險很大，而買方的風險則較小。儘管如此，在當今國際市場出口日益競爭激烈的情況下，出口人為了推銷商品占領市場，有時也不得不採用托收方式。因此，在使用托收方式結算出口時應注意以下幾個問題：

（1）對進口商的資信進行調查，適當控制交易規模。因人授信，根據其信用狀況、經營作風考慮是否可以採用托收結算，必要時可以考慮從小單做起。

（2）瞭解進口國有關貿易管制和外匯管制的規定，避免因禁止進口或收不到外匯而造成損失。

（3）瞭解進口國的商業慣例和業務習慣，確保安全及時收匯。

（4）力爭採用 CIF 條件成交，自己托運，自己投保以爭取主動。若採用 F 組術語或 CFR、CPT 術語成交，賣方無辦理貨運保險的義務，買方根據情況自行辦理，如果履約時行情對買方不利，買方無意履約，就有可能不辦保險，那麼一旦貨物在途中遭受損失，買方更不願付款，賣方將面臨錢、貨兩空的境地。

（5）為避免進口人棄貨拒付時貨、款兩空，可在辦理托收時預先規定一個在付款地的代理人，一旦發生拒付，由代理人代辦報關、存倉、轉售和返運等事宜。這個代理人可以是本公司、本系統或本地區駐付款地的分支機構或辦事機構，信得過的客戶，或者是中國駐當地的使、領館商務參贊。

D/P after sight 詐欺案例

1994 年 3 月，某地出口公司與中東地區 P 公司（進口商）簽訂了一批勞保手套的出口合同，付款條件為 D/P 45 天。自 1994 年 5～10 月不到半年時間，該出口公司先後委託當地 B 銀行（托收行）辦理托收 10 筆，托收委託書上均指定代收行為中東 M 銀行（據說此為進口商所指定），付款人是 P 公司（進口商），金額總計 50 萬美元。托收行根據委託人（出口公司）指示，在托收面函中列明：「DELIVER DOCUMENTS A-GAINST PAYMENT, DUE DATE/TENOR 45 DAYS SIGHT」（見票 45 天後付款交單），且印就文句：「SUBJECT TO ICC322（依據國際商會第 322 號版本）。」

但 N 銀行收到我方單據後，竟陸續以承兌交單（D/A 45 天）方式將單據放給進口商，而 10 張承兌匯票逾期多天尚未見支付。托收行幾次去電催收，並質疑代收行為何擅放單據，代收行最初不予理睬，後來催緊了才回電辯解：「D/P 遠期不合常理，且當地習慣認為 D/P 遠期與 D/A 性質相同，故以 D/A 方式放單」。借此推諉放單責任，拒絕履行付款義務。此後，出口公司又直接與進口商聯繫，催其付款，但對方稱：日前資金緊張，暫無力支付。要求延遲一段時間，並簽訂了還款計劃書。

可是，一晃兩個月過去，付款還是毫無動靜。於是，該出口公司不得不派人親往中東與進口商交涉。但 P 公司一會兒說貨物短裝，要扣減 10 萬美元；另一會兒又稱貨物質量有問題，需索賠 20 萬美元，此外還要扣去 10 萬美元預付款等，基本上否定了全

部欠款。到後來，對方乾脆避而不見，尋無蹤影，這 50 萬美元貨款也就杳無消息。

三、信用證

(一) 信用證的含義

在國際貿易活動中，買賣雙方可能互不信任，若採用匯付和托收方式，必有買賣其中一方處於不利地位。信用證的出現則在一定程度上解決了買賣雙方之間的這種矛盾，並且還能使買賣雙方獲得銀行的資金融通，從而促進了國際貿易的發展。目前，採用信用證結算已成為國際貿易中的一種主要結算方式。

信用證（Letter of Credit，簡稱 L/C）是指依照客戶的要求和指示開立的有條件的承諾付款的書面保證文件。即銀行（開證行）應買方（申請人）的要求和指示保證立即或將來某一時間內付給賣方（受益人）的一筆款項。賣方（受益人）得到這筆錢的條件是向銀行（議付行）提交信用證中規定的單據。例如，商業、運輸、保險、政府和其他用途的單據。信用證一經開出即不可撤銷，在有效期內，只要受益人提供的單據符合信用證規定，開證行必須履行付款義務。

在中國，凡經中國人民銀行批准經營結算業務的商業銀行總行及經總行授權開辦信用證結算業務的分支機構，均可辦理信用證國際結算業務。中國國內信用證也有一定程度的發展。

(二) 信用證的當事人

信用證的基本當事人：

1. 開證申請人（Applicant）

開證申請人即向銀行申請開立信用證的人，一般為進口方，在信用證中又稱開證人（Opener）。

2. 開證行（Opening Bank；Issuing Bank）

開證行是指接受開證申請人的委託開立信用證的銀行，一般是進口地的銀行，開立信用證後，承擔第一性的付款責任。

3. 受益人（Beneficiary）

受益人是指信用證上所指定的有權使用該信用證的人，一般是出口方，是信用證的收件人（Addressee）和信用證的使用者。可以按信用證要求，簽發匯票向付款行索取貨款。

信用證的其他當事人：

1. 通知行（Advising/Notifying Bank）

通知行是指受開證行的委託，將信用證轉交出口方的銀行，它僅承擔通知出口方和鑑別信用證表面真實性義務，不承擔其他義務。通知行一般為出口人所在地的銀行，通常是開證行的代理行。

按照國際商會《跟單信用證統一慣例》的規定，信用證可經由通知行通知受益人，通知行無須承擔責任。如該行決定通知信用證，則應合理謹慎地審核通知信用證的表面真實性。如果通知行不能夠確定該證的表面真實性，它必須不延誤地通知來證行，

說明它不能夠確定該證的真實性；而且必須對受益人說明它不能確定該證的真實性。

因此，在實際工作中，銀行在通知信用證時，一般都附有「信用證通知函件」，描述信用證的主要內容，並明確說明該信用證是否真實。如果信用證通知行不能確定信用證的真實性，就會明確向受益人說明，在通知函上註明類似「信用證密押、印鑒待核，僅供參考」，並/或在信用證上直接簽章「密押、印鑒待核，僅供參考」的表示。因此，出口商審核信用證時應首先審核通知行對信用證真實性的批註。

2. 議付行（Negotiating Bank）

議付行又稱押匯銀行、購票銀行或貼現銀行，是指願意買入受益人交來跟單匯票的銀行。議付行一般由通知行擔當，具體根據信用證條款來確定。

3. 付款行（Paying Bank）

開證行一般兼為付款行。當使用第三國貨幣支付時，可委託代付行（paying bank agent）代為付款。代付行即接受開證銀行在信用證中委託代開證行償還墊款的第三國銀行。

4. 償付行（Reimbursing Bank））

償付行又稱清算銀行（Clearing Bank），是開證行的償付代理人，有其存款帳戶。償付行對付款行或議付行的索償予以支付，它不審核單據，也不承擔單證不符的責任，發現單證不符，可以追回付款。

5. 保兌行（Confirming Bank）

保兌行是指應開證行或受益人的請求在信用證上加具保兌的銀行，通常由通知行兼任。它和開證行處於相同的地位，即承擔必須付款或議付的責任。

6. 受讓人（Transferee）

受讓人又稱第二受益人（Second Beneficiary），是指接受第一受益人轉讓，有權使用該信用證的人。

在實際業務中，上述當事人也可能由一家銀行一身兼幾任，如既是通知行，又是議付行、保兌行。

信用證結算關係包括以下五種關係：①開證申請人與受益人之間基於訂立購銷合同而產生的合同關係；②開證申請人與開證行之間以開證申請書和承諾書建立起來的委託代理關係；③開證行和通知行之間基於合同建立的委託代理關係，通知行依約既可只履行通知義務，也可依約成為保兌行或議付行；④通知行與受益人之間的通知關係；⑤開證行與受益人之間的無條件付款關係。

(三) 信用證的性質

1. 信用證是一種銀行信用

由開證行以自己的信用做出付款保證，在受益人履行了信用證項下的相關義務後，開證行要承擔向受益人付款的責任。

2. 信用證是一種自足文件，獨立於買賣合同

開證申請書是依據買賣合同的內容提出的，因此，信用證與合同有一定的邏輯關係。但信用證一經開出，就成為獨立於買賣合同以外的另一種契約，開證銀行和參與信用證業務的其他銀行只按信用證的規定辦事，不受買賣合同的約束。即信用證不依

附於買賣合同。

3. 信用證是純單據的業務，遵守單單相符、單證相符的原則

在信用證業務中，銀行只審查收益人所提交的單據是否與信用證條款相符，以決定其是否履行付款責任。只要受益人或其指定人提交的單據表面上符合信用證規定，開證行就應承擔付款或承兌並支付的責任。進口人也應接受單據並向開證行付款贖單。而具體貨物的完好與否，則與銀行無關，進口方可憑有關的單據和合同向責任方提出損害賠償的要求。

因此，單據成為銀行付款的唯一依據。所以，在使用信用證支付的條件下，受益人要想安全、及時地收到貨款，一定要認真處理單據。

(四) 信用證方式的一般收付程序 (見圖6-5)

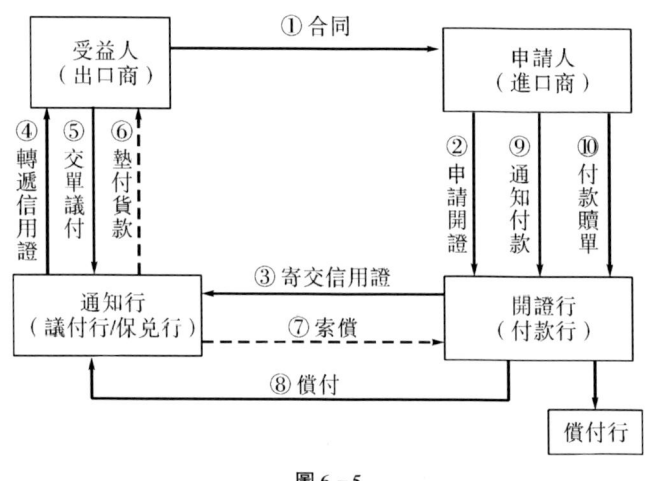

```
                    ①合同
   受益人  ──────────────────→  申請人
  (出口商)                        (進口商)
     │                              │
   ④⑤⑥                          ②⑨⑩
   轉交墊                          申通付
   遞單付                          請知款
   信議貨                          開付贖
   用付款                          證款單
   證
     │        ③寄交信用證          │
   通知行  ←──────────────────  開證行
  (議付行/保兌行) ⑦索償            (付款行)
     │         ⑧償付               │
     └──────────────────→         │
                                    ↓
                                  償付行
```

圖6-5

1. 簽訂合同

進出口雙方簽署買賣合同，並在合同中規定以信用證方式支付貨款。

2. 申請開證

開證申請人即合同的進口方，應按合同規定的期限向所在地銀行申請開證。開證申請人應填寫開證申請書。開證申請書的基本內容包括：①申請人承認在付清貨款前開證行對單據及其代表的貨物擁有所有權，必要時，開證行可以出售貨物，以抵付進口人的欠款；②承認開證行有權接受「表面上合格」的單據，對於偽造單據、貨物與單據不符或貨物中途滅失、受損、延遲到達，開證行概不負責；③保證單據到達後如期付款贖單，否則，開證行有權沒收申請人所交付的押金，以充當申請人應付價金的一部分；④承認電訊傳遞中如有錯誤、遺漏或單據郵遞損失等，銀行不負責任。

申請人申請開證時，應向開證行交付一定比例的押金或其他擔保品，押金為信用證金額的百分之幾到百分之幾十，其高低由開證行規定。如果企業在銀行已開設公司帳戶，並操作過一段時間業務（具體多長時間，視每個銀行不同，一般銀行需要看公司在銀行的交易記錄是否良好），如果該公司帳戶操作良好的話，並在公司帳號存有

100%的保證金，銀行就可以開同等金額的信用證。

3. 寄交信用證

開證行根據開證申請書的指示擬定信用證條款，開立以出口人為受益人的信用證，然後通過航寄或電報、電傳等電訊方式送交出口人所在地的聯行或代理行，由他們通知或轉交受益人。

隨著國際電訊事業的發展，為了爭取時間、加快傳遞速度，上述信用證航寄的方式已越來越被「電開」及環球銀行金融電訊協會（SWIFT）的方式所替代。

4. 傳遞信用證

通知行收到信用證後，經核對簽字印鑒或密押無誤後，將信用證轉交受益人，並留存一份副本備查。通知行的主要責任是鑒定信用證簽名或電傳密押的真實性。

通知行通知受益人的方式有兩種：一種是將信用證直接轉交受益人；另一種是當該信用證以通知行為收件人時，通知行應以自己的通知書格式照錄信用證全文經簽署後交付受益人。這兩種形式對受益人來說，都是有效的信用證文本。

5. 交單議付

受益人收到信用證後，應立即進行審核，如發現信用證中所列條款內容與買賣合同不相符合，或者不符合有關國際慣例中的規定，應立即通知申請人要求修改，由申請人向開證行提交修改申請書，開證行做成修改通知書後按原來信用證的傳遞方式交付通知行，經通知行轉交受益人。

受益人對信用證的內容審核無誤後，即可根據信用證的規定裝運貨物，繕制並取得信用證規定的全部單據，開立匯票（或不開匯票，視信用證規定），連同信用證正本和修改通知書，在信用證規定的有效期和交單期內，遞交給議付銀行辦理議付。通常議付是受益人獲取貨款的一種最為安全快捷的方式。

6. 墊付貨款

議付行按信用證條款審核單據無誤後，把貨款墊付給受益人並取得信用證規定的全套單據，然後議付行即可憑單據向開證行或其指定銀行請求償付貨款。

7. 索償

議付行將全套單據寄開證行索償。如果信用證中指定了付款行，則議付行應將單據寄交指定付款行。若開證行在信用證中指定了償付行，則議付行應向開證行寄單，向償付行進行索償。

8. 償付

開證行（或付款行）核對單據無誤後，付款給議付行。開證行和付款行的付款，是不可追索的。

9. 通知付款

開證行在向議付行償付後，即通知申請人付款贖單。

10. 付款贖單

開證行通常把全套單據的複印件交給開證申請人進行審核，若單據無誤，即應付清全部貨款與有關費用（如開證時曾交付押金，則應扣除押金的本息）；若單證不符，則開證申請人有權拒付。申請人付款後，即可從開證行取得全套單據。

（五）信用證的主要內容

1. 對信用證本身的說明

（1）信用證的當事人；

（2）信用證種類性質和信用證號碼。在與開證行的業務聯繫中必須引用該號碼。

（3）信用證幣別和金額；

（4）信用證的開證日期、到期日、交單地點和交單期限。

信用證的開證日期（Date of Issue），是開證行開出信用證的日期。

信用證的到期日（Expiry Date），也即信用證的有效期，是受益人向銀行提交單據的最後日期，受益人應在到期日之前或當天向銀行提交信用證單據，如果過此期限提交，銀行可以拒付。

《跟單信用證統一慣例（2007年修訂）》第6條 d. i. 款規定：「信用證必須規定一個交單的到期日。信用證中規定的付款或議付的到期日將被視為交單的到期日。」據此規定，信用證未規定到期日的，則此信用證無效。如果信用證上僅規定付款或議付日期，也可以把它當做到期日對待。

信用證的交單地點（Place for Presentation），是指受益人在有效期限內向銀行提交單據的地點。

信用證的交單期限（Period for Presentation of Documents），是指信用證規定的在裝運日期後的一定時間內向銀行交單的期限。如果沒有規定該期限，根據國際慣例，銀行將拒絕受理遲於裝運日期後21天提交的單據，但無論如何，單據不能遲於信用證的有效期內提交。一般情況下，開證行和開證申請人經常規定裝運日期後10天、15天或20天為交單的最後期限，但是，如果信用證有特殊規定，交單期限也可以超過21天。

2. 貨物描述（Description of Goods）

貨物描述即信用證對交易貨物的名稱、規格、數量、包裝、價格等的描述。貨物的描述應準確、明確和完整。

3. 裝運和保險條款（Shipment and Insurance Clause）

裝運條款是對裝運條件的描述，一般包括裝運港或啓運地、卸貨港或目的地、裝運期限、可否分批裝運、可否轉運等內容。保險條款主要是對貨物保險的主要事項加以規定，內容包括（保險金額和保險價值、保險責任、保險費的交付等）。

4. 單據條款（Documentary Clause）

單據條款即說明要求提交的單據種類、份數、內容要求等。基本單據包括：商業發票、運輸單據和保險單；其他單據包括：檢驗證書、產地證、裝箱單或重量單等。

5. 特殊條款（Special Clause）

特殊條款視具體交易的需要各異。如要求通知行加保兌，限制由某銀行議付，限裝某船或不許裝某船，不準在某港停靠或不準採取某條航線，待具備某條件後信用證方始生效。

6. 開證行責任條款（the Issuing Bank's Obligation Clause）

開證行責任條款即開證行對受益人及匯票持有人保證付款的責任文句，通常說明

根據《跟單信用證統一慣例（2007 年修訂）》開立以及開證行保證付款的承諾。國外來證大多數均加註：「除另有規定外，本證根據國際商會《跟單信用證統一慣例（2007年修訂）》即國際商會 600 號出版物（《UCP600》）辦理。」

　　7. 開證行簽字和密押（Signing and Issuing）

（六）SWIFT 信用證

　　SWIFT 即環球同業銀行金融電訊協會（Society for World – wide Inter – bank Financial Telecommunication），簡稱環球電協，是國際銀行同業間的國際合作組織，成立於 1973 年，總部在比利時的布魯塞爾。SWIFT 從事傳遞各國之間非公開性的金融電訊業務，包括外匯買賣、證券交易、開立信用證、辦理信用證項下的匯票業務和托收、國際間的財務清算和銀行間的資金調撥。

　　SWIFT 信用證是依據國際商會制訂的電訊信用證格式，利用 SWIFT 網絡系統設計的特殊格式，並通過該網絡系統傳遞的信用證信息。採用 SWIFT 開證使信用證具有標準化、固定化和統一格式的特性，且傳遞速度快捷。

　　目前利用 SWIFT 系統進行密押傳遞的信用證文書在世界範圍內廣泛使用，傳統的電傳信用證以及更古老的信開信用證也仍在小範圍不發達國家地區實行，雖然費用低，但傳遞遺失錯誤的發生機率也較高。

　　1. SWIFT 信用證的特點

　　（1）SWIFT 需要會員資格。中國的中國銀行於 1983 年加入 SWIFT，是中國銀行業中的第一個 SWIFT 組織成員。目前，中國大多數專業銀行都是其成員。在國際上，SWIFT 網絡已遍布全球 206 個國家和地區的 8000 多家金融機構。

　　（2）SWIFT 的安全性較高。SWIFT 的密押比電傳的密押可靠性強、保密性高，且具有較高的自動化。

　　（3）SWIFT 的格式具有標準化。對於 SWIFT 電文，SWIFT 組織有著統一的要求和格式。

　　2. SWIFT 電文表示方式

　　（1）項目表示方式。SWIFT 由項目（FIELD）組成，如「59 Beneficiary」是一個項目，其中，「59」是項目的代號，「Beneficiary」是欄位名稱。項目代號有的是用兩位數字表示，有的是用兩位數字加上字母來表示。不同的代號，表示不同的含義。

　　其中有些項目是必選項目（M），即是信用證中的必備項目，有些項目是可選項目（O），即不是信用證中的必備項目。

　　（2）日期表示方式。SWIFT 電文的日期表示為：YYMMDD（年月日）。例如，1999 年 5 月 12 日，表示為：990512。

　　請參照下面的 SWIFT 信用證樣本：

143

表6-2

ISSUE OF A DOCUMENTARY CREDIT			
SEQUENCE OF TOTAL	*27	1／1	
FORM OF DOC. CREDIT	*40A	IRREVOCABLE	
DOC. CREDIT NUMBER	*20	372623	
DATE OF ISSUE	31 C	030514	
EXPIRY	*31D	DATE 030705 PLACE LINZ	
APPLICANT	*50	BELLAFLORA GARTENCENTER GESELLSCHAFT M. B. H. FRANZOSENHAUSWEG 50 A－2040 LINZ	
BENEFICIARY	*59	DALIAN ARTS&CRAFTS IMPORT & EXPORT CORP NO. 23 FUGUI STR. DALIAN, CHINA	
AMOUNT	*32B	CURRENCY USD AMOUNT 21，383.93	
POS./NEG. TOL. (％)	39 A	10/10	
AVAILABLE WITH/BY	*41D	OBKLAT2L *BANK FUER OBEROEATERREICH UND *SALZBURG (OBERBANK) *LINZ BY PAYMENT	
PARTIAL SHIPMENTS	43 P	NOT ALLOWED	
TRANSSHIPMENT	43 T	ALLOWED	
LOADING IN CHARGE	44 A		
ANY CHINESE PORT			
FOR TRANSPORT TO	44 B		
VIENNA			
LATEST SHIPMENT	44 C	030601	
DESCRIPT. OF GOODS	45 A		
CHRISTMAS GIFTS AS PER SALES CONFIRMATION NO.205001 OF MAY. 9TH 2003 CIF VIENNA			
DOCUMENTS REQUIRED	46 A		

表6-2(續)

ISSUE OF A DOCUMENTARY CREDIT			
		1. COMMERCIAL INVOICE, 5 FOLD, ALL DULY SIGNED CERTIFYING THAT THE GOODS HAVE BEEN PACKED AND MARKED SEPARATELY FOR EACH BELLAFLORA BRANCH 2. FULL SET OF CLEAN ON BOARD ORIGINAL MARINE BILL OF LADING, MADE OUT TO ORDER, BLANK ENDORSED NOTIFY: 1. BIRKART AUSTRIA 2. BELLAFLORA 3. CERTIFICATE OF P. R. CHINA ORIGIN AS PER GSP FORM A. ISSUED AND MANUALLY SIGNED BY AN AUTHORITY ALSO MANUALLY SIGNED BY EXPORTER, BEARING A REFERENCE NUMBER AND SHOWING AUSTRIA AS IMPORTING COUNTRY. 4. PACKING LIST, 5-FOLD. 5. INSURANCE CERTIFICATE OR POLICY FOR THE INVOICE VALUE PLUS 10 PERCENT, BLANK ENDORSED, COVERING ALL RISKS AND WAR RISKS AND RISKS OF S. R. C. C. AS PER O. M. C. C. OF P. I. C. C. CLAUSES DD. 1981, 01, 01 FROM SELLER'S WAREHOUSE TO BUYERS WAREHOUSE. CLAIMS PAYABLE IN AUSTRIA, MANING A CLAIM SETTLING AGENT IN AUSTRIA.	
ADDITIONAL COND.	47 A		
		UPON RECEIPT OF DOCUMENTS STRICTLY COMPLYING WITH CREDIT TERM, WE SHALL REMIT FUNDS.	
DETAIL OF CHARGES	71 B	BANKING CHARGES, EXCEPT CHARGES OF ISSUING BANK, ARE FOR ACCOUNT OF BENEFICIARY. IF DOCUMENTS ARE PRESENTED WITH DISCREPANCY WE SHALL DEDUCT COUNTER VALUE OF USD50.00	
PRESENTATION PERIOD	48	21 DAYS	
CONFIRMATION	*49	WITHOUT	
SEND. TO REC. INFO.	72	PLEASE SEND DOCUMENTS TO US IN ONE LOT (OBERBANK, UNTERE KONAULAENDE 28, A-2040 LINZ).	

(七) 信用證的種類

1. 以信用證項下的匯票是否附有貨運單據，可以分為跟單信用證及光票信用證

(1) 跟單信用證 (Documentary Credit) 是開證行憑跟單匯票或單純憑單據付款的信用證。單據是指代表貨物或證明貨物已交運的運輸單據。如提單、鐵路運單、航空運單等。發票、保險單等商業單一般使用跟單信用證。

(2) 光票信用證 (Clean Credit) 是開證行僅憑不附單據的匯票付款的信用證。匯票如附有不包括運輸單據的發票、貨物清單等，仍屬光票。

2. 以有無另一銀行加以保證兌付，可以分為保兌信用證和不保兌信用證

（1）保兌信用證（Confirmed Letter of Credit）是指開證行開出的信用證，由另一銀行保證對符合信用證條款規定的單據履行付款義務。對信用證加以保兌的銀行，稱為保兌行。

（2）不保兌信用證是指開證行開出的信用證沒有經另一家銀行保兌。

3. 根據付款時間不同，可以分為即期信用證、遠期信用證

（1）即期信用證是指開證行或付款行收到符合信用證條款的跟單匯票或裝運單據後，立即履行付款義務的信用證。

（2）遠期信用證是指開證行或付款行收到信用證的單據時，在規定期限內履行付款義務的信用證。

4. 根據受益人對信用證的權利可否轉讓，可以分為可轉讓信用證和不可轉讓信用證

（1）可轉讓信用證（Transferable Letter of Credit）是指經出口商請求，進口商同意，由開證銀行開立可轉讓信用證，並載明授權受益人（第一受益人）有權將信用證所列金額的全部或部分轉讓給出口商以外的第三者，即第二受益人有權使用轉讓後的權力。根據《跟單信用證統一慣例（2007年修訂）》第三十八條規定，可轉讓信用證是指明確表明其「可以轉讓」的信用證。根據受益人的請求，轉讓信用證可以被全部或部分地轉讓給其他受益人。

可轉讓信用證必須要在證中明確註明「可轉讓」（Transferable），所以可轉讓信用證中一般會載明如下文句：本信用證可轉讓（This Credit is Transferable）或本信用證允許轉讓（Transfer to be allowed）。可轉讓信用證只能轉讓一次，但允許第二受益人將信用證重新轉讓給第一受益人。另外，第二受益人的交單必須經轉讓行。

可轉讓信用證的受益人往往是中間商，分將信用證轉讓給實際出口人辦理裝運交貨，以便從中賺取差價和利潤。有的時候是由於有些出口商品由外貿總公司統一對外成交，分由各口岸分公司交貨，即可在合同中規定國外進口人給我總公司開來可轉讓信用證，再由總公司轉讓給有關分公司就地裝運交貨，就地議付結匯。

（2）不可轉讓信用證是指受益人不能將信用證的權利轉讓給他人的信用證。凡信用證中末註明「可轉讓」，即是不可轉讓信用證。

5. 其他種類信用證

（1）循環信用證。循環信用證是指信用證被全部或部分使用後，其金額又恢復到原金額，可再次使用，直至達到規定的次數或規定的總金額為止。它通常在分批均勻交貨情況下使用。

（2）對開信用證。對開信用證是指兩張信用證申請人互以對方為受益人而開立的信用證。兩張信用證的金額相等或大體相等，可同時互開，也可先後開立。它多用於易貨貿易或來料加工和補償貿易業務。

（3）背對背信用證。背對背信用證又稱轉開信用證，指受益人要求原證的通知行或其他銀行以原證為基礎，另開一張內容相似的新信用證。背對背信用證的開立通常是中間商轉售他人貨物，或兩國不能直接辦理進出口貿易時，通過第三者以此種辦法

來溝通貿易。原信用證的金額（單價）應高於背對背信用證的金額（單價），對背對背信用證的裝運期應早於原信用證的規定。

（4）預支信用證。預支信用證是指開證行授權代付行（通知行）向受益人預付信用證金額的全部或一部分，由開證行保證償還並負擔利息的憑證，即開證行付款在前，受益人交單在後，與遠期信用證相反。預支信用證憑出口人的光票付款，也有要求受益人附一份負責補交信用證規定單據的說明書，當貨運單據交到後，付款行在付給剩餘貨款時，將扣除預支貨款的利息。

（5）備用信用證。備用信用證又稱商業票據信用證、擔保信用證，是指開證行根據開證申請人的請求對受益人開立的承諾承擔某項義務的憑證。即開證行保證在開證申請人未能履行其義務時，受益人只要憑備用信用證的規定並提交開證人違約證明，即可取得開證行的償付。它是銀行信用，對受益人來說是備用於開證人違約時，取得補償的一種方式。

（八）信用證業務中出口商應該注意的問題

1. 注意信用證中的軟條款

所謂信用證軟條款（Soft Clause），是指開證申請人（進口商）在申請開立信用證時，故意設置若干隱蔽性的「陷阱」條款，以便在信用證運作中置受益人（出口商）於完全被動的境地，而開證申請人或開證行則可以隨時將受益人置於陷阱而以單據不符為由，解除信用證項下的付款責任。軟條款的規定或要求一般是受益人無法做到的，或者是受益人要滿足這些規定或要求，就要受制於開證申請人。例如，「開證行在貨到目的港後通過進口商品檢驗後才付款」、「本證是否生效依進口人是否能取得進口許可證」。

軟條款信用證的根本特徵在於它賦予了開證申請人或開證銀行單方面撤銷付款責任的主動權，使得受益人處於不利和被動地位，導致受益人履約和結匯存在風險隱患。

2. 製作單據時應做到「單單相符，單證一致」，以確保收到貨款

《跟單信用證統一慣例（2007年修訂）》第四條說明了信用證與合同的關係，規定「就性質而言，信用證與可能作為其開立基礎的銷售合同或其他合同是相互獨立的交易，即使信用證中含有對此類合同的任何援引，銀行也與該合同無關，且不受其約束。」這確定了信用證業務的獨立性。作為受益人，在接到銀行開來的信用證時，要認真審核信用證的內容，看是否與合同內容相違背、是否與《跟單信用證統一慣例（2007年修訂）》規定不符等。如果經審核信用證存在問題，則應及時與開證申請人（進口商）聯繫，提出修改意見，待收到信用證修改通知、審核無誤後再發貨，以確保單證一致，安全收匯。

四、國際保理與銀行保函

以上我們介紹了幾種基本的國際結算方式，但隨著國際貿易的發展，國際保理、銀行保函等結算方式也越來越凸顯出其重要性。

(一) 國際保理

在當今競爭激烈的經濟環境中，出口商面對進口商不願開信用證的要求，往往進退兩難：拒絕就有可能失去交易機會，接受又可能面臨到期收不回貨款的風險。在這種情況下，出口商可以使用國際保理。

1. 國際保理的含義

國際保理（International Factoring）又稱為承購應收帳款，是一項集貿易融資、結算、代辦會計處理、資信調查、帳務管理和風險擔保等於一體的綜合性金融服務業務。其一般做法是：在國際貿易中賒帳（O/A）或付款交單的結算方式下，由商業銀行或保理商（一般是商業銀行的附屬機構）從出口商那裡購進以單據表示的對進口商的應收帳款，從而為出口商融通資金，並且同時提供資信調查、銷售分帳戶管理、貨款回收和壞帳擔保等服務。在保理業務中，保理商承擔第一付款責任。日後一旦發生進口商不付款或逾期付款，則由保理商承擔付款責任。

國際保理業務的發展，主要與國際商品交易中賒銷形式的商業信用的發展有關。目前，各國都比較重視國際保理業務的發展，使得其在全球範圍內發展很快，尤其在一些歐洲發達國家，如美國、加拿大、日本、歐盟、新加坡等國，國際保理業務相當發達。中國保理業務的發展相對較晚。

2. 國際保理的特點

國際保理最大的特點是保理商承擔了信貸風險。在保理方式下，出口商將全套單據賣斷給保理商時，保理商就承擔了出口商的全部債權，並承擔了進口商的信貸風險。如果進口商到期不付款或不按期付款，保理商不能向出口商行使追索權，全部風險由保理商承擔。尤其是對因貨物品質、數量和交貨期等問題而導致的進口商不付款，保理商要承擔責任。

隨著中國對外貿易的發展，尤其是O/A（賒銷）結算方式越來越普遍，出口企業也逐漸認識到保理業務在國際貿易中的優勢。近年來，保理業務在中國發展迅速。從1988年中國銀行在中國推出國際保理業務到目前為止，中國已有12家銀行成為FCI（國際保理商聯合會）會員，包括四大國有商業銀行、七家股份制商業銀行和一家外資銀行。但中國目前的保理業務量與自身經濟規模與貿易總額相比，仍然處於相當低的水準。

(二) 銀行保函

在國際貿易中，信作為銀行信用為買方向賣方提供了付款保證，但不適用於賣方向買方提供擔保的場合，也不適用於一般貨物貿易以外的其他國際經濟合作領域。然而，在各種交易方式中，合同各方當事人為了維護自己的經濟利益，往往需要對可能發生的風險採取一定的保障措施，銀行保函就是一種以銀行信用形式提供的、在更廣泛領域使用的保障措施。

1. 銀行保函的含義

銀行保函（Letter of Guarantee，L/G）又稱銀行保證書，是指銀行應申請人的請求，向受益人開立的一種書面信用擔保憑證，保證在申請人未能按雙方協議履行其責

任或義務時，由擔保銀行代其履行一定金額、一定時限範圍內的某種支付或經濟賠償責任。它是一種由銀行開立的承擔付款責任的擔保憑證，銀行根據保函的規定承擔絕對付款責任。銀行保函大多屬於「見索即付」，即無條件保函。在「見索即付」情況下，銀行保函的擔保銀行與信用證的開證銀行承擔同樣的第一性付款的責任。

2. 銀行保函的種類

銀行保函在實際業務中的使用範圍很廣，它不僅適用於貨物的買賣，而且廣泛適用於其他國際經濟合作的領域。

（1）履約保函。在一般貨物進出口交易中，履約保函分為進口履約保函和出口履約保函。

進口履約保函是指擔保銀行應申請人（進口人）的申請開給受益人（出口人）的保證承諾。這種履約保函規定，如出口人按期交貨後，進口人未按合同規定付款，則由擔保銀行負責償還。這種履約保函對出口人來說，是一種簡便、及時和確定的保障。

出口履約保函是指擔保銀行應申請人（出口人）的申請開給受益人（進口人）的保證承諾。這種履約保函規定，如出口人未能按合同規定交貨，擔保銀行負責賠償進口人的損失。這種履約保函對進口人有一定的保障。

此類保函除應用於貨物的進出口交易外，同樣適用於國際工程承包業務。比如，在大型成套設備的進口合同中，為採購原材料，賣方往往要求買方在合同簽訂後預付5%～15%的合同金額，而買方則擔心付款後賣方不能交貨而造成損失。為解決這個問題，在國際貿易實務中，通常採用買方憑賣方銀行開立的預付款保函付款的方法。此類保函起著保護買方利益的作用，在賣方未按合同履行交貨義務的情況下，買方可在有效期內憑保函索回預付款。

（2）還款保函。還款保函又稱預付款保函或定金保函，是指擔保銀行應合同一方當事人的申請，向合同另一方當事人開立的保函。此類保函規定，如申請人不履行他與受益人訂立合同的義務，擔保銀行將受益人預付或支付的款項退還給受益人，擔保銀行向受益人退還或支付款項。

還款保函除在工程承包項目中使用外，也適用於貨物進出口、勞務合作和技術貿易等業務。

（3）投標保函。投標保函是指銀行、保險公司或其他保證人向招標人承諾，當申請人（投標人）不履行其投標所產生的義務時，保證人應在規定的金額限度內向受益人付款。

除上述兩種保函外，還可以根據其他功能和用途的不同，分為其他種類的保函，如：補償貿易保函、來料加工保函、技術引進保函、維修保函、融資租賃保函、借款保函等等。

閱讀資料：

關於《UCP600》的實質性變動一

把《UCP500》難懂的詞語改變為簡潔明瞭的語言。取消了易造成誤解的條款，如「合理關注」、「合理時間」及「在其表面」等短語。有人說這一改變會減少昂貴的庭審，意指法律界人士喪失了為論證或反駁「合理」、「表面上」等所收取的高額費用。

取消了無實際意義的許多條款。如「可撤信用證」、「風帆動力批註」、「貨運代理提單」及《UCP500》第五條「信用證完整明確要求」及第十二條有關「不完整不清楚指示」的內容也從《UCP600》中消失。

關於《UCP600》的實質性變動二

新概念描述極其清楚準確。如兌付（Honor）定義了開證行、保兌行、指定行在信用證項下，除議付以外的一切與支付相關的行為；議付（Negotiation）強調的是對單據（匯票）的買入行為，明確可以墊付或同意墊付給受益人，按照這個定義，遠期議付信用證就是合理的。另外，還有「相符交單」、「申請人」、「銀行日」等。

更換了一些定義。如對審單做出單證是否相符決定的天數，由「合理時間」變為「最多為收單翌日起第5個工作日」。又如「信用證」《UCP600》僅強調其本質是「開證行一項不可撤銷的明確承諾、即兌付相符的交單。」再如開證行和保兌行對於指定行的償付責任，強調是獨立於其對受益人的承諾的。

關於《UCP600》的實質性變動三

方便貿易和操作。如拒付後單據處理：增加「拒付後，如果開證行收到申請人放棄不符點的通知，則可以釋放單據」；增加拒付後單據處理的選擇項，包括持單侯示、已退單、按預先指示行事，以利受益人申請人及相關銀行操作。

如單據在途中遺失，強調只要單證相符，即只要指定行確定單證相符、並已向開證行或保兌行寄單，不管指定行是兌付還是議付，開證行及保兌行均對丟失的單據負責。

第三節 結算方式的選擇與支付條款

一、現代國際結算發展的特點與趨勢

（一）結算方式多樣化，且商業信用結算方式逐漸成為主流

長期以來，信用證這種以銀行信用為基礎的結算方式一直處於主導地位。20世紀60~70年代，全球貿易的85%以上都是採用信用證來進行結算的。但隨著買方市場的形成，這種結算方式逐漸被進口商所摒棄，現在全球的信用證交易量呈下降趨勢，取而代之的是托收、賒銷、匯付等以商業信用為基礎的結算方式。這些結算方式的共同特點是：對買方而言，資金壓力小、手續簡單快捷、安全系數較高。同時，伴隨著新的客戶需求，一些新型國際結算方式也不斷湧現，如日益流行的銀行保函、備用信用證等。

（二）結算與融資緊密結合

由於目前單筆國際貿易的金額越來越大，進出口雙方對資金的需求也越來越多，因此迫切需要金融業為之提供能滿足這些新需求的融資服務。在此背景下，為出口商提供的中短期帳款的收帳和融資服務——保理、中長期票據的無追索權融資服務——包買票據等極具融資功能的輔助結算方式迅速興起。

（三）結算方式電子化、網絡化

隨著計算機網絡和通信技術的迅猛發展，電子數據交換（Electronic Data Interchange，簡稱 EDI）以其快速高效、低成本和相對安全等優點已經被普遍採用，一個最典型的例子是 SWIFT 的使用，這個每天 24 小時持續運轉的電腦系統，可以處理各種國際匯兌業務和多種貨幣的清算業務。

二、選擇結算方式的考慮因素

國際經濟交往中的收付行為都是通過國際結算來實現的，不同的結算方式有著不同的特點，選擇和運用不同結算方式要綜合考慮外匯資金的安全、貨物的安全、資金的週轉、費用的承擔及擴大貿易往來等因素。在諸多因素中，安全收匯是最重要的問題。為此，我們在選擇結算方式時需要注意以下四個方面的問題：

（一）客戶信用

在國際貿易中，依法訂立的合同能否順利圓滿地履行，客戶的信用是決定性的因素。在出口業務中做到安全收匯，在進口業務中做到安全用匯（即收到符合合同的貨物），就必須事先做好對國外客戶的信用調查，以便根據客戶的具體情況，選用適當的結算方式。這是選用結算方式的成敗的關鍵和基礎。對於信用不是很好或者尚未充分瞭解的客戶，進行交易時，就應該選擇風險較小的支付方式。以下是我們應該注意的五個方面：

1. 客戶的信用風險評估

通過專業的諮詢機構對海外客戶進行全面、認真、仔細地調查，及時掌握和瞭解其經營狀況、資信及償付能力。企業需建立客戶信用風險管理評估、監控機制，對所有客戶實施針對性信用風險監測，建立客戶風險管理檔案並收集、記錄客戶的詳細信息，尤其需要關注客戶的信用記錄和公共記錄。在此基礎上，對所有的客戶予以信用評級，作為掌握支付條件的基礎依據之一。

2. 對方的國別風險

國家風險的發生會嚴重干擾國際匯兌和結算秩序，其破壞力要大於其他風險。鑒於此，企業需對所有外商所在國的國家風險發生的可能性、範圍、程度進行綜合評價及等級劃分，作為選擇國際結算方式的重要依據。如中東、拉美、非洲政治風險高，但也可以利用 D/P、D/A、O/A 同時投保出口信用險，既開拓市場，又防範風險。俄羅斯目前信用級別低，政策多變，銀行資信差，貿易方式極不規範，暫不屬於出口信用險的承保範圍。

3. 國家間在銀行信用、結算制度及支付傳統上的差異

這種差異影響著當事人對國際結算方式的認知與實踐狀況。如南美洲、非洲、東歐等市場，銀行貸款利率高、開證費用大，大多數貿易以非信用證方式成交。又如摩洛哥商人通常傾向商業信用方式成交，以銀行風險較高為借口（支付傳統），其實該國銀行業務悠久，結算經驗豐富，信譽較高。

4. 進出口商能否獲得融資便利、滿足融資需求
5. 注意投保出口信用保險

出口信用保險是國家為了推動本國的出口貿易，保障出口企業的收匯安全而制定的一項由國家財政提供保險準備金的非盈利政策性保險業務。目前全球貿易額的12%～15%是在出口信用保險的支持下實現的；而從全世界的範圍來看，發達國家的出口信用保險涵蓋率大概在20%～30%之間。中國企業在對歐美等國出口形勢嚴峻情況下開拓南美洲、非洲、東歐等國別風險較高的市場，可投保出口信用保險，出口商便可通過繳納少量保險費，將承擔的收匯風險轉嫁給出口信用保險機構，從而靈活地採用D/P、D/A、O/A等非信用證方式發展新市場。有了出口信用保險，收匯風險轉嫁給保險人，從而可以在國際貿易採用靈活多樣的結算方式，大大提高企業競爭力，增加成交機會，發展新客戶，開拓潛力巨大的新市場，減少對一個國家或一個地區的依賴。以賒銷和承兌方式成交時，可選擇國際保理方式，特別是那些出口業務增長性極好的急需資金的中小企業，運用保理業務，出口商把應收帳款債權轉讓給保理商並獲得銀行融資，不僅可以增強產品的出口競爭力，而且可以得到融資。它順應了非信用證結算方式擴大化的發展趨勢，是防範收匯風險的一個理想選擇。

(二) 貨物的銷售情況

貨物的市場銷售情況是影響結算方式的另一個關鍵因素。在貿易磋商過程中，選擇支付方式也是談判過程中的重要問題。在訂立合同中的支付條款時，正確選用貨款的支付方式非常重要，往往是買賣雙方反覆磋商的重點問題。

如果貨物是暢銷商品，則該商品一般求大於供，賣方處於有利地位，他可以選擇對其有利的價格條件和支付方式，如預付貨款、信用證付款或銀行保函等方式。而對買方來說，涉及暢銷商品的交易，在支付方式上可以做出適當讓步。如果貨物是滯銷商品，則該商品一般供大於求，買方處於有利地位，可以選擇對自己有利的價格條件和支付方式，如賒銷、托收尤其是承兌交單等方式。對賣方來說，通常只有接受這些條件，才能增強市場競爭能力，達到出口銷貨的目的。在選擇以上方式結算時，賣方為降低出口收匯風險，可要求買方提供銀行保函，或申請保理服務或包買票據服務。這些方式不僅可以提供風險擔保，還可以提供融資服務。

(三) 貿易術語

事實證明，在中國出口業務中，作為賣方根據交易的具體情況，慎重選擇適當的貿易術語對於防範收匯風險，提高經濟效益是十分必要的。

(1) 總體來講，在出口業務中採用CIF或CFR術語成交要比採用FOB有利。因為，在CIF條件下，國際貨物買賣中涉及的三個合同（買賣合同、運輸合同和保險合同）都由賣方作為其當事人，他可以根據情況統籌安排備貨、裝運、投保等事項，保證作業流程上的相互銜接。另外，有利於發展本國的航運業和保險業，增加服務貿易收入。當然，這也不是絕對的，應根據交易的商品的具體情況首先考慮自身安排運輸有無困難，而且經濟上是否合算等因素。

(2) 如不得已採用FOB條件成交時，對於買方派船到港裝貨的時間應在合同中做

出明確規定，以免賣方貨已備好，船遲遲不到，貽誤裝貨的事情發生。

（3）在 FOB 條件下，對於買方指定境外貨代的情況應慎重考慮是否接受。要防止買方與貨代勾結，要求船方無單放貨，造成賣方錢、貨兩空的事情。另外，還有的貨代只在裝運口岸設一個小的辦事處，並無實際辦理裝運的能力，回過來再通過我方有關機構辦理，既降低了效率，又增加了費用。作為賣方應對買方指定的貨代的資質情況有一定的瞭解，如認為不能接受，應及時予以拒絕。

（4）選擇貿易術語時還應與支付方式結合考慮。如採用貨到付款或托收等商業信用的收款方式時，盡量避免採用 FOB 或 CFR 術語。因為在這兩種術語下，按照合同的規定，賣方沒有辦理貨運保險的義務，而由買方根據情況自行辦理。如果履約時行情對買方不利，買方拒絕接收貨物，就有可能不辦保險。這樣一旦貨物在途中出險，就可能導致錢、貨兩空。如不得已採用這兩種術語成交，賣方應在當地投保賣方利益險。

（5）即使採用信用證支付時，也應注意對托運人的規定，特別是在 FOB 條件下，有些國外買家常在信用證中要求賣方提交的提單要以買方作為托運人（Shipper）。這種做法也同樣會給賣方帶來收匯的風險。在國際貿易中曾發生過這樣的事情：買賣雙方按 FOB 條件成交，合同規定以信用證支付。買方開來的信用證中規定賣方提交的提單要註明托運人為買方。賣方審證時發現這一問題，但認為與承運人訂立運輸合同的是買方，買方作為托運人也順理成章。另外，為此再修改信用證又要增加費用開支和延誤裝期，所以，賣方就照辦了。交貨後提交的提單註明買方為托運人。但結匯時因單證有不符點，被銀行拒付並退單。

（6）貨物在運輸途中，買方以提單的托運人的名義指示承運人將貨物交給他指定的收貨人。這樣一來，賣方雖控制著作為物權憑證的提單，然而貨物卻已被買方指定的收貨人提走。賣方向法院起訴承運人無單放貨，被法院以無權起訴為由予以駁回。由此可見，在 FOB 合同下，以賣方還是買方作為托運人並非無足輕重的事情。按照《漢堡規則》的解釋，托運人有兩種：一種是與承運人簽訂海上運輸合同的人；另一種是將貨物交給與海上貨物運輸有關的承運人的人。根據上述解釋，在 FOB 合同下，買方或賣方均符合作為托運人的條件。如果買方資信好，又有轉售在途貨物的要求，以買方作為托運人未嘗不可。但如果不是這樣，還是以賣方作為托運人為好。

（四）運輸單據

在選擇支付方式時，還要注意與交貨方式和運輸方式相適應。不同的貿易術語所表明的交貨方式和運輸方式是不同的，而不同的交貨方式和運輸方式能適應的貨款收付方式也是不同的。

在使用 CIF、CFR、CIP、CPT 等屬於象徵性交貨或稱推定交貨術語的情況下，賣方交單收款、買方憑單付款，控制單據就意味著控制貨物的所有權。這類交易既可以使用信用證方式，也可以通過跟單托收方式收取貨款。但在使用 EXW、DAF、DES、DDU、DDP 等屬於實際交貨方式的術語的交易中，由於賣方是向買方直接交貨，無法通過單據轉移物權。因此，除非經約定由進口地銀行收貨，一般不宜採用托收方式。即使是在以 FOB、FCA 條件達成的買賣合同，雖然在實際業務中也可以憑運輸單據，

如憑提單和多式聯合運輸單據交貨與付款，但這種合同的運輸由買方安排，由賣方將貨物裝上買方指定的運輸工具或交給買方指定的承運人，賣方或接受委託的銀行很難控制貨物，所以也不宜採用托收方式。

貨物通過海洋運輸時，賣方發運貨物後得到的運輸單據是提單，提單是貨物所有權憑證，只有提單的合法持有人才有權向船公司提取貨物，如採用托收方式收款，在買方付款前可通過控制提單控制物權。但如貨物通過航空、鐵路運輸或用郵包寄送，賣方得到的運輸單據是航空運單、鐵路運單或郵包收據。而這些單據均非物權憑證，貨抵目的地後由運輸機構直接通知收貨人取貨，無須憑這些單據，因此採用這些方式運輸貨物的交易，除非收貨人做成進口地銀行，都不適宜採用托收方式收款。同樣原因，如用信用證方式，通常也要求把這些運輸單據的收貨人做成開證行。

三、不同結算方式的結合使用

（一）信用證與匯付相結合

這是指部分貨款採用信用證，餘額貨款採用匯付方式結算。這種結算方式的結合形式常用於交貨數量有一定機動幅度的散裝貨物的交易。對此，經雙方同意，信用證規定憑裝運單據先付發票金額或在貨物發運前預付金額若干，而餘額則待貨到目的地（港）後，經再檢驗的實際數量用匯付方式支付。採用這種結合形式的結算方式，必須首先訂明採用的是何種信用證與何種匯付方式以及按信用證支付的金額比例。例如，成交的合同貨物是散裝物，如礦砂、煤炭、糧食等，進出口商同意採用信用證支付總金額的90％，餘額10％待貨到後經過檢驗，確定其貨物計數單位後，將餘額貨款採用匯付方式支付。

（二）信用證與托收相結合

這是指一筆交易的貨款，部分用信用證方式支付，餘額用托收方式結算，即「部分信用證，部分托收」。在實際運用時，信用證規定受益人（出口人）開立兩張匯票，屬於信用證的部分貨款憑光票支付，而餘額則將貨運單據附在托收的匯票項下，按即期或遠期付款交單方式托收。這種做法，對出口人收匯較為安全，對進口人則可減少墊金，容易為雙方接受。但信用證必須訂明信用證的種類和支付金額以及托收方式的種類，也必須訂明「在全部付清發票金額後方可交單」的條款。在實際使用中，通常可作如下規定：「買方通過賣方可接受的銀行於裝運月份前××天開立並送達賣方不可撤銷的即期信用證，規定發票金額的××％憑即期光票支付，餘下××％用托收方式即款交單。發票金額的全套貨運單據隨附托收項下，於買方付清發票全部金額後取出。如買方未付清全部發票金額，則貨運單據須由開證行掌握憑賣方指示處理」。

（三）跟單托收與預付押金相結合

採用跟單托收並由進口人預付部分貨款或一定比例的押金作為保證。出口人收到預付款或押金後發運貨物，並從貨款中扣除已收款項，將餘額部分委託銀行托收。托收採取 D/P 方式。如托收金額被拒付，出口人可將貨物運回，而從已收款項中扣除來

往運費、利息及合理的損失費用。至於預付金和一定數量的押金的數目，應視情況而定，經協商並在合同中明確規定。

(四) 匯付與銀行保函或備用信用證相結合

無論是預付款，還是貨到付款，都可以使用銀行保函或備用信用證來防止不交貨或不付款的情況出現。如果進口商預付了貨款，就可以要求出口商提供銀行保函或備用信用證，保證按期交貨，否則應退還預付款並支付利息或罰款，如果出口商拒絕，則由擔保行付款；如果是貨到付款，出口商有權要求進口商提交銀行保函或備用信用證，保證進口商在提貨後規定的時間內按合同付款，如果進口商拒付，擔保行應承擔付款責任。

(五) 托收與國際保理相結合

當國內出口商在採用托收進行貿易並對進口商資信狀況沒有很大把握的情況下，為保證收匯安全，可以申請安排國際保理。尤其是對賣方風險比較大的承兌交單，可以與國際保理結合使用，將收匯風險轉移給相關機構，而專心從事生產和收購等商務活動。

(六) 匯付、銀行保函、信用證三者相結合

匯付與銀行保函或信用證結合使用的形式常用於成套設備、大型機械和大型交通運輸工具（飛機、船舶等）等貨款的結算。這類產品，交易金額大，生產週期長，往往要求買方以匯付方式預付部分貨款或定金，其餘大部分貨款則由買方按信用證規定或加開保函分期付款或延期付款。

(1) 分期付款（Progression Payment）是指買方預交部分定金，其餘貨款根據所訂購商品的製造進度或交貨進度分若干期支付，在交貨完畢時付清或基本付清。

(2) 延期付款（Deferred Payment）是指買方在預付一部分定金後，大部分貨款在交貨後相當長的時間內分期攤付。

四、買賣合同中的支付條款

(一) 匯付條款

買賣合同中的匯付條款是當交易雙方商定通過匯款方式進行貨款交付時，對貨款交付的具體細節的規定。使用匯付方式時，應在買賣合同中明確規定匯付的時間、具體的匯付方式和金額等。一般而言，買賣合同中的匯付條款可規定如下：

(1) 買方應不晚於×年×月×日前將全部貨款用電匯（信匯或票匯）方式，預付給賣方；

The buyer shall pay the total value to the Seller in advance by T/T (M/T or D/D) not later than......

(2) 買方應於合同簽署後30天內電匯貨款的10%付給賣方。

The Buyer shall pay 10% of the slaes proceeds in advance by T/T to reach the Sellers within 30 days after signing this contract.

(二) 買賣合同中的托收條款

買賣合同中的托收條款是當交易雙方商定通過托收方式進行貨款交付時，合同中對貨款交付的具體細節的規定。使用托收方式時，應在買賣合同中明確規定交單條件、買方的付款和/或承兌責任以及付款期限等。一般而言，合同中的托收條款可規定如下：

1. 即期付款交單

在買賣合同中應規定：「買方應憑賣方開具的即期跟單匯票，於第一次見票時立即付款，付款後交單。」

Upon first presentation the Buyers shall pay against documentay draft drawn by the Sellers at sight. The shipping documents are to be delivered against payment only.

2. 遠期付款交單

在買賣合同中應規定：「買方對賣方開具的見票後××天付款的跟單匯票，於第一次提示時應予承兌，並應於匯票到期日即預付款，付款後交單。」

The Buyers shall duly accept the documentay draft drawn by the Sellers at ×× days sight upon first presentation and make payment on its maturity. The documents are to be delivered against payment only.

3. 承兌交單

在買賣合同中應規定：「買方對賣方開具的見票後××天付款的跟單匯票，於第一次提示時應予承兌，並應於匯票到期日即預付款，承兌後交單。」

The Buyers shall duly accept the documentary draft drawn by the Sellers at ×× days sight upon first presentation and make payment on its maturity. The shipping documents are to be delivered agsinst acceptance.

(三) 買賣合同中的信用證條款

買賣合同中的信用證條款是當交易雙方商定通過信用證方式進行貨款交付時，對貨款交付的具體細節的規定。信用證條款的訂法因進出口合同種類的不同而各異，又因信用證種類的各異而不同。一般而言，買賣合同中的信用證條款可規定如下：

(1) 即期信用證支付條款：「買方應於裝運月份前××天通過賣方可接受的銀行開立並送達賣方不可撤銷的即期信用證，有效期至裝運月份後15天在中國議付。」

The Buyer shall open through a bank acceptablce to the Seller an irrevocable Sight Letter of Credit to reach the Seller ×× days before the month of shipment, valid for negotiation in China until the 15th day after the month of shipment.

(2) 遠期信用證支付條款：「買方應於××年×月×日前（或接到賣方通知後×天內或簽約後×天內）通過××銀行開立以賣方為受益人的不可撤銷（可轉讓）的見票後××天（或裝船日後××天）付款的銀行承兌信用證，信用證議付有效期延至上述裝運期後15天在中國到期。」

The Buyer shall arrange with XX bank for opening an irrevocable (transferable) banker's acceptance Letter of Credit in favor of the Seller before……（or within……days after recript of Seller advice; or within……days after signing this contract）．The said Letter of Credit shall be available by draft（s）at sight (or after date of sipment) and remain valid for negotiation in China until the 15th after the aforesaid time of shipment.

思考與練習題

一、思考題

1. 比較匯票、支票和本票的異同。
2. 簡述匯票的幾種常見票據行為。
3. 簡述承兌交單和付款交單的區別。
4. 試述選擇結算方式要考慮哪幾個方面的因素。
5. 簡述支付方式綜合運用的兩種情形。
6. 將匯付、托收和信用證結算支付方式進行比較，談談在國際貿易中支付方式的選擇與綜合運用的問題。
7. 托收與國際保理相結合的主要作用有哪些？
8. D/P at 60 Days After Sight 和 D/A At 60 Days After Sight 有何區別？各有何風險？
9. 請說明信用證的有效期、交單期與裝運期之間的關係。
10. 若其他條件相同，分別採用 D/P 即期、D/P30 天和 D/A30 天的合同，所對應的單價，哪個最高？哪個最低？為什麼？

二、案例實訓

1. 請回答以下兩種情況下匯票是否有效並說明理由：
（1）匯票上規定「如果甲公司交付的貨物符合合同規定，即支付其金額20,000美金」。
（2）匯票加註「按信用證號碼 LC3456 開立」。
2. 下面三種匯票，哪種匯票可以轉讓？轉讓時有什麼手續？
（1）Pay To ABC Co. Only
（2）Pay To The Order Of ABC Co.
（3）Pay To Bearer。
3. 我某外貿企業與某國 A 商達成一項出口合同，付款條件為付款交單見票後45天付款。當匯票及所附單據通過托收行寄抵進口地代收行後，A 商及時在匯票上履行了承兌手續。貨抵目的港時，由於用貨心切，A 商出具信託收據向代收行借得單據，先行提貨轉售。匯票到期時，A 商因經營不善，失去償付能力。代收行以匯票付款人拒付為由通知托收行，並建議由我外貿企業直接向 A 商索取貨款。對此，你認為我外貿企業應如何處理？
4. 1992 年 10 月，法國某公司（賣方）與中國某公司（買方）在上海訂立了買賣

200臺計算機的合同，每臺CIF上海1000美元，以不可撤銷的信用證支付，1992年12月在馬賽港交貨。1992年11月15日，中國銀行上海分行（開證行）根據買方指示向賣方開出了金額為20萬美元的不可撤銷的信用證，委託馬賽的一家法國銀行通知並議付此信用證。1992年12月20日，賣方將200臺計算機裝船並獲得信用證要求的提單、保險單、發票等單證後，即到該法國議付行議付。經審查，單證相符，銀行即將20萬美元支付給賣方。與此同時，載貨船離開馬賽港10天後，由於在航行途中遇上特大暴雨和暗礁，貨物與貨船全部沉入大海。此時開證行已收到了議付行寄來的全套單據，買方也已知所購貨物全部損失的消息。中國銀行上海分行擬償付議付行支付的20萬美元的貨款，理由是其客戶不能得到所期待的貨物。根據國際貿易慣例，現問：

(1) 這批貨物的風險自何時起由賣方轉移給買方？
(2) 開證行能否由於這批貨物全部滅失而免除其所承擔的付款義務？依據是什麼？
(3) 買方的損失如何得到補償？

5. 寧波市某進出口公司對外推銷某種貨物，該商品在新加坡市場的銷售情況日趨看好，逐漸成為搶手貨。新加坡貿發公司來電擬大批訂購這類商品，但堅持要用匯付方式支付。此時，在寧波公司內部就貨款支付方式問題產生不同的意見，一些業務員認為匯付的風險較大，不宜採用，主張使用信用證方式；但有些人認為匯付方式可行；還有一部分業務員認為托收可行。

試問：如果你是出口公司的業務員，應如何選擇恰當的支付方式？並說明理由。

第七章　爭議的預防與處理

【本章要點】

本章重點介紹合同中的檢驗、索賠條款的主要內容；檢驗時間和地點的規定方法；法定檢驗的概念與性質；不可抗力的含義、範圍及規定方法以及合同中不可抗力條款的主要內容和不可抗力事件的處理原則；解決爭議的辦法尤其是仲裁，包括仲裁的含義和特點，仲裁協議的形式和作用；貿易合同中的仲裁條款的主要內容等。

通過本章的學習，掌握國際貿易中爭議的預防措施以及一旦發生爭議後應如何處理。

【導入案例】

關於爭議的案例

買賣雙方以 CIF 術語達成一筆交易，合同規定賣方向買方出口商品 5000 件，每件 15 美元，以信用證支付方式付款；商品檢驗條款規定：「以出口國商品檢驗局出具的檢驗證書為賣方議付的依據，貨到目的港後，買方有權對商品進行復驗，復驗結果作為買方索賠的依據」，賣方在辦理裝運、製作整套結匯並辦理完結匯手續以後，收到了買方因貨物質量與合同規定不符而向賣方提出索賠的電傳通知及目的港檢驗機構出具的檢驗證明，但賣方認為，交易已經結束，責任應該由買方自負。問：賣方的看法是否正確？為什麼？

第一節　商品檢驗

一、商品檢驗的意義與作用

在國際貨物買賣中，商品檢驗是指對賣方交付貨物的質量、數量和包裝進行檢驗或鑒定，以確定賣方所交貨物是否符合買賣合同的規定。因此，商品檢驗工作是國際貨物買賣中交易雙方交接貨物不可缺少的業務環節。

商品檢驗的作用是為了鑒定商品的品質、數量和包裝是否符合合同規定的要求，借以檢查賣方是否已按合同履行了其交貨義務，並發現賣方所交貨物與合同要求不符時，給予買方以拒收貨物或提出索賠的權利。因此，商品檢驗對保護買方的利益是十分重要的。在磋商交易中，如何訂立檢驗條款，往往是買賣雙方爭論較多的問題

之一。

商品可以由買賣雙方自行檢驗，但在國際貿易中，大多數場合下買賣雙方不是當面交接貨物，而且在長途運輸和裝卸過程中，又可能由於各種風險和承運人的責任而造成貨損。為了便於分清責任，確認事實，往往需要由權威的、公正的商檢機構對商品進行檢驗並出具檢驗證書以資證明。這種由商檢機構出具的檢驗證書，已成為國際貿易中買賣雙方交接貨物、結算貨款、索賠和理賠的主要依據。根據各國的法律、國際慣例及國際公約的規定，除雙方另有約定外，當賣方履行交貨義務後，買方有權對所收到的貨物進行檢驗，如發現貨物不符合合同的規定，而且確屬賣方責任，買方有權要求賣方損害賠償或採取其他補救措施，甚至可以拒收貨物。

國際貨物買賣合同中檢驗條款的主要內容包括：檢驗時間和地點、檢驗機構以及檢驗證書等。

二、商品檢驗的時間和地點

根據國際上的習慣做法和中國的業務實踐，關於買賣合同中商品檢驗時間和地點的規定方法，主要有以下幾種：

(一) 在出口國檢驗

1. 在產地檢驗

在產地檢驗即貨物離開生產地點（如工廠、農場或礦山）之前，由賣方或其委託的檢驗機構人員或買方的驗收人員對貨物進行檢驗或驗收。在貨物離開產地之前的責任，由賣方承擔。

2. 在裝運港/地檢驗

在裝運港/地檢驗即以離岸質量、重量（或數量）（Shipping Quality, Weight or Quantity as Final）為準。貨物在裝運港/地裝運前，由雙方約定的檢驗機構對貨物進行檢驗，該機構出具的檢驗證書作為決定交貨質量、重量或數量的最後依據。按此做法，貨物運抵目的港/地後，買方如對貨物進行檢驗，即使發現質量、重量或數量有問題，但也無權向賣方提出異議和索賠。

(二) 在進口國檢驗

1. 在目的港/地檢驗

在目的港/地檢驗即以到岸質量、重量（或數量）為準（Landing Quality, Weight or Quantity as Final）。在貨物運抵目的港/地卸貨後的一定時間內，由雙方約定的目的港/地的檢驗機構進行檢驗，該機構出具的檢驗證書作為決定交貨質量、重量或數量的最後依據。如果檢驗證書證明貨物與合同規定不符並確屬賣方責任，賣方應予負責。

2. 在買方營業處所或最終用戶所在地檢驗

對一些需要安裝調試進行檢驗的成套設備、機電儀器產品以及在卸貨口岸開件檢驗後難以恢復原包裝的商品，雙方可約定將檢驗時間和地點延伸和推遲至貨物運抵買方營業所或最終用戶的所在地後的一定時間內進行，並以該地約定的檢驗機構所出具的檢驗證書作為決定交貨質量、重量或數量的依據。

（三）出口國檢驗、進口國復驗

這種做法是裝運港/地的檢驗機構進行檢驗後，出具的檢驗證書作為賣方收取貨款的依據，貨物運抵目的港/地後由雙方約定的檢驗機構復驗，並出具證明。如發現貨物不符合同規定，並證明這種不符情況屬賣方責任，買方有權在規定的時間內憑復驗證書向賣方提出異議和索賠。這一做法對買賣雙方來說，比較公平合理，它既承認賣方所提供的檢驗證書是有效的文件，作為雙方交接貨物和結算貨款的依據之一，並給予買方復驗權。因此，中國進出口貿易中一般都採用這一做法。

近年來，在檢驗的時間、地點及具體做法上，國際上也出現了一些新的做法和變化。例如，在出口國裝運前預檢驗，在進口國最終檢驗。即在買賣合同中規定貨物在出口國裝運前由買方派員自行或委託檢驗機構人員對貨物進行預檢驗，貨物運抵目的港/地後，買方有最終檢驗權和和索賠權。採用這一做法，有的還伴以允許買方或其指定的檢驗機構人員在產地或裝運港或裝運地實施監造或監裝。對進口商品實施裝運前預檢驗，這是當前國際貿易中普遍採用的一種行之有效的質量保證措施。在中國進口交易中，對關係到國計民生、價值較高、技術又複雜的重要進口商品和大型成套設備，必要時也應採用這一做法，以保障我方的利益。

三、檢驗檢疫機構

在國際貨物買賣中，商品檢驗工作通常都由專業的檢驗機構負責辦理。各國的檢驗機構，從組織性質來分，有官方的，有同業公會、協會或私人設立的，也有半官方的；從經營的業務來分，有綜合性的，也有只限於檢驗特定商品的。

在具體交易中，確定檢驗機構時，應考慮有關國家的法律法規、商品的性質、交易條件和交易習慣。檢驗機構的選定還與檢驗時間、地點有一定的關係。一般來講，規定在出口國檢驗時，應由出口國的檢驗機構進行檢驗；在進口國檢驗時，則由進口國的檢驗機構負責。但是，在某些情況下，雙方也可以約定由買方派出檢驗人員到產地或出口地點驗貨，或者約定由雙方派員進行聯合檢驗。

除政府設立的官方商品檢驗機構外，世界上許多國家中還有由商會、協會、同業公會或私人設立的半官方或民間商品檢驗機構，擔負著國際貿易貨物的檢驗和鑒定工作。由於民間商品檢驗機構承擔的民事責任有別於官方商品檢驗機構承擔的行政責任，所以，在國際貿易中更易被買賣雙方所接受。民間商品檢驗機構根據委託人的要求，以自己的技術、信譽及對國際貿易的熟悉，為貿易當事人提供靈活、及時、公正的檢驗鑒定服務，受到對外貿易關係人的共同信任。

（一）中國的檢驗機構及其任務

中華人民共和國國家質量監督檢驗檢疫總局（General Administration of Quality Supervision, Inspection and Quarantine of the People's Republic of China），簡稱國家質檢總局（英文簡稱為：AQSIQ），是主管全國出入境衛生檢驗、動植物檢疫、商品檢驗、鑒定、認證和監督管理的行政執法機構。其設在各地的出入境檢驗檢疫直屬機構，即地方出入境檢驗檢疫機構管理其所轄地區內的出入境檢驗檢疫工作。根據《中華人民共

和國商品檢驗法》的規定，中國商品檢驗機構在進出口商品檢驗方面的基本任務有三項：①實施法定檢驗；②對法定檢驗以外的進出口商品實施抽查檢驗；③對進出口商品的檢驗工作實施監督管理。

1. 實施法定檢驗

法定檢驗是指出入境檢驗檢疫機構依據國家法律、行政法規，對規定的進出口商品或有關的檢驗檢疫項目實施強制性的檢驗或檢疫。屬於法定檢驗的出口商品，未經檢驗合格的，不準出口；屬於法定檢驗的進口商品，未經檢驗的，不準銷售、使用。

2. 對法定檢驗以外的進出口商品實施抽查檢驗

經國家質檢總局和有關主管部門審核批准，獲得許可，並依法辦理工商登記的檢驗機構，方可接受委託辦理進出口商品檢驗鑒定業務。國家質檢總局和出入境檢驗檢疫機構依法對經許可的檢驗機構的進出口商品檢驗鑒定業務活動進行監督，並可對其檢驗的商品抽查檢驗。

3. 對進出口商品的檢驗工作實施監督管理

國家質檢總局、地方出入境檢驗檢疫機構通過行政管理手段，對進出口商品的收貨人、發貨人及生產、經營、儲運單位以及經國家質檢總局和有關主管部門審核批准，獲得許可，並依法辦理工商登記的檢驗機構的檢驗工作實施監督管理，以推動和組織有關部門對進出口商品按規定要求進行檢驗。

(二) 國際官方檢驗機構

世界各國為了維護本國的公共利益，一般都制定檢疫、安全、衛生、環保等方面的法律，由政府設立監督檢驗機構，依照法律和行政法規的規定，對有關進出口商品進行嚴格的檢驗管理。這種檢驗稱為法定檢驗、監督檢驗或執法檢驗。以下簡單介紹三個主要經濟發達國家和地區的官方檢驗機構。

1. 美國的官方檢驗機構

美國的商品檢驗，嚴格立法，各項檢驗有章可循。美國政府將產品和服務基礎上檢驗、出證的法律、條例和規定均載入《聯邦法規匯編》（Federal Regulations Assembly），每年修訂補充，重新出版供政府主管部門依照執行。《聯邦法規匯編》由政府書店統一經銷。每一主管機關實施的法律、條例和規定都有一個特定的卷號，查閱極為方便。

在美國，習慣上很少說商品檢驗，而稱產品檢驗。除產品檢驗外，還有服務項目檢驗。聯邦政府設立的產品檢驗機構基本上都是進口、出口、內銷產品檢驗三位一體的主管機關。在美國，官方檢驗機構檢驗進出口商品的權限實行專業化分工，分別由14個部、委、局的有關主管部門負責。

2. 歐盟的官方檢驗機構

歐盟國家的官方檢驗機構，其組織形式與美國類似，也是按商品類別，由政府各部門分管，按有關法律授權或政府認可實施檢驗和監督管理。如德國技術檢驗代理機構網（TUV）獲得官方承認並主管市場的商品質量；英國標準協會（BSI）負責制定標準和實施檢驗、認證等工作；荷蘭衛生部主管藥品和食品，經濟部主管電器和計量器

具、農漁部主管水產品和農產品，環保部主管建材、化工品和危險品，運輸部主管車輛和飛機，社會安全部主管核能的檢驗和監督管理。各部下設相應的檢驗機構，如衛生部下設食品檢驗局、肉品檢驗局；農漁部下設農產品檢驗局等。

歐盟為監控所有的技術法規建立了一個官方/私人機構聯合體系。官方機構負責制定法規，並按產品類別定義其標準及樣品審查制度。私人或半官方機構負責制定強制性及非強制性標準，並執行大部分測試、檢驗、管理任務。法定範圍的活動主要有測試、檢驗及認證、認可。

3. 日本的官方檢驗機構

根據日本國家行政體制，政府各部門在自己分工權限範圍內，對有關進出口商品檢驗工作實行分工管理。通商產業省（分管全國所有工業生產和商業、外貿等事務）負責進出口工業品的檢驗管理；農林水產省（分管全國農林牧漁和食品等的生產）負責全國進出口農林水產品和食品的檢驗和檢疫管理；厚生省（分管全國醫療衛生事務）負責進出口食品、醫藥品等衛生方面的檢驗和管理；運輸省（分管海、陸、空客貨運輸事務）負責進出口商品運載計量和安全方面的檢驗管理。

日本政府對進出口商品檢驗的管理主要有三個方面：
（1）通過國家立法進行管理；
（2）對重點進出口商品實行強制性檢驗；
（3）對民間檢驗機構實行監督管理；

日本《出口檢驗法》規定，每一種指定的出口商品都由行政法規規定其檢驗標準，一旦出口商品質量達不到這些標準規定，不管出口商或進口商擔保與否，都不準出口。指定的商品未經法定檢驗而出口的，將對出口人簽發制止令，並處以罰款。偽造或塗改檢驗機構證書的，將被視為特別嚴重的「偽造公文罪」，其受到的處罰遠遠重於一般的偽造公文罪。

(三) 國際民間檢驗機構

目前在國際上比較有名望、有權威的民間商品檢驗機構有：瑞士通用公證行（SGS）、英國英之杰檢驗集團（IITS）、日本海事檢定協會（NKKK）、新日本檢定協會（SK）、日本海外貨物檢查株式會社（OMIC）、美國安全試驗所（UL）、美國材料與試驗學會（ASTM）、加拿大標準協會（CSA）、國際羊毛局（IWS）、中國商品檢驗公司（CCIC）、英國勞氏船級社（LR）、德國技術監督協會（TUV）、美國保險商實驗室（UL）、美國 SGS 檢驗公司。

四、檢驗證書

檢驗證書（Inspection Certificate）是商檢機構對進出口商品實施檢驗或鑒定後出具的證明文件。常用的檢驗證書有：品質檢驗證書、重量檢驗證書、數量檢驗證書、獸醫檢驗證書、衛生檢驗證書、消毒檢驗證書、植物檢疫證書、價值檢驗證書、產地檢驗證書等。在具體業務中，賣方究竟需要提供哪種證書，要根據商品的種類、性質、貿易習慣以及政府的有關法律法規而定。

商品檢驗證書的作用主要為：

(一) 作為買賣雙方交接貨物的依據

在國際貨物買賣中，賣方有義務保證所提供貨物的質量、數（重）量、包裝等與合同規定相符。因此，合同或信用證中往往規定賣方交貨時須提交商檢機構出具的檢驗證書，以證明所交貨物與合同規定相符。

(二) 作為索賠和理賠的依據

例如，合同中規定在進口國檢驗，或規定買方有復驗權，則若經檢驗貨物與合同規定不符，買方可憑指定檢驗機構出具的檢驗證書，向賣方提出異議和索賠。

(三) 作為買賣雙方結算貨款的依據

在信用證支付方式下，信用證規定賣方需提交的單據中，往往包括商檢證書，並對檢驗證書名稱、內容等做出了明確規定。當賣方向銀行交單，要求付款、承兌或議付貨款時，必須提交符合信用證要求的商檢證書。

(四) 檢驗證書還可以作為海關驗關放行的憑證

凡屬於法定檢驗的商品，在辦理進出口清關手續時，必須提交檢驗機構出具的合格檢驗證書，海關才準予辦理通關手續。

五、買賣合同中的檢驗條款

在國際貿易合同中，進出口商檢條款十分重要。出口商品能否順利地履約交貨，進口商品是否符合合同要求，以及發生問題時能否對外索賠以挽回損失，都與合同中的檢驗條款密切相關。在國際貿易合同中，商檢條款必須訂得合理且比較完整，以避免事後發生糾紛時缺乏明確的依據。因此，需要注意以下七個方面的問題。

(1) 訂立進口商品檢驗條款時，商檢條款要訂得詳細、明確。有關外文商品的名稱要準確；訂購通知單上所註明的品質保證期以及索賠期要與合同正本一致；進口機械、儀器等商品的配套工具時，每套元器件的品名、數量、規格以及品質等，應在合同中或合同附件上訂得明確無誤，以便於驗收；進口貨工產品時，應把主要的理化項目指標註明，有的還要註明技術規格、抗拉強度、抗裂強度以及檢驗方法等，以便貨物到達後的檢驗或索賠；進口有色及黑色類商品時，每批貨號不宜過多過雜，在一定重量內貨號也應有一定的限制。

(2) 訂立出口商品檢驗條款時，出口商品的品質規格條款要訂得明確、具體。出口商品的品質規格條款要訂得明確、具體，避免出現「品質正常」、「無致命物質」等模糊指標；同時品質規格要避免訂得絕對化，應避免檢驗條款中的技術指標訂得過高，超出中國現行標準和實際生產的可能，造成生產困難，導致不能保證對外交貨；對於某些出口商品品質規格的理化指標不宜訂得過死或只有一個絕對值，應規定有上下幅度；憑樣品成交的商品，成交樣品必須能代表實際的貨物，如果小樣不能說明問題，應在合同中輔以文字說明，成交樣品最好訂明一式三份，買賣雙方各一份，另外一份送商檢機構檢驗。

（3）合同中檢驗條款必須明確規定檢驗時間、地點。如有復驗的，必須訂明復驗期限和復驗地點。復驗時間的確定應結合商品檢驗的難易、港口的裝卸能力以及港口的擁擠情況而定，而且要明確復驗期是從何時算起，是從進口日算起、從到貨日期起算還是卸畢日起算。進口時，我方應爭取復驗時間從卸畢日起算。

（4）訂立進口商品的品質、規格條款時，可以直接訂明對商品的品質要求，也可以說明它必須符合某個標準或技術文件的規定，避免使用「大約」、「左右」、「良好品質」、「先進設備」等模糊規定；如果是憑樣成交，要在合同中訂明成交品的特徵，確實不能用文字描述的，要對成交品做上各種標記或封識，並在合同中加以說明；對於進口原材料，應根據國內生產和使用的需要，訂明具體的品質、規格和成分，訂好理化方面的主要項目指標，並明確上下幅度的具體數據；有關進口商品的安全、衛生等方面的要求，要按國家法律和相關法規的規定在合同中訂明；對於進口的有色金屬和黑色金屬材料，要在合同中訂明其品質、規格和成分的具體要求以及物理性能實驗和化學分析實驗的數據要求。

（5）訂立數量條款時，合同中的數量條款應當完整、準確。具體來說，首先必須在合同中明確規定交易貨物的具體數量和計量單位，要注意不同計量單位之間的換算。其次還必須在合同中訂明計量方法，是「淨重」還是「毛重」，是「衡器計重」、「水尺計重」還是「容量計重」。國際上，糧食、糖類等大多用「衡器計重」，大宗產品多用「水尺計重」，而液體散裝則用「容量計重」。另外，在合同中規定「溢短裝條款」，也就是交貨數量的機動幅度，溢短裝條款應以訂明百分數為妥，即規定交貨數量可以比合同數量多或少百分之幾，而對於溢短裝數量的計價方法一般按合同單價計算，也可以在合同中規定其他辦法。

（6）訂立包裝條款時，規定也要具體明確。對不同性質商品的包裝應予以不同的規定，避免使用有可能引起爭議的包裝術語，如「適合海運包裝」、「習慣包裝」等；對於精密機械儀器和貴重商品，應增加防潮、防銹、防震乃至防盜等具體要求；包裝費用一般包含在貨價內，但如果買方要求特殊包裝，則可以增加包裝費用，此時必須在合同中訂明如何計費以及何時收費；如果包裝材料或運輸標誌由買方提供，則合同中應明確包裝材料或運輸標誌提供時間以及逾期不到時買方應負的責任。

（7）訂立運輸條款時，要在合同中明確裝運時間、裝運港和目的港、裝運通知、分批以及轉船等內容。

例如：買賣雙方同意以裝運港（地）中國出入境檢驗檢疫局（中華人民共和國國家質量監督檢驗檢疫總局/中國進出口商品檢驗局）簽發的質量和重量（數量）檢驗證書作為信用證項下議付提交的單據的一部分，買方有權對貨物的質量和重量（數量）進行復驗，復驗費由買方負擔。

但若發現質量和/或重量（數量）與合同規定不符時，買方有權向賣方索賠，並提供經賣方同意的公證機構出具的檢驗報告。索賠期限為貨物到達目的港（地）後××天內。

It is mutually agreed that the Certificate of Quality and Weight (Quantity) issued by the China Exit and Entry Inspection and Quarantine Bureau (by the AQSIQ, by the China Import and Export Commodity Inspection Bureau) at the port/place of shipment shall be part of the documents to be presented for negotiation under the relevant L/C. The Buyers shall have the right to reinspect the quality and weight (quantity) of the cargo. The reinspection fee shall be borne by the Buyers.

Should the quality or weight (quantity) be found not in conformity with that of the contract, the buyers are entitled to lodge with the sellers a claim which should be supported by survey reports issued by a recognized surveyor approved by the Sellers. The claim, if any, shall be lodged within ×× days after arrival of the cargo at the port/place of destination.

2000年1月20日，中國香港甲公司和中國乙公司在簽訂合同，雙方約定乙公司向甲公司購買韓國生產的手機零配件，合同的總金額為8萬美元，最遲不應晚於2月10日發運。甲公司對產品的質量保證期為貨物到達目的地後12個月。2月7日，甲公司向乙公司提供合同規定的產品。

2月20日貨到後，乙公司請檢驗公司進行了檢驗，出具了檢驗證明。2001年3月25日，乙公司在使用過程中，發現部分產品有質量問題，致函甲公司，要求換貨。如果不能換貨，則要求退貨，並要求甲公司承擔有關費用損失。甲公司回函稱，乙公司在貨物入庫前已詳細檢查、核對，且已投入使用，因而拒絕賠償。

由於乙公司對合同項下貨物的品質存在異議，2001年4月2日，在收貨13個月後，自行將合同項下的貨物送交中國商品檢驗機構檢驗。檢驗機構出具的檢驗證書證明，該批貨物有5項存在缺陷，發貨前已存在，系製造不良所致。4月5日，乙公司據此提起仲裁，要求甲公司賠償5萬美元。甲公司認為，乙公司不能證明第二次送檢的產品系交貨時的產品，且第二次商檢的時間已經超過索賠有效期，商檢證書不能發生效力。

問：如果你是仲裁員，應如何審理判決？

第二節　索賠與理賠

國際貨物買賣合同一經成立，買賣雙方當事人就要受合同的約束，嚴格按合同規定的各項交易條件履行自己的義務。然而，國際貨物買賣合同的履行需要一段時間和經歷許多環節，一旦任何一個環節出問題都會影響到合同的順利履行。加上市場情況千變萬化，如匯率的波動、市場行情的變化以及雙方當事人之間的資信和經營狀況的變動等，一旦出現了對一方當事人不利的變化，就有可能導致其不履行合同或不完全履行合同的義務，而給另一方當事人造成損害，從而引起爭議。所以，合同當事人如何利用有關法律的規定有效地保護自身的權利是非常重要的。為此，本節就違約、一方當事人違約後另一方當事人可以採取的救濟措施以及國際貿易中最常用的救濟方法損害賠償加以介紹。

一、違約的含義

違約又稱為違反合同，是指合同一方當事人沒有履行或沒有完全履行合同中規定的義務的行為。

國際貨物買賣合同是確定雙方當事人權利和義務的法律文件。任何一方當事人如不履行合同義務，或者不完全履行合同義務，這在法律上就構成違約，除合同或法律上規定屬於不可抗力原因造成外，違約方需承擔違約的責任。

根據國際條約和各國法律的規定，不同性質的違約行為，其承擔的違約責任是不一樣的。但各國法律對於違約行為性質的劃分有很大的差異：有的國家是以合同中交易條件的主次為依據進行劃分，而有的國家是以違約所造成的後果為依據進行劃分。

二、對違約的分類

（一）英國法律將違約分為違反要件和違反擔保

所謂違反要件是指違反合同中帶實質性的主要交易條件，如賣方交貨的質量或數量不符合同規定，或不按合同規定的期限交貨等。如當事人一方的是違反要件，則受損害的一方除可要求損害賠償外，還有權解除合同。如違反的是合同中的次要條件，稱為違反擔保或違反隨附條件，則受損害一方不能解除合同，但有權請求違約的一方給予損害賠償。

（二）美國法律將違約分為重大違約和輕微違約

所謂重大違約是指一方當事人的違約，以致使另一方當事人無法取得該交易的主要利益。在此情況下，受損害的一方有權解除合同，並要求損害賠償。如果一方違約，並未影響到對方在該交易中取得的主要利益，則為輕微違約，受損害的一方只能請求損害賠償，而無權解除合同。

（三）《聯合國國際貨物銷售合同公約》將違約分為根本違約和非根本違約

所謂根本違約是指一方當事人違反合同的結果，如使另一方當事人蒙受損害，以至於實際剝奪了他根據合同規定有權期待得到的東西，即為根本違反合同。如一方違反合同構成根本違反合同時，受損害的一方就有權宣告合同無效，同時有權向違約方提出損害賠償的要求。如違約的情況尚未達到根本違反合同的程度，則受損害的一方就只能請求損害賠償而不能宣告合同無效。

各國法律及國際條約對違約行為的區分有不同的方法，對於不同的違約行為應承擔的違約責任或受損害方可以採取的救濟措施也有不同的規定。因此，在瞭解各國法律及國際條約規定的基礎上，訂好合同中的索賠條款，並在合同的履行中正確運用法律規定來保障我方的權益，是十分必要的。

三、違約的救濟方法

在實際業務中不可避免地會發生一方當事人違約的情形。一旦一方當事人違約後，

另一方當事人可以採取何種救濟措施，各國法律和國際條約都作了明確的規定。由於目前世界上最主要的貿易大國，如美國、德國、法國、義大利、荷蘭、加拿大、澳大利亞以及中國等國，均是《聯合國國際貨物銷售合同公約》（以下簡稱《公約》）的成員國。所以，我們在此將重點介紹《公約》關於違約救濟方法的規定。

(一) 賣方違約的情形及救濟方法

《公約》規定，賣方的基本義務為按合同規定的時間交付符合合同規定的貨物，移交一切與貨物有關的單據並轉移貨物的所有權。在實踐中，賣方違反合同主要是指賣方不交貨或延遲交貨或交付的貨物與合同不符的規定。《公約》對賣方違約時買方可以採取的救濟方法作了如下規定。

1. 要求賣方實際履行合同

《公約》四十六條第（一）款規定：「買方可以要求賣方履行義務，除非買方已採取與此要求相抵觸的某種補救辦法。」《公約》的這一規定主要是針對賣方不交貨而採取的一種救濟方法。按此規定，如果賣方不交付貨物，買方可以要求賣方繼續履行其交貨的義務。但如果買方已採取宣告合同無效，另行購買貨物等相抵觸的救濟方法，則不能向賣方提出此項要求。

2. 要求賣方交付替代貨物

《公約》第四十六條第（二）款規定：「如果貨物不符合同，買方只有在此種不符合同情形構成根本違反合同時，才可以要求交付替代貨物。」《公約》的此項救濟方法主要是針對賣方交付貨物與合同不符的規定，並且情形已構成根本違約。《公約》之所以規定只有在根本違約的情形下才可以要求交付替代的貨物，主要是考慮到公平原則。因為國際貨物買賣往往要經過長途運輸並辦理許多手續，在採用交付替代貨物這種救濟方法後，賣方首先要對與合同不符的貨物進行處理，然後再將另一批替代貨物運送給買方。如果不是在根本違約的情形下而要求賣方採取該項救濟方法，則有可能產生賣方因交付替代貨物而支付的費用超過了買方的損失。這樣顯然對賣方不公平。

3. 要求賣方修理貨物

《公約》第四十六條第（三）款規定：「如果貨物不符合同，買方可以要求賣方通過修理對不符合同之處做出補救，除非他考慮了所有情況之後，認為這樣做是不合理的。」這一救濟方法主要是適用於貨物不符合同，但尚未嚴重到構成根本違反合同程度的情形。但是如果情況表明，買方要求賣方對貨物進行修理是不合理的，則買方不能採取該救濟方法。如貨物的不符明顯輕微，只要稍做修理即可做到符合合同的規定，這時買方可自行或請人代為修理，由此而產生的費用可以要求賣方賠償。

4. 規定一段合理的額外時間讓賣方履行合同義務

《公約》第四十七條第（一）款規定：「買方可以規定一段合理時限的額外時間，讓賣方履行其義務。」這是《公約》針對賣方延遲交貨的情況對買方可以採取的補救措施而做出的規定，只要賣方延遲交貨的情形尚未構成根本違反合同，買方就不能立刻宣告合同無效，而是應給予賣方一段合理的額外時間。同時，《公約》第四十七條第（二）款還規定：「除非買方收到賣方的通知，聲稱他將不在所規定的時間內履行義務，

買方在這段時間內不得對違反合同採取任何補救辦法。但是，買方並不因此喪失他對遲延履行義務可能享有的要求損害賠償的任何權利。」

5. 要求賣方減低貨物價格

《公約》第五十條規定：「如果貨物不符合同，不論價款是否已付，買方都可以減低價格，減價按實際交付的貨物在交貨時的價值與符合合同的貨物在當時的價值兩者之間的比例計算。」《公約》此項規定主要是針對賣方交付貨物不符合同規定的情形而定的。同時《公約》還規定，如果賣方已根據規定對任何不符之處做出補救，或者買方拒絕接受賣方所作的補救，則買方不得要求降低價格。

6. 宣告合同無效

《公約》第四十九條第（一）款規定，買方在以下情形下可以宣告合同無效：

（1）賣方不履行其在合同或本公約中規定的任何義務，構成根本違反合同；

（2）如果發生不交貨的情況，賣方不在買方規定的額外時間內交付貨物，或賣方聲明他將不在所規定的時間內交付貨物。

7. 請求損害賠償

賣方違約後買方有權請求損害賠償。《公約》第四十五條第（二）款規定，買方可能享有的要求損害賠償的權利，不因他行使採取其他補救方法的權利而喪失。

(二) 買方違約的情形及救濟方法

《公約》規定，買方的基本義務是按合同規定支付貨物價款和收取貨物。在實踐上，買方違約主要是買方不付款、延遲付款、不收取貨物以及延遲收取貨物。《公約》對買方違約時賣方可以採取的救濟方法作了如下規定：

1. 要求買方實際履行合同

《公約》第六十二條規定，賣方可以要求買方支付價款、收取貨物或履行他的其他義務，除非賣方已採取與此要求相抵觸的某種補救辦法。《公約》的此項規定主要是針對買方不付款或不收取貨物的情形，賣方可以採取的救濟方法。

2. 規定一段合理的額外時間讓買方履行合同義務

《公約》第六十三條第（一）款規定，賣方可以規定一段合理時限的額外時間，讓買方履行義務。此項規定主要是針對買方不按時付款或收取貨物時，賣方可以規定一段合理的額外時間讓買方履行其義務。同時《公約》也規定，除非賣方收到買方的通知，聲稱他將不在所規定的時間內履行義務，賣方不得在這段時間內對違反合同採取任何補救辦法。但是，賣方並不因此喪失他對遲延履行義務可能享有的要求損害賠償的任何權利。

3. 宣告合同無效

《公約》第六十四條第（一）款規定，賣方在以下情況下可以宣告合同無效：

（1）買方不履行其在合同或本公約中的任何義務，等於根本違反合同。

（2）買方不在賣方規定的額外時間內履行支付價款的義務或收取貨物，或買方聲明他將不在所規定的時間內履行支付價款的義務或收取貨物。

169

4. 請求損害賠償

買方違約後賣方有權請求損害賠償。《公約》第六十一條第（二）款規定，賣方可能享有的要求損害賠償的權利，不因他行使採取其他補救方法的權利而喪失。

(三) 損害賠償

從上述買賣雙方違約後對方可以採取的救濟方法來看，損害賠償是《公約》規定的主要違約救濟方法，它既可以單獨使用，也可以與其他救濟方法一起使用。

關於損害賠償的範圍，《公約》第七十四條規定，一方當事人違反合同應負的損害賠償額，應與另一方當事人因他違反合同而遭受的包括利潤在內的損失額相等。這種損害賠償不得超過違反合同一方在訂立合同時，依照他當時已知道或理應知道的事實和情況，對違反合同預料到或理應預料到的可能損失。

關於損害賠償的計算方法，《公約》第七十五條規定，如果合同被宣告無效，而在宣告無效後一段合理時間內，買方已以合理方式購買替代貨物，或者賣方已以合理方式把貨物轉賣，則要求損害賠償的一方可以取得合同價格和替代貨物交易價格之間的差額以及按照《公約》第七十四條規定可以取得的任何其他損害賠償。同時《公約》第七十六條規定：

（1）如果合同被宣告無效，而貨物又有時價，要求損害賠償的一方，如果沒有根據《公約》第七十五條規定進行購買或轉賣，則可以取得合同規定的價格和宣告合同無效時的時價之間的差額以及按照《公約》第七十四條規定可以取得的任何其他損害賠償。但是，如果要求損害賠償的一方在接收貨物之後宣告合同無效，則應適用接收貨物時的時價，而不適用宣告合同無效時的時價。

（2）為上一款的目的，時價是指原應交付貨物地點的現行價格，如果該地點沒有時價，則指另一合理替代地點的價格，但應適當地考慮貨物運費的差額。

另外，《公約》第七十七條還規定，受損害的一方必須按情況採取合理措施，減輕由於該另一方違反合同而引起的損失，包括利潤方面的損失。如果他不採取這種措施，違反合同一方可以要求從損害賠償中扣除原可以減輕的損失數額。

四、索賠

如上節所述，損害賠償是《公約》規定的主要救濟方法，而在實際業務中，一旦發生爭議，索賠也是主要和首選的解決爭議的辦法。

(一) 索賠的含義

索賠（Claim）是指買賣合同的一方當事人因另一方當事人違約致使其遭受損失而向另一方當事人提出要求損害賠償的行為。所以，索賠實際上是損害賠償這種救濟方法在實際業務中的運用。

一方當事人對於另一方當事人提出的索賠進行處理即為理賠。有索賠就必然會有理賠，索賠和理賠是一個問題的兩個方面。

(二) 索賠的注意事項

在對外索賠和理賠工作中，索賠的依據、索賠的期限以及如何約定索賠的金額都

是在合同中加以明確規定的問題。

1. 索賠的依據

一方當事人向另一當事人提出索賠時必須有充分的依據。索賠的依據包括：法律依據和事實依據。法律依據是指買賣合同的相關規定和適用的法律條款；事實依據是指違約的事實及其書面證明。索賠時，如果證據不全、證據不足以及出證機構不符合要求等，都有可能遭到拒賠。在實際業務中，在簽訂合同時一般都在合同中規定索賠時應具備的證據以及出證機構。

2. 索賠的期限

索賠的期限是指一方當事人違約後另一方當事人有權向對方提出索賠的期限。

按照有關法律和慣例的規定，受損害的一方只能在規定或法定的期限內向對方提出索賠；否則，即喪失索賠的權利。索賠的期限有約定和法定兩種。法定索賠期限是指根據有關法律規定，所損害的一方有權向對方索賠的期限；約定索賠期限是指買賣雙方經磋商後在合同中明確規定的索賠期限。在合同中約定索賠期限時一般要考慮貨物的性質、運輸的方式和線路的長短等。《中華人民共和合同法》規定，涉及貨物買賣合同提起訴訟或者申請仲裁的期限為四年，自當事人知道或理應知道其權利受到侵犯之日起算。由於法定索賠期限只能是在買賣合同未約定索賠期限時才起作用，而且約定索賠期限的效力可超過法定索賠期限，因此，在買賣合同中根據商品的性質以及運輸等實際情況約定索賠的期限是十分必要的。同時，對於有質量保質期的商品，如在質量保質期出現質量問題，買方有權憑相關的證明文件向賣方索賠，而不受索賠期限的限制。

3. 索賠金額

如果買賣雙方在合同中約定了損害賠償的金額或計算損害賠償金額的方法，則應按約定的金額或根據約定的計算方法計算出的金額進行索賠。如果買賣雙方當事人在合同中未作具體規定，則依有關法律規定辦理。如上節所述，《公約》對損害賠償的範圍以及計算方法作了明確的規定。

國際貨物買賣履約時間長、涉及面廣，業務環節多，一旦在貨物的生產、採購運輸、支付等任何一個環節發生意外，都有可能導致合同不能順利履行。再加上國際市場上匯率、行情多變，一旦發生對一方當事人不利的變化時，他就有可能不履行或不完全履行合同義務，致使另一方當事人的權利受到損害，從而導致索賠。因此，在實際業務中，本著公平合理、實事求是的原則，在充分調查研究，查清事實，分清責任的基礎上，依據合同和有關法律的規定，正確處理好索賠和理賠工作是關係到企業和國家權益和聲譽的重要工作。

五、合同中的索賠條款

為了便於在履行合同的過程中一旦出現違約而產生索賠時有依據，買賣雙方在商訂合同時一般都會在合同中訂立索賠條款。在實際中，索賠條款可根據不同的需要作不同的規定。其形式主要有兩種：一種是異議與索賠條款；另一種是違約金條款。

(一) 異議與索賠條款

異議與索賠條款（Discrepancy and Claim Clause）一般是針對賣方交貨品質、數量或包裝不符合合同規定而訂立。其主要內容包括以下幾個方面：
（1）明確一方如違反合同，另一方有權提出索賠。
（2）索賠依據，規定索賠時需提供的證明文件以及出證機構。
（3）索賠期限，包括索賠有效期和品質保證期。
（4）賠償損失的估損辦法和金額等。如規定所有退貨或索賠所引起的一切費用（包括檢驗費）及損失均由賣方負擔等。

例如：在貨到目的口岸45天內如發現貨物品質、規格和數量與合同規定不附，除屬保險公司或船方責任外，買方有權憑中國商檢機構出具的檢驗證書或有關文件向賣方索賠。

Within 45 days after the arrival of the goods at the destination, should the quality, Specifications or quantity be found not in conformity with the stipulations of the contract except those claims for which the insurance company or the owners of the vessel are liable, the Buyers shall, have the right on the strength of the inspection certificate issued by the C. C. I. C and the relative documents to claim for compensation to the Sellers.

異議與索賠條款通常與商檢條款結合使用，異議索賠條款中所規定的索賠期限也就是商檢條款中買方有權對貨物進行復驗的有效期限。

(二) 違約金條款

違約金條款（Liquidated Damage Clause）是指合同中規定如由於一方未履約或未完全履約，應向對方支付一定數量的約定金額。金額的多少視延誤時間長短而定，並規定最高罰款金額。這一條款的規定一般適用於賣方延期交貨或買方延期接貨或延期開立信用證等情況。它的特點是在合同中預先約定賠償金額或賠償的幅度。

例如，有的合同規定：「如賣方不能按期交貨，在賣方同意由付款行從議付貨款中扣除罰金的條件下，買方可同意延長交貨。但是因延期交貨的罰金不得超過貨物總金額的5%，罰金按每7天收取0.5%，不足7天按7天計算。如賣方未按合同規定的裝運期交貨，延長10周時，買方有權撤銷合同，並要求賣方支付上述延期交貨罰金」。

Should the sellers fall to make delivery on time as stipulated in the contract, the Buyer shall agree to postpone the delivery on the condition that the sellers agree to pay a penalty which shall be deducted by the paying bank from the payment under negotiation. . But the total amount of penalty, however, shall not exceed 5% of the total value of the goods involved in the late delivery. The rate of penalty is charged at 0.5% of the total value of the goods whose delivery has been delayed for every seven days. Odd days less than seven days should be counted as seven days. In case the seller fail to make delivery ten weeks later than the time of shipment stipulated in the contract, the Buyers shall have the right to cancel the contract and the Seller, in spite of the cancellation shall still pay the aforesaid penalty to the Buyers without delay.

在訂立罰金條款時，要注意各國的法律對於罰金條款持有不同態度和不同的解釋與規定。在法、德等國家的法律上，對合同中的罰金條款是予以承認和保護的。由於罰金是對違約的懲罰，因此這些國家的法律認為，罰金的支付，並不能解除賣方的交貨義務。如賣方根本不履行交貨義務，仍要承擔因此而給買方造成的損失。但在美、英等英美法系國家的法律上則有不同的解釋。例如，在英國的法律上，對合同中訂有固定賠償金額條款，按其情況分為兩種性質：一種是作為預定損害賠償金額（Liquidated Damage）。預定損害賠償金額是指雙方當事人在訂立合同時，根據估計可能發生違約所造成的損害，事先在合同中規定賠償的百分比。另一種是作為罰款。罰款是指當事人為了保證合同的履約，對違約一方徵收的罰金。對於雙方當事人預先約定的賠償金額，究竟屬於預定的損害賠償金額還是罰金，全憑法院根據具體案情做出它認為適當的解釋，而不在於雙方當事人在合同中採用什麼措詞。按照英國法院的主張：如屬預定損害賠償金額，不管損失金額的大小，均按合同規定的固定金額判付；反之，如屬罰金，對合同規定的固定金額不予承認，而根據受損方所遭受的實際損失確定賠償金額。因為這些國家的法律認為對於違約只能要求損害賠償，而不能予以懲罰。因此，在與英美法系國家訂立國際貨物買賣合同時應慎用罰金條款。

《中華人民共和國合同法》（以下簡稱《合同法》）規定，當事人可以在合同中約定，一方當事人違約時，向另一當事人支付違約金；也可以約定因違約產生的損害賠償額的計算方法。合同中約定的違約金，視為違反合同的損害賠償。因此，《合同法》還規定：「約定的違約金低於造成損失的，當事人可以請求人民法院或者仲裁機構予以增加；約定的違約金過分高於造成損失的，當事人可以請求人民法院或者仲裁機構予以適當減少。」違約金的約定並不是毫無限制的自由約定，而要受到國家法律的正當干預。這種干預是通過法院或仲裁機構適當減少或者增加的方法來實施的。違約一方支付違約金並不當然免除繼續履行義務，受害方要求履行合同，而違約方有繼續履行能力的，必須繼續履行。

(三) 定金罰則

定金是指合同一方當事人根據合同的約定預先支付給另一方當事人一定數額的金錢，以保證合同的訂立、合同的成立、擔保合同的履行、保留合同的解除權等。

《合同法》規定，定金是作為債權的擔保而存在的。定金制度的內容包括：

(1) 定金由雙方當事人約定；
(2) 債務人履行債務後定金應抵作價款或者收回；
(3) 定金罰則。

支付定金一方當事人不履行約定的債務的，無權請求返還定金。收受定金一方當事人如果不履行合同約定的義務，應當雙倍返還定金。

從以上可以看出，只要設定定金，無論誰不履行合同，都要損失與定金數額相等的金錢。這就是定金法則。

在當事人既約定了違約金，又約定了定金的情況下，一方違約時，對方可以選擇是適用違約金條款還是定金條款。

中國某進出口公司與某外商簽訂了 1 億條沙包袋出口,交貨期限為合同成立後的 3 個月內,價格條款為 1 美元 CIF 香港,違約金條款為:如合同一方在合同履行期內未能履行合同規定的義務,則必須向另一方支付合同總價 3.5% 的違約金。中方公司急於擴大出口、賺取外匯,只看到利潤優厚,未實際估計自己是否有能力履行合同,便與外商訂立了合同。而實際上中方公司並無在 3 個月內加工 1 億條該類沙包袋的能力。合同期滿,能夠向外方交付的沙包袋數量距 1 億條還相差很遠。中方無奈,只有將已有的沙包袋向外方交付並與之交涉合同延期。外方態度強硬,以數量不符合規定拒收,並以中方公司違約而要求按合同支付違約金。雙方協商未果,最後中方某進出口公司只得向對方支付違約金 300 多萬美元,損失巨大。我方應從此案例中吸取什麼教訓?

第三節　不可抗力

國際貿易合同是雙方當事人在特定的環境條件下簽訂的。如果在合同的履行過程中,合同賴以存在的環境條件發生了非常人所不能預見和控制的變化,使得合同的履行受阻,那麼依據法律規定,不能履行合同義務的一方當事人可以免責。但在實踐中,究竟哪些事件的發生可以構成當事人的免責,雙方當事人容易發生分歧,而且各國法律的解釋也不完全一致。因此,雙方當事人需要在合同中擬定一項條款,即不可抗力條款。

一、不可抗力的含義和範圍

(一) 不可抗力的含義

不可抗力(Force Majeure)又稱人力不可抗拒,是指簽訂合同以後,不是由於當事人的過失,而是由於發生了當事人不能預見、不能避免而且不能克服的情況,以致不能履行合同或不能按期履行合同,有關當事人即可根據合同或法律的規定免除不履行合同或不能按期履行的責任。不可抗力在各國法律中都是免責事由,因此不可抗力條款是一種免責條款。

所謂不能預見,是指在該種情況下,合同當事人對這個事件是否發生是不可能預見的。所謂不能避免是指儘管當事人對可能出現的意外情況採取了及時、合理的措施,但客觀上仍不能防止這一意外情況的出現。如果該事件的發生完全可以通過當事人及時、合理的作為而避免,則不屬於不可抗力,如盜竊。所謂不能克服則是針對該事件所造成的損失結果而言,即這種損失是無法挽回和縮小的。

從國際貿易的角度講,確立不可抗力制度的意義有兩個方面:一方面不可抗力制度有利於保護無過錯當事人的利益;另一方面可以促使買賣雙方在從事交易時,充分預測未來可能發生的風險,並在風險發生後合理地解決風險損失的分擔問題,從而達到合理規避風險、鼓勵交的目的。

(二) 不可抗力的範圍

根據國際貿易慣例和多數國家有關法律的解釋，不可抗力主要包括自然現象和社會因素兩部分。自然因素如火災、水災、雪災、旱災、冰災、地震、臺風、洪水、海嘯、山體滑坡、泥石流等；社會因素如戰爭、動亂、罷工、政府禁令等。其中，對於自然力引起的各種災害以及戰爭、嚴重的動亂作為不可抗力事件，國際上的解釋比較一致；而將罷工、政府禁令等作為不可抗力事件，各國在解釋上經常發生分歧。

在國際貿易實踐中，對不可抗力的認定是很嚴格的。某些事故，如簽約後的價格上漲和下跌、貨幣的突然升值和貶值，雖然對當事人來說是無法控制的，但這是交易中常見的現象，並不是不可預見的，所以不屬於不可抗力的範疇。只有簽約後發生了當事人不可預見、無法預防和避免的自然力量或社會力量造成的自然災害和意外事故才屬於不可抗力事故。因此，不可抗力必須具備以下三個方面的特徵：①意外事件必須發生在合同簽訂以後；②不是因為當事人雙方自身的過失或疏忽而導致的；③意外事件是當事人雙方所無法預見、無法預防、無法避免和無法控制的。

另外，如果在合同履行中遇到不能預見、不能避免和克服的客觀事件，但並沒有導致當事人不能履行合同，則此種事件不應被視為不可抗力。

值得注意的是，有的賣方總是力圖擴大不可抗力的範圍，以便日後發生問題時，有更多的理由為自己開脫責任。所以，有時候賣方除了把各種自然災害列入外，還把爆炸、操作過程中的意外事故，政府命令、各種限制性的國家行為，戰爭預兆、戰爭狀態、戰爭行為，停船命令，罷工、怠工、關閉工廠等勞資糾紛，流行病，貨物集運中的事故，原材料缺乏，原配件供應不及時等生產過程中的事故，以及航運及陸運公司的怠慢，出航沒有按預定日期等，統統歸入不可抗力的範圍。對此，作為買方就應該認真分析研究，區別不同情況，做出不同處理，不能無原則地接受。對於確實屬於不可抗力的，理應接受；而對於一些含義不清或根本不屬於不可抗力範圍的事件，如戰爭預兆、航運公司怠慢等解釋上很容易引起分歧、沒有確定標準的概念，則不應列入不可抗力範圍。

二、合同中不可抗力條款的規定

中國進出口合同中的不可抗力條款，主要有以下三種規定方式：

(一) 概括式

所謂概括式即對不可抗力事件作籠統的提示，這種規定方式容易引起爭議。因為對於不可抗力的範圍，國際上並沒有統一的規定。一旦發生爭議，只能由法院對當事人的意思進行解釋。

例如：If either party is delayed or prevented from performing its obligations under this Contract by circumstances beyond the reasonable control of either party, such performance shall be suspended, and if it cannot be completed within a reasonable time and after the due date as specified in the Purchase Order, then the Contract may be cancelled by either party.

由於發生超出任何一方合理控制範圍之外的情形，阻礙或使任一方延遲履行合同

項下的義務，這時應暫緩對義務的履行，如果不能在合理的時間內完成且在訂單規定的到期日之後，則任一方可以取消合同。

(二) 列舉式

所謂列舉式即把屬於不可抗力的事件一一羅列出來，並說明如發生合同列明的事件使當事人無法履約時，可予免責。這種規定方法，雖明確具體但文字繁瑣，而且由於把不可抗力限制在合同約定的範圍之內，就意味著雙方當事人在訂約時，已把其他意外事件排除在不可抗力範圍之外。由於不可抗力事件較多，就可能出現遺漏情況。

例如：Parties shall not be responsible in part or in full for the performance of obligations contained in the present Contract if this non‐performance is the result of force‐majeure circumstances which may arise after the conclusion of the Contract as a result of extraordinary conditions which the Parties could neither foresee nor prevent with reasonable measures. These circumstances include: flood, fire, earthquake and other natural phenomena, acts or actions of governmental bodies.

當出現不可抗力時，各方不能預見或實施合理的預防措施時，各方不承擔部分或全部合同中應履行的義務。這些情況包括洪水、火災、地震等自然現象或政府當局的行動。

(三) 綜合式

所謂綜合式即在合同中既概括不可抗力的具體含義，又列舉屬於不可抗力範圍的事件。這種規定辦法，既明確具體，又有一定的靈活性，是最為常用的一種方式。中國一般都採取這種規定辦法。

例如：Any event or circumstance beyond control shall be regarded as Force Majeure but not restricted to fire, wind, flood, earthquake, explosion, rebellion, epidemic, quarantine and segregation. In case either party that encounters Force Majeure fails to fulfill the obligation under the contract, the other party should extend the performance time by period equal to the time that Fore Majeure will last.

如果遭遇無法控制的時間或情況應視為不可抗力，但不限於火災、風災、水災、地震、爆炸、叛亂、傳染、檢疫、隔離。如果不可抗力一方不能履行合同規定的義務，另一方應將履行合同的時間延長，所延長的時間應與不可抗力事件的時間相等。

三、不可抗力的通知和證明

(一) 不可抗力的通知

不可抗力發生後，發生事故的一方負有及時通知對方的責任。對此，《聯合國國際貨物銷售合同公約》明確規定，不履行義務的一方必須將障礙及其對他履行義務能力的影響通知另一方，如果當事人一方未及時通知而給對方造成損害的，則應負賠償責任。根據中國《合同法》規定，當事人一方因不可抗力不能履行合同的，應在合理期限內提供證明。因此，發生不可抗力時，事故的一方應當在合理的期間內或者在合同

約定的時間內取得遭遇不可抗力的證明文件，並將有關資料和該證明及時提供給對方，以證明不可抗力事件發生及影響當事人履行合同的具體情況。因此，合同中的不可抗力條款應明確規定發生不可抗力後通知對方的期限和方式；另一方接到不可抗力事件的通知和證明文件後，應根據事件性質，決定是否確認其為不可抗力事件，並把處理意見及時通知對方。

(二) 不可抗力的證明

不可抗力的證明應當採取書面形式。不可抗力的證明書（Force Majeure Certificate）一般由專門機構出具，在國外，大多由當地的商會或登記註冊的公證行出具；在中國，可通過中國國際貿易促進委員會（即中國國際商會）出具。必要時，應在合同中明確規定出證機構。

2008年初中國南方地區發生特大雪災時，中國國際貿易促進委員會及地方分支會出證認證部門，及時為企業出具雪災證明，涉及合同金額3.3億元人民幣，其中除一家歐洲客戶不接受中方出具的任何形式免責證明外，其他國外客戶均接受了中國國際貿易促進委員會出具的雪災證明，同意中方企業延期履行合同或解除合同，並免除中方企業逾期履行合同或不履行合同的責任。

四、不可抗力的處理

不可抗力事件發生後對合同產生實質影響的情況可以分為三種：①造成合同完全不能履行；②造成合同部分不能履行；③造成合同不能按時履行。因此，發生不可抗力事故後，主要有兩種處理方式：一種是解除合同；另一種是變更合同。所謂變更合同是指由一方當事人提出並經另一方當事人同意，對合同內容作適當修改，包括延期履行、分期履行、替代履行等，其中延期履行是變更合同的最主要的一種方式。究竟採用何種方式處理，應視事故的原因、性質、規模及其對履行合同所產生的實際影響程度而定，也可以由雙方當事人在合同中作具體規定。因為解除合同和延期履行對當事人的影響是不一樣的，如果解除合同或延期履行的條件規定得不明確，在市場行情發生變化時，就會出現一方當事人主張只能延期履行的情況。如果合同中未作規定，一般的解釋是，如不可抗力事件致使合同履行成為不可能，則可解除合同；如不可抗力事件只是暫時阻礙了合同的履行，則延期履行合同。

另外，根據中國《合同法》規定，當事人延期履行合同後發生不可抗力的，不能免除違約責任。也就是說，若當事人未能在合同約定的期間內履行合同義務，逾此期限發生不可抗力事件，該當事人仍應對此不可抗力事件造成的損失承擔責任，這也是對當事人延期履行的加重責任。

《聯合國國際貨物銷售合同公約》規定，一方當事人享受的免責權利只對履約障礙存在期間有效，如果合同未經雙方同意宣告無效，則合同關係繼續存在，一國履約障礙消除，雙方當事人仍須繼續履行合同義務。

1992年6月，中國北方某糧油進出口公司（以下簡稱我方公司）與澳大利亞PM公司（以下簡稱澳方公司）成交油炸花生米200公噸、每公噸CFR悉尼400美元，總

金額為 80,000 美元，交貨期為 1992 年 9～12 月。合同規定，雙方發生爭議時先協商解決，如協商不能解決，提交仲裁機構解決，仲裁地點為中國，仲裁機構為中國對外經濟貿易仲裁委員會。

我方公司簽訂合同後，開始組織貨源，但由於供貨方的加工廠加工能力所限，致使貨源不足，我方公司當年只交了 50 公噸，其餘 150 公噸經雙方協商同意延長至下一年度內交貨。

1993 年，中國部分花生產地發生自然災害，花生減產，又加上供貨方的加工廠停止生產這種產品，我方公司無力組織貨源，於是於 1993 年 9 月 26 日函電澳方公司，以「不可抗力」為理由，要求免除交貨責任。

澳方公司於 9 月 29 日回電，認為自然災害並不能成為賣方解除免交貨物責任的「不可抗力」理由，並稱該商品市場價格已上漲，由於我方公司未交貨已使其損失 2 萬美元，因而要求我方公司無償供應其他品種同類食品抵償其損失。

我方公司對此項要求不同意，堅持因「不可抗力」為不能交貨的理由，因而不承擔不能交貨責任，也無義務對澳方公司進行其他補償。

在協商不成的情況下，澳方公司根據仲裁條款向中國仲裁機構提出仲裁。仲裁申請書中強調，中方公司所稱「不可抗力」的理由不能成立，遲延交貨的原因是加工能力不足，而這之後出現的自然災害是不能作為「不可抗力」的理由免除交貨的責任的。並提出中方公司如不願以商品抵償其損失，澳方公司就堅持索賠 2 萬美元。

仲裁機構在執行仲裁程序時，經調查發現，自然災害的確不是造成不能交貨的唯一原因。在仲裁機構的調解下，雙方經過多次協商，以我方公司賠償澳方公司 4000 美元結案。

第四節　仲裁

在國際貿易履約過程中，買賣雙方由於某些原因發生爭議是在所難免的。爭議（Disputes）是指交易的一方認為另一方未能全部或部分履行合同規定的責任而引起的業務糾紛。產生爭議的原因主要有：買方遲開信用證或不按時付款贖單或不派船接貨、賣方未按合同規定交貨、買賣雙方對合同條款理解不一致等。

如果買賣雙方的爭議不能合理解決，不僅直接影響到買賣雙方的利益，也會影響到國家和企業的聲譽。因此，選擇合理解決買賣雙方爭議的方式，是一個重要問題。國際貿易解決爭議的方式主要有以下四種：①友好協商；②調解；③仲裁；④訴訟。爭議發生以後，買賣雙方一般首先會進行友好協商，如果協商不成，則雙方可以根據爭議的情況，採取調解、仲裁或訴訟的方式。其中，調解方式是指在爭議雙方自願的基礎上，由第三者出面從中調解；仲裁方式是雙方當事人將案件提交給仲裁機構進行裁決；訴訟方式是一方當事人向法院起訴，控告合同的另一方，一般要求法院判令另一方當事人以賠償經濟損失或支付違約金的方式承擔違約責任，也有要求對方實際履行合同義務的。由於仲裁方式的優越性，目前已逐漸發展成為國際貿易中解決爭議的

首選方式。

一、仲裁的含義

仲裁（Arbitration）是指由買賣雙方當事人在爭議發生之前或在爭議之後，達成書面協議，自願將他們之間友好協商不能解決的爭議交給雙方同意的仲裁機構進行裁決（Award）。仲裁機構做出的裁決是終局的，對雙方都有約束力。

仲裁與調解相比，調解不具有法律強制約束力，完全由當事人自己憑良知行事。如果一方當事人對雙方約定的事項不予執行，則另一方當事人沒有任何強制手段可以要求其予以履行。而採用仲裁方式時，仲裁機構做出的裁決具有強制執行力，如果當事人一方不執行裁決義務時，另一方當事人有權申請司法機關強制執行仲裁裁決。當然，如果是在仲裁庭的主持下進行的調解，並最終由仲裁庭製作出調解書，也同樣具有法律約束力。

仲裁與訴訟相比，首先，仲裁的效率要高於訴訟。由於訴訟有其法律規定的必經程序，使訴訟的時間比較長，尤其是涉外訴訟，往往是經年累月；而仲裁則可由仲裁庭靈活掌握，程序繁簡不同，仲裁一般都是一審終局，因此效率要高得多。其次，仲裁具有保密性。仲裁案件不公開審理，對爭議雙方繼續發展貿易關係的影響較小，也可以有效地保護當事人的商業秘密和商業信譽。再次，仲裁以雙方當事人的自願選擇為前提。雙方當事人享有選定仲裁員、選擇仲裁地、仲裁語言以及適用法律的自由。這從一定程度上避免了某些法院的地方保護主義。此外，仲裁費用比訴訟費低，可大大節約開支。最後，仲裁裁決可在世界多數國家獲得承認和執行。

二、仲裁協議

（一）仲裁協議的含義和形式

仲裁協議是指雙方當事人表示願意將他們之間已經發生或將來可能發生的爭議提交仲裁機構裁決，並且有義務履行裁決的一種書面表示。

仲裁協議有兩種形式：一種是在爭議發生之前訂立的。它通常是作為合同中的一項仲裁條款出現，這是一種最常用且方便易行的訂立仲裁協議的方式。合同中對仲裁事項或者仲裁機構沒有約定或約定不明確的，當事人可以訂立補充協議，這也構成合同中仲裁條款的一部分。另一種是在爭議發生之後訂立的。它是把已經發生的爭議提交仲裁的協議，一般是經過雙方函電往來而訂立。

這兩種形式的仲裁協議，其法律效力是相同的。但是，發生爭議之前雙方容易達成仲裁協議，發生爭議之後雙方達成仲裁協議就比較困難。所以，仲裁作為一項合同條款就很重要。

（二）仲裁協議的作用

1. 約束雙方當事人只能以仲裁方式解決其爭議，且不得向法院起訴
2. 排除法院對有關案件的管轄權

各國法律一般都規定法院不受理雙方簽訂書面仲裁協議的爭議案件，包括不受理

仲裁裁決的上訴。因此，如果一方背棄仲裁協議，自行向法院起訴，另一方可根據仲裁協議要求法院不予受理，並將爭議案件交仲裁庭裁斷。

3. 使仲裁機構取得對爭議的管轄權

仲裁協議是仲裁機構受理案件的依據，任何仲裁機構都無權受理沒有書面仲裁協議的案件。

三、仲裁機構及程序

(一) 仲裁機構

根據仲裁是否附著於固定的仲裁機構，仲裁可以分為臨時仲裁和機構仲裁。

臨時仲裁是指當事人根據仲裁協議，臨時組成仲裁庭，根據一定的仲裁規則與程序對特定爭議進行的仲裁。臨時仲裁庭處理完爭議案件即自動解散。不過，中國現行仲裁法律法規排除了臨時仲裁的採用。臨時仲裁是仲裁的最初形式，但隨著仲裁制度的不斷發展，機構仲裁已經成為當今仲裁的主要形式。

所謂機構仲裁是指當事人根據其仲裁協議，將它們之間的糾紛提交給某一常設仲裁機構所進行的仲裁。常設仲裁機構是指依據國際條約和一國國內立法所成立的，其有固定的組織、固定的地點和固定的仲裁程序規則的永久性機構，一般都備有仲裁員名冊供當事人選擇。世界上絕大多數國家都設有商事常設仲裁機構。

1. 國際仲裁機構

目前，在國際上比較著名的國際常設仲裁機構主要有以下幾個：

(1) 國際商會仲裁院 (The International Court of Arbitration of International Chamber of Commerce，英文簡稱：ICC)，設立於1923年，總部在巴黎。該仲裁院為國際商會常設仲裁機構。國際商會的仲裁員來自世界各個國家，其仲裁的一個主要特點是可以在世界的任何一個地方進行仲裁程序。該仲裁院為目前世界上提供國際經貿仲裁服務較多、具有重大影響的國際經濟仲裁機構。

(2) 瑞典斯德哥爾摩仲裁院 (the Arbitration Institute of the Stockholm Chamber of Commerce，英文簡稱：SCC)，設立於1949年，地點在斯德哥爾摩。瑞典作為中立國家與國際社會的協調關係，使得瑞典斯德哥爾摩仲裁院享有很好的國際聲譽，特別以解決涉及遠東或中國的爭議而著稱。該仲裁院與中國國際經濟貿易仲裁委員會有業務聯繫，中國對外經濟貿易促進委員會建議，中國當事人在選擇第三國仲裁機構時，可優先考慮該仲裁院。

(3) 美國仲裁協會 (American Arbitration Association，英文簡稱：AAA)，於1926年設立，總部在紐約。它在一些主要州都設有分部，是美國主要的國際商事仲裁機構。該協會受理的案件多數為美國當事人與外國當事人之間的爭議，其仲裁員也來自很多國家，當事人可以在其仲裁員名冊之外指定仲裁員，在沒有約定的情況下，所有案件只有一名仲裁員。

(4) 香港國際仲裁中心 (the Hong Kong International Arbitration Center，英文簡稱：HKIAC)，1985年設立，地點在香港。香港國際仲裁中心受理兩類仲裁案件，即國際商

事仲裁案件和香港的區內仲裁案件。這兩類案件分別適用不同的仲裁規則，國際商事仲裁案件適用《聯合國國際貿易法委員會仲裁規則》，而香港的區內案件適用香港國際仲裁中心制訂的仲裁規則。

（5）英國倫敦國際仲裁院（The London Court of International Arbitration，英文簡稱：LCIA），成立於1892年，地點在倫敦。它是世界上最古老的仲裁機構，也是英國最有國際影響的國際商事仲裁機構。該仲裁院由倫敦市政府、倫敦商會和女王特許仲裁協會共同組成的聯合委員會管理。

2. 中國的仲裁機構

中國涉外仲裁機構由中國國際貿易促進委員會設立，目前有兩個：一是中國國際經濟貿易仲裁委員會（Chinese International Economic and Trade Arbitration Commission，英文簡稱：CIETAC）；二是中國國際海事仲裁委員會。中國國際經濟貿易仲裁委員會（中國國際商會仲裁院），是中國國際商會的常設仲裁機構，於1956年設立，總部在北京，目前的仲裁規則是2000年10月開始實施的《中國國際經濟貿易仲裁委員會仲裁規則》。仲裁委員會設立仲裁員名冊，仲裁員由中國國際貿易促進委員會從具有國際經濟貿易、科學技術、法律等有關專業知識的專家和實際經驗的中外人士中聘任。

在國內有深圳、上海和重慶三個分會以及大連、長沙、重慶、成都、福州等地方辦事處，在國內形成了廣泛的網絡。在國際上，仲裁委員會不斷發展同其他國際仲裁機構的友好合作關係，先後與瑞典斯德哥爾摩仲裁院、倫敦國際仲裁中心、埃及開羅地區仲裁中心、俄羅斯工商會、蒙古工商會、克羅地亞商會仲裁院、英國皇家御準仲裁員協會等機構簽訂了仲裁合作協議。仲裁委員會在作為一個國際商事仲裁機構的同時，現在也同時受理純中國國內性質的各類具備仲裁性的糾紛。隨著中國進出口貿易量迅速增大，國際國內貿易糾紛越來越多，企業樂於選擇仲裁作為糾紛解決方式，仲裁案件逐年增多。

中國海事仲裁委員會成立於1959年1月，主要職責是以仲裁的方式，解決產生於國際遠洋、沿海和與海相通可航水域的運輸、生產和航行過程中產生的契約或非契約性海事爭議。海事仲裁委員會的仲裁員由中國貿促會從具有航運、保險、法律等方面專業知識和實踐經驗的中外知名人士中聘任。目前的仲裁規則是2001年1月1日開始實施的《中國海事仲裁委員會仲裁規則》。海事仲裁委員在國內外航運、保險、貿易、法律界贏得了良好的信譽。目前，中國海事仲裁委員會做出的涉外仲裁裁決可以在世界上140多個國家和地區得到承認和執行。

（二）仲裁程序

仲裁程序（Arbitration Procedure）是指仲裁機構在進行仲裁審理中，仲裁機構與爭議的當事人和參與人必須遵循的程序。仲裁程序主要包括提出仲裁申請、組織仲裁庭、仲裁審理、仲裁裁決等幾個程序。各國仲裁機構幾乎都訂立了自己的仲裁程序法規或規則。按中國《仲裁法》的規定，基本程序如下：

1. 提出仲裁申請（Arbitration Application）

這是仲裁程序開始的首要手續。各國法律對申請書的規定不一致。在中國，《中國

國際經濟貿易仲裁委員會仲裁規定》規定，向中國國際經濟貿易仲裁委員會申請仲裁，雙方當事人的合同中必須有仲裁條款，或者雙方達成書面仲裁協議。同時，需向仲裁委員會提交仲裁申請書、授權委託書以及申請人營業執照複印件、法定代表人身分證明等文件，並且要按照仲裁規則中仲裁費用表的規定交納仲裁費預付金。

2. 組織仲裁庭

根據中國《仲裁法》的規定，仲裁庭由仲裁員組成，仲裁員的產生是根據當事人的意願而定。仲裁庭可以由三名仲裁員或者一名仲裁員組成。仲裁委員會有仲裁員名冊供當事人選擇。仲裁員的產生主要有以下幾種方式：

（1）參加仲裁的雙方當事人可以約定由三名仲裁員組成仲裁庭，雙方可以各自選定一名仲裁員，第三名仲裁員則可以由雙方當事人共同選定。第三名仲裁員是首席仲裁員。由三位仲裁員共同審理案件。

（2）如果當事人約定由一名仲裁員成立仲裁庭，則應由雙方共同選定一名仲裁員。由此仲裁員單獨審理案件。

（3）如果當事人雙方未能在收到仲裁通知書之日起 15 日（涉外案件為 20 日，簡易程序為 10 日）內約定仲裁庭組成方式，並從仲裁員名冊中選定仲裁員，那麼由仲裁委員會主任指定該仲裁庭的組成方式或選定仲裁員。

3. 仲裁審理

仲裁庭審理案件的形式有以下兩種：

（1）開庭審理，是指按照仲裁規則的規定，在當事人和其他仲裁參與人的參加下，由仲裁庭主持，對案件進行審理的活動。開庭審理有利於當事人充分陳述意見，有利於查明案情，公正仲裁。這種審理採取不公開審理，以保護當事人的商業機密。如果雙方當事人要求公開進行審理時，由仲裁庭做出決定。開庭審理是普遍採用的一種方式。

（2）書面審理，是指經當事人申請，或由仲裁庭徵得雙方當事人同意，只依據書面文件進行審理並做出裁決。仲裁庭根據當事人的申請，可以依據仲裁申請書、答辯書及當事人提供的其他書面材料直接進行裁決。一般對於案情比較簡單，對事實爭議不大的案件，或由於其他因素，如當事人不在仲裁機構所在地，並且書面材料已很充分等，雙方當事人可以協議進行書面審理。

4. 仲裁與調解相結合

仲裁與調解相結合，是指仲裁庭在進行仲裁程序過程中，可以根據雙方當事人的意願對案件進行調解；在仲裁與調解相結合時，主持調解的調解員就是同一案件仲裁庭的仲裁員。如果調解成功，雙方當事人自願達成和解協議，則仲裁庭可以依據和解協議做出調解書或裁決書結案，調解書與裁決書具有同等的法律效力。如果調解不成，則仲裁庭可以恢復仲裁程序繼續進行仲裁審理。

調解並非仲裁的必經程序，不能帶有任何強制性。

5. 仲裁裁決

仲裁裁決是由仲裁庭做出的，是仲裁程序的最後一個環節。裁決做出後，審理案件的程序即告終結，因而這種裁決被稱為最終裁決。如果仲裁庭由三名仲裁員組成，

則由三名仲裁員集體做出仲裁裁決。根據不同的情況，仲裁裁決有兩種不同的方式：

（1）按多數仲裁員的意見做出仲裁裁決。這是仲裁通常適用的方式，即按照少數服從多數的原則。中國《仲裁法》規定：裁決應當按照多數仲裁員的意見做出，少數仲裁員的不同意見可以記入筆錄。所謂多數仲裁員的意見是指仲裁庭的三名仲裁員中至少有兩名仲裁員的意見一致。如果三名仲裁員各執己見，無法形成多數意見時，即無法以此種方式做出仲裁裁決。

（2）按首席仲裁員的意見做出仲裁裁決。在仲裁庭無法形成多數意見的情況下，則按首席仲裁員的意見做出仲裁裁決。中國《仲裁法》規定：仲裁庭不能形成多數意見時，裁決應當首席仲裁員的意見做出。

另外，根據中國仲裁規則，仲裁裁決必須於案件審理終結之日起45天內以書面形式做出，仲裁裁決除由於調解達成和解而做出的裁決書外，應說明裁決所依據的理由，並寫明裁決是終局的和做出裁決書的日期、地點以及仲裁員的署名等。

四、仲裁裁決的執行

仲裁裁決一經做出，就具有法律效力，對雙方當事人都有約束力。雙方當事人對於仲裁裁決書，應依照其中所規定的時間自動履行，裁決書未規定期限的，應立即履行。仲裁機構自身不具有強制執法的能力，若一方當事人逾期不予執行的，另一方當事人可向中國法院申請強制執行。

但如果一方當事人在國外，涉及一個國家的仲裁機構所做出的裁決要由另一個國家的當事人執行的問題。因此，為了解決是否承認和執行外國仲裁裁決的問題，1958年6月聯合國在紐約通過了《承認和執行外國仲裁裁決公約》（the New York Convention on the Recognition and Enforcement of Foreign Arbitral Awards）（簡稱《1958年紐約公約》）。該公約規定，各締約國必須承認和執行外國的仲裁裁決。中國於1987年4月正式加入這一公約，中國加入時做出了商事保留和互惠保留。至2005年2月28日止，世界上已有一百三十多個國家和地區加入了《1958年紐約公約》，這為承認和執行外國仲裁裁決提供了保證和便利，為進一步開展國際商事仲裁活動起到了推動作用。

按照各國際仲裁規則的一般規定，仲裁裁決如果是在無仲裁協議的情況下做出的、或以無效（已過期）的仲裁協議為據做出的裁決；仲裁員的行為不當或越權所做出的裁決；以偽造證據為依據所做出的裁決；或裁決的事項是屬於仲裁地法律規定不得提交仲裁處理的裁決等，當事人可在法定期限內，請求仲裁地的管轄法院撤銷仲裁裁決，並宣布其為無效。因此，若當事人能證明該裁決不符合法律程序要求，可以向法院起訴，要求法院撤銷裁決，宣布無效。

五、買賣合同中的仲裁條款

國際貨物買賣合同中的仲裁條款應該明確具體，一般應包括仲裁地點、仲裁機構、仲裁規則、裁決的效力等內容。

各國的仲裁機構都有自己的仲裁規則。按照國際仲裁的一般做法，對爭議進行仲裁時採用仲裁所在地的仲裁規則，所以對合同中仲裁地點的規定一般是交易雙方都非

常關心的問題。中國對外貿易合同中，對仲裁地點的規定有以下幾種方法：

（1）規定在中國進行仲裁；

（2）規定在被申請一方所在國進行仲裁；

（3）規定在雙方同意的第三國進行仲裁。選用第三種辦法時，應選擇允許受理雙方當事人都不是本國公民的爭議案的仲裁機構，而且該機構具備一定業務能力且態度公正。

仲裁地點不同，仲裁規則可能不同，對買賣雙方的權利、義務的解釋就會有差別，其結果也會不同。中國與外商商訂仲裁條款時，應盡量爭取在中國仲裁。

但仲裁規則與仲裁地點也並非絕對一致，法律上允許根據雙方當事人約定，採用仲裁地點以外的其他國家或地區的仲裁機構的仲裁規則。若雙方當事人約定在中國仲裁，通常採用《中國國際經濟貿易仲裁委員會仲裁規則》。根據中國現行仲裁規則規定：「凡當事人同意將爭議提交仲裁委員會仲裁的，均視為同意按照該仲裁規則進行仲裁。」但是，若當事人約定使用其他仲裁規則並徵得仲裁委員會同意的，原則上也可適用其他仲裁規則。

仲裁裁決對雙方當事人具有法律約束力，任何一方都不能向法院起訴要求變更。雖然各國法律一般都對仲裁裁決的效力有此規定，但訂立仲裁條款時，為了強調並利於最終執行，仲裁條款都會規定裁決是終局性的。

例如：「All disputes arising from the execution of this agreement shall be settled through friendly consultations. In case no settlement can be reached, the case in dispute shall then be submitted to the Foreign Trade Arbitration Commission of the China Council for the Promotion of International Trade for Arbitration in accordance with its Provisional Rules of Procedure. The decision made by this commission shall be regarded as final and binding upon both parties. Arbitration fees shall be borne by the losing party, unless otherwise awarded.」

「在履行協議過程中，如產生爭議，雙方應友好協商解決。若通過友好協商未能達成協議，則提交中國國際貿易促進委員會對外貿易仲裁委員會，根據該委員會仲裁程序暫行規定進行仲裁。該委員會決定是終局的，對雙方均有約束力。仲裁費用，除另有規定外，由敗訴一方負擔。」

中國國際經濟貿易仲裁委員會

中國國際經濟貿易仲裁委員會（英文簡稱 CIETAC，以下簡稱仲裁委員會）是以仲裁的方式，獨立、公正地解決契約性或非契約性的經濟貿易等爭議的常設商事仲裁機構。仲裁委員會是中國國際貿易促進委員會根據中華人民共和國中央人民政府政務院 1954 年 5 月 6 日的決定，於 1956 年 4 月設立的，當時名稱為對外貿易仲裁委員會。中國國際貿易促進委員會還制定了仲裁委員會的仲裁程序暫行規則。對外貿易仲裁委員會於 1980 年改名為對外經濟貿易仲裁委員會，又於 1988 年改名為中國國際經濟貿易仲裁委員會，自 2000 年 10 月 1 日起同時啟用「中國國際商會仲裁院」名稱。

仲裁委員會總會設在北京。根據業務發展的需要，仲裁委員會分別於 1989 年和 1990 年在深圳和上海設立了中國國際經濟貿易仲裁委員會深圳分會（以下簡稱深圳分

會）和中國國際經濟貿易仲裁委員會上海分會（以下簡稱上海分會）。2004 年 6 月 18 日深圳分會更名為中國國際經濟貿易仲裁委員會華南分會（以下簡稱華南分會）。2008 年 5 月 7 日在重慶設立了中國國際經濟貿易仲裁委員會西南分會（以下簡稱西南分會），仲裁委員會北京總會及其華南分會、上海分會和西南分會是一個統一的整體，是一個仲裁委員會。總會和分會使用相同的《仲裁規則》和仲裁員名冊，在整體上享有一個仲裁管轄權。

　　仲裁委員會以其獨立、公正、高效的仲裁工作在國內外享有廣泛的聲譽，贏得了中外當事人的普遍信賴，現已成為世界上重要的國際商事仲裁機構之一。仲裁委員會的受案量自 1990 年以來居於世界其他仲裁機構的前列，案件當事人涉及除中國之外的 45 個國家和地區，仲裁裁決的公正性得到了國內外的一致確認，仲裁裁決在香港的執行率達到了 99% 以上，仲裁裁決可以依據聯合國《承認和執行外國仲裁裁決的公約》（紐約公約）在世界上 140 多個國家得到承認和執行。

思考與練習題

一、單項選擇題

1. （　　）是國際貿易廣泛採用的一種行之有效的解決爭議的重要方式。
   A. 協商　　　　B. 調解　　　　C. 仲裁　　　　D. 訴訟
2. 當違約金超過對方所遭受的損失時，違約金具有（　　）
   A. 補償性　　　B. 懲罰性　　　C. 收益性　　　D. A 和 B
3. 不可抗力的後果有（　　）。
   A. 解除合同　　　　　　　　B. 延期履行合同
   C. 合同無效　　　　　　　　D. 解除合同和延期履行合同
4. 在中國，不可抗力的證明文件由（　　）出具。
   A. 當地商會　　　　　　　　B. 法定公證機構
   C. 國際貿易促進委員會　　　D. 外經貿部
5. 在同外商商訂買賣合同中的仲裁條款時，關於仲裁地點有以下各種不同的規定，其中對我方最有利的一種是（　　）。
   A. 在雙方同意的第三國仲裁　　B. 在被告國仲裁
   C. 在中國仲裁　　　　　　　　D. 在對方國仲裁
6. 向賣方提出索賠的最長時效，為買方收到貨物之日起不超過（　　）年。
   A. 1　　　　　B. 2　　　　　C. 3　　　　　D. 4
7. 國際上為解決執行外國仲裁裁決制定的公約是（　　）。
   A.《海牙規則》　　　　　　　B.《漢堡規則》
   C.《維斯比規則》　　　　　　D.《1958 年紐約公約》
8. 對仲裁裁決具有強制執行權的機構是（　　）。
   A. 仲裁機構　　B. 貿促會　　　C. 調節中心　　D. 法院

9. 對買賣雙方均有好處且公平合理的檢驗辦法是（　　）。
   A. 在出口國工廠檢驗　　　　　　B. 裝船前檢驗
   C. 目的港卸貨後檢驗　　　　　　D. 裝運港檢驗和目的港復驗
10. 在一般商品買賣合同中多數訂立的索賠條款是（　　）。
   A. 商檢條款　　　　　　　　　　B. 異議與索賠條款
   C. 罰金條款　　　　　　　　　　D. 以上三種條款都不是

二、多項選擇題

1. 訴訟的特點是（　　）。
   A. 訴訟帶有強制性
   B. 訴訟程序比較複雜，處理問題一般比仲裁慢
   C. 導致雙方當事人關係緊張，有傷和氣，不利於今後貿易關係的繼續發展
   D. 訴訟費用較高
   E. 辦法迅速有效，及時合理

2. 解決爭議的途徑有（　　）。
   A. 友好協商　　　　　　　　　　B. 調解
   C. 仲裁　　　　　　　　　　　　D. 訴訟
   E. 復議

3. 商檢證書的作用主要表現在（　　）。
   A. 作為證明賣方所交貨物的品質、重量、包裝以及衛生條件等是否符合合同規定的依據
   B. 作為買方對品質等條件提出異議、拒收貨物，要求索賠、解決爭議的憑證
   C. 作為賣方向銀行議付貨款的單據之一
   D. 作為海關驗關放行的憑證
   E. 作為買方收取貨物的依據

4. 違約金與賠償損失的區別在於（　　）。
   A. 違約金責任不以造成損失為前提條件
   B. 違約的結果即使並未產生任何實際損害，也不影響對違約人追究違約金責任
   C. 違約金數額與實際損失是否存在，以及損失的大小沒有關係
   D. 法律或仲裁庭也不要求請求人就損失進行舉證
   E. 違約金在追索程序上比賠償損失要簡單得多

5. 國家商檢部門的主要任務有（　　）。
   A. 對重點進出商品實施法定檢驗
   B. 對所有進出口商品的質量和檢驗工作實施監督管理
   C. 辦理對外貿易公證鑒定業務
   D. 以第三者的地位，辦理進出口商品檢驗和公證簽定業務
   E. 以上都對

三、判斷題

1. 法定檢驗具有強制性。
2. 合同中的復檢期就是合同中明示擔保的索賠期。
3. 同一合同中，只要規定了異議與索賠條款，就不能規定罰金條款。
4. 雙方當事人在爭議發生之後達成的仲裁協議是無效的。
5. 一方當事人對仲裁裁決不服，可向法院提請訴訟，要求重新處理。

四、簡答題

1. 簡述仲裁協議的形式和作用。
2. 中國進出口合同中的仲裁條款包括哪些內容？其中，對於仲裁地點有哪幾種訂法？
3. 仲裁有哪些特點？
4. 簡述商檢證書的作用。

五、案例分析題

1. 我某出口公司向外商出口一批貨物，合同中明確規定一旦在履約過程中發生爭議，如友好協商不能解決，即將爭議提交中國國際經濟貿易仲裁委員會在北京進行仲裁。後來，雙方就商品的品質發生爭議，對方在其所在地法院起訴我方，法院也發來了傳票，傳我方公司出庭應訴。對此，我方應如何處理？

2. 有一份 CIF 合同，出售啤酒花。合同規定：「買方憑賣方提供的裝運單據支付現金」，「貨物在出口國檢驗，到進口國目的港後允許買方復驗。」但是，當賣方向買方提供單據要求其付款時，買方堅持要在貨物檢驗後才付款。試問在上述條件下，買方的要求是否合理？為什麼？應如何處理？

3. 中國從阿根廷進口普通豆餅 2 萬噸，交貨期為 8 月份。然而，4 月份阿根廷商人原定收購地點發生洪災，收購計劃落空，阿根廷商人要求按不可抗力事件處理，免除交貨責任，中方應如何對待？

4. 我某糧油進出口公司與美國賓夕法尼亞某公司簽訂進口美國小麥合同，數量為 100 萬公噸，小麥收割前該州暴雨成災，到 10 月份賣方應交貨時小麥價格上漲。美方未交貨。合同訂有不可抗力條款，天災屬於該條款的範圍，美方據此要求免責。此時，我方應如何處理？

第八章　國際貨物買賣合同的商訂

【本章要點】

本章主要介紹國際貿易交易磋商的形式、內容及步驟，國際貨物買賣合同成立的條件以及書面合同的形式和作用等。

通過本章的學習，瞭解國際貿易交易磋商的四個環節特別是發盤和接受兩個環節的相關知識，掌握國際貨物買賣合同成立的條件以及簽訂書面合同的必要性和書面合同的形式。

【導入案例】

關於交易磋商與合同的案例

2005年9月12日，國內T公司向國外新客戶K公司發盤，報某商品300噸，每噸CIF倫敦850英鎊。K公司3天後回電表示接受，但要求按ICC（B）險投保。T公司對商品一直是按中國人民保險公司的《海洋貨物運輸保險條款》投保水漬險，並以此為基礎核算報價。收到客戶的回電後，業務員覺得如投保ICC（B）險，重新核算報價太麻煩，且要多付保險費。此外，該商品又屬暢銷貨，報價又比市場價格低20~30英鎊，對方不可能僅為了投保險別小而放棄成交機會，故未多加思索，當即回電表示拒絕按ICC（B）險投保。

第二天，客戶來電稱：「我公司多年來在與中國客戶交易時，一直都要求按ICC（B）險投保，從未被拒絕，況且不會給你方造成任何不便，不知你方為何不予同意。對此，我方深表遺憾。」

9月17日，T公司回電：「我公司在與你國其他客戶交易時，一直都是按水漬險投保，他們也從未提出過異議。我方產品與市場上的同類商品相比，品質上佳，且價格要低20~30英鎊，望你方不要固執己見，錯過大好機會。」

此後，K公司再未回電。後T公司得知，K公司以同樣的價格與另一家公司成交。而T公司這批貨物在3個月後才覓得客戶，但此時市價已跌，成交價只有每噸CIF倫敦838英鎊。

交易磋商是指買賣雙方為買賣商品，對交易的各項條件進行協商以達成交易的過程，通常稱為談判。在國際貿易中，這是一個十分重要的環節。因為交易磋商是簽訂合同的基礎，沒有交易磋商就沒有買賣合同。交易磋商工作的好壞，直接影響到合同的簽訂及以後的履行，關係到雙方的經濟利益，必須認真做好這項工作。

第一節　國際貨物貿易合同的磋商

一、交易磋商的形式

交易磋商在形式上可分為口頭（By Word of Mouth）和書面（By Writing）兩種形式。

（一）口頭磋商

口頭磋商主要是指在談判桌上面對面的談判，如參加各種交易會、洽談會，以及貿易小組出訪、邀請客戶來華洽談交易等。此外，還包括雙方通過國際長途電話進行的交易磋商。口頭磋商方式由於是面對面的直接交流，便於瞭解對方的誠意和態度、採取相應的對策，並根據進展情況及時調整策略，達到預期的目的。口頭磋商比較適合談判內容複雜、涉及問題較多的業務，如大型成套設備交易談判。

（二）書面磋商

書面磋商是指通過信件、電報、電傳等通訊方式來洽談交易。目前，多數企業使用傳真進行洽談，有的已開始使用電子郵件磋商交易。隨著現代通訊技術的發展，書面磋商越來越簡便易行，成本費用低廉。在國際貿易中，買賣雙方通常採用書面方式磋商交易。

隨著中國對外開放的日益擴大，各國商人通過函電與我們建立業務關係，探詢業務的函件越來越多。我們對國外商人發來的函電，必須及時、認真地進行研究，迅速、妥善地處理，並給予恰當答復。函電措詞要簡練，要注意函電的時間因素，函電的內容不能洩密。過去，有些企業在業務工作中，經常發生不能及時答復國外函電的情況，國外商人屢有不良反應。

不論是當面洽談或是通過函電洽商，都是買賣雙方各自提出自己的交易條件以及各自的想法，經過一再協商，取得一致意見，從而達成交易。

二、交易磋商的內容

交易磋商的內容一般包括交易的標的、交易標的的價格、交易雙方的責任劃分、預防爭議的發生以及爭議發生時的處理辦法等。其涉及擬簽訂的買賣合同的各項條款，包括品名、品質、數量、包裝、價格、裝運、支付、保險、商品檢驗、索賠、仲裁及不可抗力等。其中，以前七項為主要內容或主要交易條件，買賣雙方欲達成交易、訂立合同，必須至少就這七項交易條件進行磋商並取得一致意見（特殊情況可以例外）。至於其他五項交易條件，特別是商品檢驗、索賠、不可抗力和仲裁，它們雖非成立合同不可缺少的內容，但是為了提高合同質量，防止和減少爭議的發生以及便於解決可能發生的爭議，買賣雙方在交易磋商時也不容忽視。

三、交易磋商的一般步驟

交易磋商的整個過程主要有四個環節,即詢盤、發盤、還盤與再還盤及接受。其中,發盤和接受是達成交易中起著決定性作用的環節。

(一) 詢盤

詢盤(Enquiry)是指交易的一方準備購買或出售某種商品,向對方詢問買賣該商品的有關交易條件。詢盤的內容涉及價格、品質、數量、包裝、裝運以及索取樣品等。

例如:

Dear Sirs,

We are accepting quotation from all tools manufacturers and suppliers of hardware. We are looking for full container quantities only. Please provide the following:

Full product lines with detailed descriptions;

Prices based on 20』containers, which may be a mixture of 2 - 4 models per container;

Lead - time to produce and ship;

Quality assurance policies;

Terms of payment;

Make sure the models are all made for United States standards of measure and power.

We look forward to your early reply.

Yours truly,

Andrew Steve

敬啟者:

我們正在收集各工具製造商和五金製品提供商的報價。我們只要整箱數量的報價,請提供以下項:

全部產品類型的詳細說明;

基於20英尺集裝箱價格,每集裝箱裡可以混裝2~4個品種;

從生產直到裝運的交貨時間;

質保方針;

付款條件。

請確保這些產品以美國的質量標準生產。

盼早日回復。

安德魯·史蒂夫謹上

在國際貿易業務中,有時一方發出的詢盤表達了與對方進行交易的願望,希望對方接到詢盤後及時發出有效的發盤,以便考慮接受與否。也有的詢盤只是想探詢一下市價,詢問的對象也不限於一人,發出詢盤的一方希望對方開出估價單。這種估價單不具備發盤的條件,所報出的價格也僅供參考。

詢盤往往是交易的起點,它對買賣雙方都沒有約束力,接受詢盤的一方可給予答復,亦可不做答復。在國際貿易中,有買方詢盤,即買方主動發出的向國外商家尋購

所需貨物的函電，如請電告貴方手工地毯的最低價格；也有賣方詢盤，即賣方向買方發出徵詢其購買意願的函電，如可供一級鋁錠，請遞盤。在實際業務中，由買方主動發詢盤的較多。

(二) 發盤

發盤（Offer）又稱報盤、發價、報價，是指賣方或買方向對方提出一定的交易條件，並願意按照這些條件達成交易的一種肯定表示。在國際貿易中，發盤通常是賣方在收到買方詢盤之後提出的，也可由賣方主動提出。當由買方向國外的賣方提出上述表示時，我們習慣稱之為遞盤（Bid）。發盤的方式有口頭和書面兩種。書面發盤可以用書信、電報、電傳、傳真等。發盤是發盤人向受盤人提出各項主要交易條件，並願按這些條件達成交易的肯定表示，是對發盤人具有約束力的「要約」。發盤一經對方在有效時限內表示接受，交易即成立。

1. 發盤的定義及具備的條件

根據《聯合國國際貨物銷售合同公約》（簡稱《公約》）第十四條第二款對發盤的解釋為：「向一個或一個以上特定的人提出的訂立合同的建議，如果十分確定並且表明發盤人在得到接受時受約束的意旨，即構成發盤。一個建議如果寫明貨物並且明示或暗示地規定數量和價格或規定如何確定數量和價格，即為十分確定」。

從上述定義，可以看出一個發盤的構成必須具備下列四個條件：

（1）向一個或一個以上的特定人提出。發盤必須指定可以表示接受的受盤人，受盤人可以是一個，也可以指定多個。不指定受盤人的發盤，僅應視為發盤的邀請，或稱邀請做出發盤。

（2）表明訂立合同的意思。發盤必須表明嚴肅的訂約意思，即發盤應該表明發盤人在得到接受時，將按發盤條件承擔與受盤人訂立合同的法律責任。這種意思可以用發盤、遞盤等術語加以表明，也可不使用上述或類似上述術語和語句，而按照當時談判情形，或當事人之間以往的業務交往情況或雙方已經確立的習慣做法來確定。

（3）發盤內容必須十分確定。發盤內容的確定性體現在發盤中的列的條件是否是完整的、明確的和終局的。

（4）發盤必須送達受盤人，發盤於送達受盤人時生效。

上述四個條件，是《公約》對發盤的基本要求，也可稱為構成發盤的四個要素。

儘管如此，為了防止誤解和可能發生爭議，在外貿實際業務中，外貿企業在對外發盤時，一般都會至少規定六項主要的交易條件，即貨物的品質、數量、包裝、價格、交貨和支付條件。

例如：

Dear Mr. Ali：

Thank you for your letter of April 8, inquiring about our lithium rechargeable batteries for mobile phones. We are glad to offer you 5000 pieces lithium rechargeable batteries, style No. MTA190 at US＄3.4 PER piece FOB China. Shipment will be effected within 20 days after receipt of the relevant sight L/C in our favor issued by a bank acceptable to us.

This offer is valid for 10 days.

Yours truly

尊敬的阿利先生：

　　貴方4月8日來信就我們的手機可充鋰電電池進行詢盤，我們非常感謝。我們很樂意為你們提供5000塊可充鋰電電池，型號為MTA190，FOB中國每塊3.4美元。在收到以我方為受益人的即期信用證後20天內我們就發貨。信用證開證行須是我們同意的銀行。

　　該盤有效期為10天。

××謹上

2. 發盤的撤回和撤銷

　　《公約》第十五條對發盤生效時間作了明確規定：「發盤在送達受盤人時生效。」那麼，發盤在未被送達受盤人之前，如發盤人改變主意，或情況發生變化，這就必然會產生發盤的撤回和撤銷的問題。在法律上，撤回和撤銷屬於兩個不同的概念。撤回是指在發盤尚未生效，發盤人採取行動、阻止它的生效。而撤銷是指發盤已生效後，發盤人以一定方式解除發盤的效力。

　　根據《公約》的規定，發盤可以撤銷，其條件是：發盤人撤銷的通知必須在受盤人發出接受通知之前傳達到受盤人。但是，在下列情況下，發盤不能再撤銷：

　　（1）發盤中註明了有效期，或以其他方式表示發盤是不可撤銷的。

　　（2）受盤人有理由信賴該發盤是不可撤銷的，並且已本著對該發盤的信賴行事。

　　這一款規定了不可撤銷的兩種情況：一是發盤人規定了有效期，即在有效期內不能撤銷。如果沒有規定有效期，但以其他方式表示發盤不可撤銷，如在發盤中使用了「不可撤銷」字樣，那麼在合理時間內也不能撤銷。二是受盤人有理由信賴該發盤是不可撤銷的，並採取了一定的行動。

　　某公司向外商發盤供應核桃仁500公噸，限7日內回復。該公司經調查研究後，於第5日做出決定欲接受該項發盤。但此時外商又發來電傳稱撤銷發盤。請問在此情況下，該公司應怎麼辦？

3. 發盤失效

　　《公約》第十七條規定：「一項發盤，即使是不可撤銷的，於拒絕通知送達發盤人時終止。」這就是說，當受盤人不接受發盤的內容，並將拒絕的通知送到發盤人手中時，原發盤就失去效力，發盤人不再受其約束。

　　此外，在貿易實務中還有以下三種情況造成發盤的失效：

　　（1）發盤人在受盤人接受之前撤銷該發盤。

　　（2）發盤中規定的有效期屆滿。

　　（3）其他方面的問題造成發盤失效。這包括政府發布禁令或限制措施造成發盤失效。另外，還包括發盤人死亡、法人破產等特殊情況。

　　需要指出的是，在發盤中，如果發盤人有保留地願按所提條件達成交易的一種不肯定表示（Offer Without Engagement），應被視為一種發盤邀請或詢盤。我們向國外新客戶初次推銷，或應新客戶的詢盤，大多對外寄送報價單（Quotation Sheet）、價目單

（Price List），這些都應屬於發盤邀請，報價單往往僅列出商品品名、規格、包裝、單價，不提數量或裝運期限。更主要的是，在報價單上，均聲明「價格得隨時變更，無須通知」（The prices are subject to change without notice）或「以我方確認後有效」（Subject to our final confirmation）。有些國家要求我們提供形式發票（Proforma Invoice），它是非正式的參考性發票，也屬於發盤邀請。我們在形式發票上均註明「以我方確認後有效」字樣。

（三）還盤和再還盤

所謂還盤（Counter Offer）是指受盤人對發盤內容不完全同意而提出要求更改的表示。在磋商交易中，還盤是對發盤的拒絕，也是受盤人以發盤人的地位所提出的新發盤。因此，一方的發盤經對方還盤以後即失去效用，受盤人不得再接受原發盤。所謂再還盤（Counter Counter Offer）就是對還盤的還盤。與上述還盤的性質一樣，再還盤是對還盤的拒絕，是還盤人針對還盤而發出的新發盤，是雙方考慮成交的新的基礎。一方發盤，另一方如對其內容不同意，可以進行還盤。同樣，一方的還盤，另一方如對其內容不同意，也可以進行再還盤。一筆交易往往經過還盤及往返多次的再還盤才能達成。還盤與再還盤不僅可以就商品價格的高低提出意見，也可以就交易的其他條件提出意見。

（四）接受

所謂接受（Acceptance）是指交易的一方在接到對方的發盤或還盤，以聲明或行為向對方表示同意。法律上稱為承諾。

構成法律上有效的接受需具備四個要件：

1. 接受必須由指定的受盤人做出才具有法律效力

2. 接受必須表示出來

接受必須由受盤人以某種方式表示出來（包括聲明或行為）。如果受盤人在思想上已願意接受對方的發盤，但保持緘默或不做出任何行為，通常不能構成接受。但有例外，例如，交易雙方是老客戶，根據原定協議、慣例或習慣做法，賣方一直按買方的定期訂貨單發貨，並不需要另行通知對方表示接受其訂單；若賣方收到買方訂貨單後，既不發貨，也不通知買方表示拒絕其訂貨單，則賣方的緘默就等於接受，買方仍可據此控告賣方違約。

3. 接受通知要在發盤的有效期內送達發盤人才能生效

發盤中通常都規定有效期。這一期限有雙重意義：一方面它約束發盤人，使發盤人承擔義務，在有效期內不能任意撤銷或修改發盤的內容，過期則可不再受其約束；另一方面，發盤人規定有限期，也是約束受盤人，只有在有效期內做出接受才有法律效力。

在國際貿易實踐中，由於各種原因，致使受盤人的接受通知有時晚於發盤人規定的有效期送達，這在法律上稱為遲到的接受或逾期的接受。接受遲到或逾期可能是受盤人造成的，也可能是傳遞接受通知的失誤所致。對於這種遲到的接受，發盤人不受其約束，不具有法律效力。但也有例外的情況，如《公約》第二十一條規定過期的接

受在下列兩種情況下仍具有效力：

(1) 如果發盤人毫不遲延地用口頭或書面的形式將此種意思通知受盤人；

(2) 如果載有逾期接受的信件或其他書面文件表明，它在傳遞正常的情況下是能夠及時送達發盤人的，那麼這項逾期接受仍具有接受的效力，除非發盤人毫不遲延地用口頭或書面方式通知受盤人，他認為發盤已經失效。

4. 接受必須與發盤內容相符

這是指接受應該是無條件的，即沒有附帶任何條件，且完全同意發盤人所提出的各項交易條件。無條件地接受，在有效期內，肯定是有效的接受。

但是，在實際業務中，受盤人在表示接受時，對發盤做出某些添加、限制或其他更改，即有條件的接受，那麼區分有條件的接受是否有效應根據受盤人所提更改條件的性質來劃分，如果更改內容屬於實質性的改變（如價格、支付、貨物品質、數量、交貨時間和地點以及爭議的解決等），則有條件的接受通常無效，它應屬於一種還盤，是新的發盤；但若更改內容屬於非實質性的（如只是增加某些單據種類或份數或要求分批裝運等），那麼它是否有效就取決於發盤人是否反對。如果發盤人不表示反對，則可認為是有效接受。

第二節　合同訂立

一、合同有效成立的條件

（一）貿易合同當事人應具備行為能力和合法資格

各國的法律都規定，具有行為能力的自然人和法人都有簽訂合同的能力。但是什麼樣的自然人才算有行為能力的人，各國的法律規定不同。一般規定，神智正常的成年人具有行為能力，可以簽訂合同。法人的訂約能力就是法人的行為能力。法人的行為能力系由法人所具有國籍的國家的公司來決定。因為法人是按照有關國家的法律正式批准並登記註冊的公司或組織，它們經營的業務和進行的法律行為必須符合法人章程的規定。法人行為能力的行使必須由其法定代表人或授權代表進行。如公司董事長、總經理或其他代表。因此，在簽訂進出口貿易合同時就有要求審查法人的行為能力和代表的資格，看它是否超越了它的業務範圍和章程，它的代表人是否為法定代表個或合法代理人，是否超越了他的代理權限。

所謂貿易當事人的合法資格是指有訂立合同能力的當事人在簽訂進出口貿易合同時，有無權力和能力從事該項活動。進出口貿易合同的當事人絕大多數都是法人。法人簽訂貿易合同必須在其經營業務範圍之內。那些超越經營範圍的貿易合同是無效的合同。所以，在簽訂貿易合同時，要十分重視對方的履約能力。

一般在簽訂合同前要求對方提供有關的資信證明，例如：按對方所在國或所在地政策登記註冊的合法證件；企業經註冊會計師審計的最近一年的審計報告；經公證機構證明的擔保證書；企業對其簽約代表或委託代理人的授權證書或委託書；對方的名

稱、性質、詳細地址、電話、電報號碼、銀行帳號、董事長、總經理的姓名等。在進出口貿易實務中，如果只憑一紙名片，一番口頭介紹訂立合同付諸履約，往往容易上當受騙而蒙受重大損失。

(二) 貿易合同必須合法

進出口貿易合同必須合法，是指雙方當事人經過協商所達成的協議的內容必須符合有關國家的法律規定和維護公共秩序，否則合同無效。

貿易合同既是私人之間的協議，只要雙方貿易當事人經過協商，做出了一致的意思表示，在他們之間就產生了權利與義務的關係。從這點來說，它似乎與他人無關。但是，如果貿易合同的內容違反了有關國家的法律，就不能受到有關國家的法律保護。當事人所確立的權利與義務也就沒有法律的約束力，合作歸於無效。如果這樣，貿易合同的簽訂和履行還將會給國家利益造成損失。那麼，當事人應負一定的法律責任。

貿易合同必須合法的理由有：①從理論上講，簽訂貿易合同是一種法律行為。這種法律行為當然是一種合法的行為。任何違反有關國家法律和社會公共利益的行為，都是法律所禁止的，是非法行為。②當事人簽訂貿易合同的目的是要達到預期的經濟目的。這種經濟目的必須和有關進出口國的經濟利益一致，否則就不能受到國家法律的保護，也是難以履行的。

貿易合同必須合法，包括兩方面的內容：①貿易合同的內容不得違反進出口國家的法律、法令和一些政策性規定。貿易當事人不得以私人協議，變更國家的法律和法令。進出口國家的法律、法令是由立法機關或政府頒布的，是強制性的法律規範，當事人只有服從、遵守的義務。②合同不得違背社會公共利益。何謂社會公共利益？社會公共利益也稱公共秩序。各國對此有不同的解釋。它既是一個法律概念，又是一個政治概念，一般認為，如果合同不利於國家的安全，有損於國家的利益和社會道德風尚，有礙於社會的進步和人類的健康等都屬於違背社會公共利益。例如，貿易雙方訂立合同要瓜分市場，壟斷技術，維持高額利潤，甚至訂立合同銷售毒品等都屬於違背公共秩序。

(三) 當事人的意思表示真實且無瑕疵

各國合同法一般都認為貿易雙方當事人必須協商一致。如果協商不一致，一方強加於另一方，貿易合同便不能成立。貿易合同當事人的意思表示必須是真實且無瑕疵的。凡在他人詐欺或脅迫下做出的意思表示是虛假的，不真實的，因而在這種情況下簽訂的貿易合同是無效的。

所謂的詐欺是指以使他人發生錯誤為目的的故意行為。英美法把詐欺稱為「欺騙性的不正確說明」。一個當事人訂立合同之前，為了吸引對方，達到訂立合同的目的，而把重要事實進行隱瞞，誇大或者應披露而不披露，都屬於詐欺。各國法律都認為，凡因詐欺而訂立合同時，受欺騙的一方可以撤銷合同，主張合同無效，甚至請求賠償損失。在國際經濟貿易中，這種詐欺性的行為時有發生。如在保險合同中，投保人故意隱瞞真相，如果標的物已經發生險情而不如實地告知保險人，就屬於詐欺。

所謂脅迫是指以使人發生恐怖為目的的一種故意行為。大陸法系國家認為，脅迫

是指對當事人施加心理上的壓力，而不僅僅是包括肉體上的。在這種情況下，受脅迫人不能表示其真實的意見，違反自己的意志而簽訂合同的行為，其中包括已實際施加的或者威脅將要施加的行為，都被視為脅迫。在目前的進出口貿易實務中，一方當事人對一方當事人施加肉體上的暴力極為罕見。但是，一方當事人利用其雄厚的財力、物力以及所擁有的先進技術和管理經驗，對另一方當事人施加精神上的威脅或要挾仍有發生。如有的當事人利用自己已控制的國際市場，迫使對方接受其包銷的條件，在技術貿易合同中以拒絕提供技術相威脅實行強行的搭賣等。

(四) 需具備法律形式

各國法律對貿易合同成立的形式的要求不盡相同。多數國家的法律對貿易合同的形成無特殊的要求，即無論以口頭方式、書面方式或以行動來表示均無不可，聽憑貿易當事人自願，也就是採取不要式原則。

《聯合國國際貨物銷售合同公約》對於進出口貿易合同的形式，原則上也採取不要式原則。該公約第十一條規定，銷售合同無須以書面訂立或書面證明，在形式方面也不受任何其他條件的限制，銷售合同可以採用包括人證在內的任何方式證明。但該公約為了照顧某些國家的實際情況，允許締約國對包括該公約第十一條在內的某些條款提出聲明予以該公約保留。如果訂約的貿易當事人的任何一方的營業地處於做出保留聲明的締約國境內，則該公約第十一條的規定將不予適用。

中國涉外的經濟合同法規定，進出口貿易合同必須以書面形式訂立。該法還規定，當事人就合同條款以書面形式達成協議並簽字，即為合同成立。口頭方式簽訂的進出口貿易合同不會受到中國法律的保護。

(五) 貿易合同的訂立必須以約因或對價為根據

在某些國家，簽訂貿易合同需要有約因或對價。約因是法國等某些大陸法系國家從羅馬法中借用來的合同成立要件。按照法國法制解釋，約因是指訂約當事人產生該項債務所追求的最接近和最直接的目的。例如，在貿易合同中，賣方的交貨最接近和最直接的目的是為了換取金錢，同樣買方的付款是為了取得貨物。因此，在這樣的雙方合同中，存在著兩個約因，即買方付款是賣方交貨的約因，而賣方交貨又是買方付款的約因。雙方當事人之間也是相對給付的關係。

對價則是英美法系國家中的術語，它的基本含義是相對給付。這是指當事人一方與另一方都是給付者，都承擔給付的責任。例如，在貿易合同中，賣方交貨是為了取得買方支付的貨款，就是買賣雙方的相對給付，就是貿易合同的對價。但是，對價並非等價，對價僅僅指互為有償。至於對價是否公平、合理、適當，則由雙方當事人自行考慮，法律一般不加以干涉。對價可以是錢、物或行為。

二、書面合同的簽訂

按照一般的法律規則，合同的成立取決於一方的發盤和另一方對發盤接受的程序。簽訂書面合同不是合同有效成立的必備條件。《公約》規定：「銷售合同無須書面訂立或書面證明，在形式方面也不受任何其他條件的限制。但在國際貿易實踐中，在當事

人雙方經過磋商一致、達成交易之後，一般的都要另行簽訂書面合同。這樣才能使其既受到法律的約束，又得到法律的保護。

(一) 書面合同可以作為合同成立的證據

根據法律要求，凡是合同必須能得到證明，提供證據，包括人證和物證。我們通常所說的「空口無憑，立字為據」、「重合同、守信用」等從某一側面說明了書面合同的作用及其重要性。在用信件、電報或電傳磋商時，書面證明必不可少。即使口頭磋商達成的合同，如果不用一定的書面形式加以確認，就將不能得到法律上的保障和監督，而導致無效。《中華人民共和國經濟合同法》對涉外經濟合同的成立明確規定：「當事人就合同條款以書面形式達成協議並簽字，即為合同成立」，即中國在加入「公約」時對此點提出了保留。在中國對外貿易實踐中，只有簽下正式的書面合同，才是交易達成的標誌。

(二) 書面合同有時是合同生效的條件

如果買賣雙方磋商時，一方曾聲稱以簽訂書面合同為準時，即使雙方已對交易條件全部協商一致，在書面合同簽訂之前，合同也不能生效。《中華人民共和國涉外經濟合同法》規定：「……通過信件、電報、電傳達成協議，一方當事人要求簽訂確認書的，簽訂確認書時，方為合同成立。」此外，按規定需經一方或雙方政府機構審核批准的合同，也必須是有一定格式的書面合同。只有正式簽訂書面合同，合同方開始生效，雙方才可履行合同。

(三) 書面合同可作為履約的依據

在國際貿易中，進出口合同履行涉及企業內外的眾多部門和單位共同合作，涉及面廣、環節多。無論是口頭還是書面達成的協議，如果沒有一份包括各項條款的合同，則給履行帶來許多不便。所以，在實際業務中，均需把已達成一致的交易條件綜合起來，全面、清楚地列明在一份具有標準格式的書面合同上，以便進一步明確雙方的權利、義務，保證合同順利履行，同時作為正確履行的依據。

三、書面合同的形式

在國際貿易中，各國進出口貿易書面合同的名稱和形式，沒有固定的格式。中國對外貿易業務中主要使用合同和確認書。

1. 合同（Sales Contract）

合同的內容比較全面、詳細，除了包括交易洽商的主要條件，如品名、規格、數量、包裝、價格、裝運、保險、支付外，還包括一般交易條件、商品檢驗、索賠、仲裁、不可抗力等條款。賣方草擬提出的合同稱為銷售合同，買方草擬出的合同稱為購貨合同。合同中一般使用的是第三人稱的語氣。

2. 確認書（Sales Confirmation）

確認書是合同簡化形式。賣方出具的確認書稱為售貨確認書，買方出具的確認書稱為購貨確認書，使用的文字多以第一人稱的語氣，法律效力與合同完全相同。

3. 協議書（Agreement）

當雙方當事人把經協商達成一致的交易條件歸納為書面形式時，稱之為協議。其內容中對買賣雙方當事人的權利和義務作了明確、具體和肯定的規定，具有法律效力。

4. 訂單和委託訂購單（Orders）

訂單是由進出口商與實際購買者擬定的貨物定購單。委託訂購單是由代理商或中間商擬定代理買賣貨物的訂購單。

訂單和委託訂購單，在實際進出口貿易中可以區別為兩種性質：一種是經過雙方磋商的達成交易之後，對方寄來的訂單或委託訂購單，這是國外客戶的購貨合同或購貨確認書，具有法律效力；另一種是事先雙方當事人並未進行過磋商，而是出口商單方面的行為，這只是一種發盤或遞盤，不具有法律效力。

當面或經電話口頭磋商達成的交易，在取得口頭協議後，都應經雙方合法代表正式簽署書面合同。

5. 意向書（Intention Letter）

意向書只是買賣雙方當事人為了達成某項協議所做出的一種意願的表示，它不是法律文件，對有關當事人沒有約束力。但根據意向書，有關當事人道義上的責任，在進一步洽談中，一般不應與意向書中所作的規定偏離太遠。

四、書面合同的內容

一份完整的國際貨物買賣合同一般由以下三個部分組成：

1. 約首

約首即合同的首部，是合同的序言部分，通常包括合同的名稱、合同的編號、合同簽訂的日期和地點、訂約雙方當事人的名稱和地址等。

2. 本文

本文是合同的主體部分，一般以合同條款的形式具體列明交易的各項條件，規定雙方的權利義務。本文部分一般包括下列合同條款：品名、數量、包裝、價格、支付、運輸、保險等。此外，出口合同或確認書中通常還在一般交易條件或備註欄中列明有關預防及處理有關爭議的條款。

3. 約尾

約尾即合同的尾部，主要列明合同的份數、附件及其效力、使用的文字、合同生效的時間、合同適用的法律以及締約雙方當事人（法人代表或其授權人）的簽字。中國的出口合同的訂約地點一般都寫在中國。

思考與練習題

一、單項選擇題

1. 在交易磋商過程中，有條件接受的實質是（　　　）。
   A. 還盤的一種形式　　　　　　B. 有條件的接受

  C. 無條件地接受   D. 合同已達成

2. 在交易磋商中，（   ）。
  A. 發盤只能由賣方做出，接受只能由買方做出
  B. 發盤和接受只能由賣方做出
  C. 發盤只能由買方做出，接受只能由賣方做出
  D. 發盤和接受既能由賣方，也能由買方做出

3. 發盤生效的時間是（   ）。
  A. 送達受盤人時   B. 發出時
  C. 簽約時   D. 規定價格時

4. （   ）是準備購買或出售商品的人向潛在供貨人或買主探詢該商品的交易可能性或一些交易條件的行為，不具有法律上的約束力。
  A. 詢盤   B. 發盤   C. 還盤   D. 承諾

5. 外銷合同的成交，按照國際貿易慣例是（   ）。
  A. 一方的發盤為另一方有效的接受
  B. 雙方在書面合同上簽字
  C. 經雙方有關機構批准
  D. 一方對另一方發盤的默認

6. 一項發盤，經過還盤後，則該項發盤（   ）。
  A. 失效   B. 仍然有效
  C. 對原發盤人有約束力   D. 對還盤人有約束力

7. 在國際貨物買賣中，買方發盤習慣上稱為（   ）。
  A. 遞盤   B. 要約   C. 邀請發盤   D. 反要約

8. 加註「須以發盤人的最後確認為準」的訂約建議是（   ）。
  A. 發盤   B. 遞盤
  C. 要約   D. 邀請對方發盤

9. 根據《公約》規定，受盤人對發盤表示接受，可以有幾種方式，下列（   ）不在此列。
  A. 通過口頭向發盤人聲明   B. 通過書面向發盤人聲明
  C. 通過沉默或不行為表示   D. 通過實際行動表示接受

10. 某項發盤於某月12日以電報形式送達受盤人。但在此之前的11日，發盤人以傳真告知受盤人發盤無效，此行為屬於（   ）。
  A. 發盤的撤回   B. 發盤的修改
  C. 一項新的發盤   D. 發盤的撤銷

11. 關於遲到的接受，《公約》規定（   ）。
  A. 遲到的接收無效
  B. 遲到的接收是一個新的發盤
  C. 遲到的接收完全有效
  D. 遲到的接收是否有效，關鍵看法盤如何表態

12. 有關合同成立的時間，《公約》規定（　　）。
    A. 接受生效時間即為合同成立時間
    B. 接受投郵時間即為合同成立時間
    C. 發盤生效時間幾位合同成立時間
    D. 還盤發出時間即為合同成立時間

二、多項選擇題

1. 簽訂書面合同的意義是（　　）。
   A. 合同成立的證據　　　　　　B. 合同生效的條件之一
   C. 合同履行的依據　　　　　　D. 合同糾紛解決的依據之一
   E. 收益劃分的依據

2. 磋商交易包括的環節有（　　）。
   A. 詢盤　　　　　　　　　　　B. 發盤
   C. 還盤　　　　　　　　　　　D. 接受
   E. 否定

3. 根據《公約》規定，發盤的內容至少應包括的基本要素是（　　）。
   A. 標明貨物的名稱
   B. 明示或默示地規定貨物的數量
   C. 明示或默示地規定確定數量的方法
   D. 明示或默示地規定貨物的價格
   E. 明示或默示地規定確定價格的方法

4. 以下（　　）情況下的發盤，一旦生效，則不得撤銷。
   A. 在發盤中規定了有效期
   B. 以其他方式表示該發盤是不可撤銷的
   C. 受益人有理由信賴該發盤是不可撤銷的，並本著對該發盤的信賴採取了行動
   D. 發盤是由公司總部做出的
   E. 發盤對價格、數量做了確定

5. 構成一項有效的接受，必須具備的條件有（　　）。
   A. 接受必須由受盤人做出
   B. 必須同意發盤所提出的交易條件
   C. 在發盤規定的時限內做出
   D. 傳遞的方式應符合發盤的要求
   E. 必須明示

6. 一項合同成立的有效條件包括（　　）。
   A. 當事人必須具有簽訂合同的行為能力
   B. 合同必須有對價或約因
   C. 合同的內容必須合法
   D. 合同必須符合法律規定的形式

E. 合同當事人的意思表示必須真實

三、判斷題

1. 還盤一經做出，原發盤即告失效。（　　）
2. 如發盤沒有規定有效期，則受盤人可以在任何時間內表示接受。（　　）
3. 根據《公約》的解釋，接受必須用聲明或行動表示出來，沉默或不行動本身不等於接受。（　　）
4. 根據《公約》的規定，如果撤回通知於接受之前或與接收同時到達受盤人，接受得以撤回。（　　）
5. 邀請發盤對雙方都具有約束力。（　　）
6. 一項發盤一旦被接受，合同即告成立。（　　）
7. 根據《公約》的規定，接受可以由任何人做出。（　　）

四、簡答題

1. 簡述交易磋商的重要性。
2. 構成一項發盤應具備的條件有哪些？
3. 發盤的撤回和撤銷有什麼區別？
4. 一項發盤其效力終止的原因有哪些？
5. 簡述一項有效的接受必須具備的條件。

五、案例分析題

1. 我方某出口企業於10月1日向日商發盤：阿托品，每100盎司一批，3.25美元一盎司FOB大連，5日內貨到有效。日商於10月7日回電表示接受，我方立即電告對方其接受有效，並著手備貨。兩天後，日商來電稱7日電傳超出發盤有效期，屬無效接受，認為合同不成立。請問日商的做法是否合理？為什麼？

2. A擬出售一臺X型機床給B，A在發盤電報中說：「確認出售一臺X型機床（其他各項交易條件略），請電匯一萬美元」。B立即復電：「確認你方來電，同意各項交易條件，我已匯交你方開戶銀行一萬美元，該款在你交貨前代你方保管。」但A接到回電後未作任何答復，並把這臺機床以更高的價格賣給C。事後雙方發生爭議。問：在上述情況下A的做法是否合理？為什麼？

3. 我某公司於10月2日向美商發電，以每打84.50美元CIF紐約的價格提供全棉男襯衫500打，限10月15日貨到有效。10月10日收到美商回電，稱價格太高，若每打80美元可接受。10月13日又收到美商來電：「接受你方10月2日發盤，信用證已開出。」但我方由於市價上漲未作回答，也沒有發貨，後美商認為我方違約，要求賠償損失。問：我方應否賠償？為什麼？

第九章 進出口合同的履行

【本章要點】

本章主要介紹進出口合同履行的基本環節和運作程序。

通過本章的學習，瞭解進出口合同履行過程中備貨、開證、審證、托運、投保、製單結匯、付款、提貨、進出口報關等環節的具體做法。

【導入案例】

關於合同履行過程糾紛的案例

中國南方某公司與丹麥 AS 公司在 2004 年 9 月按 CIF 條件簽訂了一份出口聖誕燈具的商品合同，支付方式為不可撤銷即期信用證。AS 公司於 7 月通過丹麥日德蘭銀行開來信用證，經審核與合同相符，其中保險金額為發票金額的 110%。就在我方正在備貨期間，丹麥商人通過通知行傳遞給我方一份信用證修改書，內容為將保險金額改為發票金額的 120%。我方沒有理睬，仍按原證規定投保、發貨，並於貨物裝運後在信用證交單期和有效期內，向議付行議付貨款。議付行審單無誤，於是放款給受益人，後將全套單據寄丹麥開證行。開證行審單後，以保險單與信用證修改書不符為由拒付。試問：開證行拒付是否有道理？為什麼？

進出口合同的履行是指簽約的買賣雙方分別完成合同約定的義務，同時享受其賦予的權利的過程。即賣方向買方提交符合合同規定的貨物，並移交一切與貨物有關的單據和轉移貨物的所有權；買方按照合同規定支付貨款，並收取貨物。

在國際貿易中，經過買賣雙方交易磋商，達成的進出口合同，對雙方的權利和義務都具有約束力，合同一經有效成立，雙方必須嚴格履行合同的規定。可以說，在進出口貿易中履行合同的階段比合同的磋商和簽訂的階段更為重要，這是因為：

（1）履行合同是交易雙方實現各自經濟目的的前提條件；

（2）履行合同是交易雙方必須遵守的法律和規則；

（3）履行合同是檢驗當事人資信的一個重要方面。

「重合同，守信譽」是中國開展外貿工作的基本原則，也是我們履行進出口合同的原則。中國企業在對外簽訂進出口合同時要極為慎重，因政策（如受配額及許可證限制的出口商品，該企業無法取得配額和許可證）或實際生產能力的限制不能或難以做到的事項，則不要輕易做出允諾。而一旦允諾並在合同中以書面形式定下的內容，企業就必須嚴格按合同辦事，不能以各種借口或理由單方面修改或變更合同的條款。同時，中國企業在履行進口合同時，也要注意隨時督促對方按合同履行其交貨義務，防

第九章 進出口合同的履行

止對方拖延履約或借故毀約。

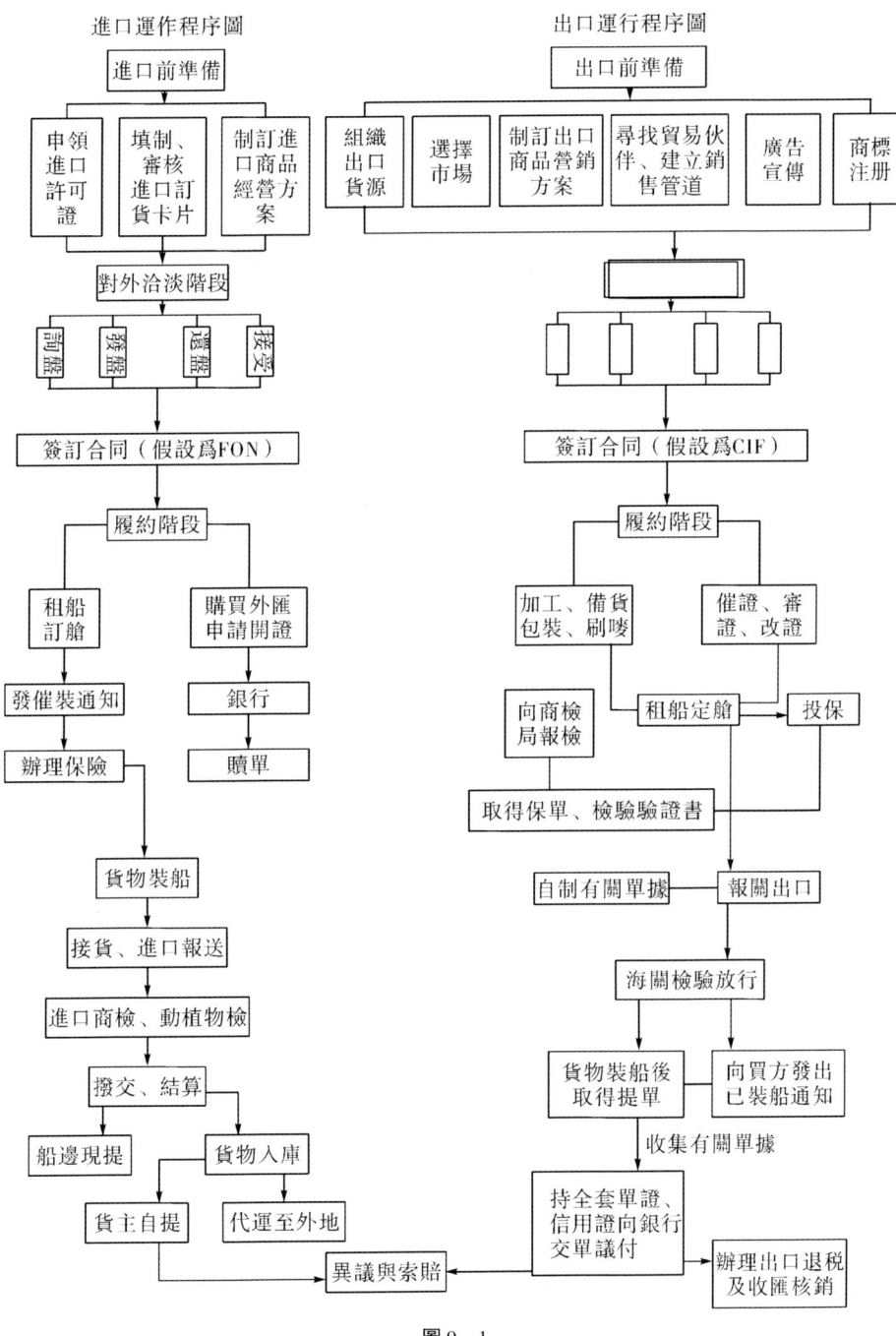

進口運作程序圖

進口前準備 → 申領進口許可證 / 填制、審核進口訂貨卡片 / 制訂進口商品經營方案

→ 對外洽淡階段：詢價、發盤、還盤、接受

→ 簽訂合同（假設為FON）

→ 履約階段：
- 租船訂艙 → 發催裝通知 → 辦理保險
- 購買外匯申請開證 → 銀行 → 贖單

→ 貨物裝船 → 接貨、進口報送 → 進口商檢、動植物檢 → 撥交、結算
→ 船邊現提 / 貨物入庫 → 貨主自提 / 代運至外地
→ 異議與索賠

出口運行程序圖

出口前準備 → 組織出口貨源 / 選擇市場 / 制訂出口商品營銷方案 / 尋找貿易伙伴、建立銷售管道 / 廣告宣傳 / 商標註冊

→ 簽訂合同（假設為CIF）

→ 履約階段：
- 加工、備貨、包裝、刷嘜
- 催證、審證、改證
- 向商檢局報檢 / 租船定艙 / 投保
- 取得保單、檢驗驗證書
- 自製有關單據 → 報關出口 → 海關檢驗放行

→ 貨物裝船後取得提單 / 向買方發出已裝船通知 → 收集有關單據
→ 持全套單證、信用證向銀行交單議付 / 辦理出口退稅及收匯核銷
→ 異議與索賠

圖 9-1

203

第一節　出口合同的履行

出口合同的履行是指貨物交易中賣方按照合同的規定履行交貨等一系列的責任，直至其收回貨款的整個過程。在出口業務中，賣方履行合同的基本義務是向買方提交符合合同規定的貨物，並移交一切與貨物有關的單據和轉移貨物的所有權。採用不同的價格術語和支付方式，賣方履行合同就會產生不同的做法。在中國的外貿業務中，較常使用的是以 L/C 作支付方式和 CIF 或 CFR 價格術語成交的合同。在 CIF 或 CFR 條件和憑 L/C 支付的方式下，履行合同一般需經過下列各環節：落實信用證（催證、審證、改證），備貨（商品檢驗），租船訂艙（投保、報檢、報關、裝運、發裝船通知），製單結匯（製單、交單、結匯），收匯核銷和出口退稅，違約的處理。其中，以貨、證、船、款四個環節最為重要。

一、備貨

備貨工作是指賣方根據出口合同的規定，按時、按質、按量地準備好應交的貨物，並做好申請報檢和領證工作。

備貨工作的主要內容包括：及時向生產、加工或供貨部門安排貨物的生產、加工、收購和催交，核實應交貨物的品質、數量和交運時間，並進行必要的包裝和刷制嘜頭等工作。

備貨應符合下列要求：
(1) 保證貨物的品質與合同和信用證規定相符；
(2) 貨物的數量同合同和信用證的規定相符；
(3) 貨物的包裝方式、包裝材料必須符合合同和信用證的規定及運輸的要求；
(4) 應按照合同和信用證的規定刷制嘜頭；
(5) 備貨的時間應與合同和信用證規定的裝運期限，與船期緊密銜接，防止交貨脫期，同時又要注意適當留有餘地，以免造成延誤。

二、落實信用證

（一）催證

在採用 L/C 支付的情況下，當進口方未按合同規定的時間開立信用證，或合同裝運期較長，賣方想提前裝運，或原合同規定的開證期已到等，賣方往往會通過信函、電傳等方式催促進口方開立信用證。

（二）審證

出口企業在收到買方開來的 L/C 後，應對照合同並依據《跟單信用證統一慣例》，對信用證內容進行全面、認真的審核。

審證時，遇到有關政策性的問題，因對於不同國家、不同地區以及不同銀行有不

同的掌握原則，應先與中國銀行共同研究，根據中國的方針政策，區別問題的性質，決定統一的對外措施，以使銀貿步調一致。如果屬於品質、數量、金額、交貨期、港口等交易條件的不符，責任在對方的，不能使我方接受時，應立即要求國外修改。有時由於艙位及備貨發生變化等原因不能按期裝運，責任在我方的，也應及時商請對方改證，並在收到對方的修改書後，才能安排裝運交貨。這裡要注意的是，對於一張信用證中的問題，應盡可能一次提出修改，不應一次只修改一項，造成多次修改的現象，改證過多也會引起不良的政治影響和經濟上的損失。

審證時應注意審查以下主要內容：開證行的資信情況、L/C 的性質和開證行的責任、L/C 的金額與貨幣、裝運期、L/C 的有效期及到期地點、交易條件、單據、L/C 的各方當事人、其他特殊條款。

(三) 改證

經審證後，發現有不符合，或不能接受之處，即應請開證申請人通過開證行進行修改。

改證時應注意以下事項：

(1) 修改的各項內容，應盡量一次性提出，避免多次修改，以免增加雙方的手續和費用，浪費雙方的時間；

(2) 凡能辦到而又不增加費用的，應盡量不修改；

(3) 修改應及時提出，以避免因拖延時間過長，造成銀行認為我方已接受的誤解；

(4) 對信用證的修改書也應認真審核，防止國外客戶趁機修改、添加、刪除一些重要內容；

(5) 修改書應由原通知行傳遞。

三、租船、訂艙

1. 租船訂艙

在 CIF 或 CFR 條件下，租船訂艙是賣方的責任之一。如出口貨物數量較大，需要整船載運的，則要對外辦理租船手續；對出口貨物數量不大，不需整船裝運的，則安排洽訂班輪或租訂部分艙位運輸。

關於訂艙工作的基本程序大致如下：

(1) 各進出口公司填寫托運單（Booking Note B/N），作為租船或訂艙的依據。

(2) 船公司或其代理人在接受託運人的托運單證後，即發給托運人全套裝貨單（Shipping Order S/O），俗稱下貨紙。

(3) 貨物裝船之後，即由船長或大副簽發收貨單，即大副收據（Mate's Receipt）。托運人憑收貨單向船公司或其代理人交付運費並換取正式提單。

(4) 貨物裝船並取得提單後，出口企業應根據合同向買方發出已裝船通知，以便其瞭解裝運情況和進行接貨準備。

2. 報檢

報檢是指向出入境檢驗檢疫機構申請辦理進出口貨物的檢驗檢疫業務的行為。報

檢單位一般是專門的報檢公司或者貨。報檢時需提供報檢單原件、蓋工廠檢驗章的工廠檢驗報告原件、出口合同複印件等全套報檢資料交商檢局相關負責商檢抽樣的部門，請他們安排商檢。

凡屬國家規定或合同規定必須經中國進出口商品檢驗局檢驗出證的商品，在貨物備齊後，應向商檢機構申請檢驗，只有取得商檢機構的合格檢驗證書後，海關才能放行。凡經檢驗不合格的貨物，一律不得出口。

3. 報關

報關是指出口貨物裝船出運前，向海關申報的手續。按照中國《海關法》的規定：凡是進出國境的，必須經由設有海關的港口、車站、國際航空站進出，並由貨物所有人向海關申報，經過海關放行後，貨物才可提取或者裝船出口。

出口企業在裝船前，須填寫出口貨物報關單，連同其他必要的單證，如裝貨單、合同副本、信用證副本、發票、裝箱單、商檢證書等送交海關申報。海關查驗貨、證、單相符無誤，並在裝貨單上加蓋放行章放行後，貨物即可憑以裝船。

4. 投保

凡是按 CIF 價格成交的出口合同，賣方在裝船前，需及時向保險公司辦理投保手續，填製投保單。出口商品的投保手續，一般都是逐筆辦理的，投保人在投保時，應將貨物名稱、保額、運輸路線、運輸工具、開航日期、投保險別等一一列明。保險公司接受投保後，即簽發保險單或保險憑證。

5. 裝運

裝運按「四排」、「三平衡」原則進行。「四排」是指以買賣合同為對象，根據進程卡片反應的情況，其中包括信用證是否開到、貨源能否落實，進行分析排隊。並歸納為四類，即有證有貨、有證無貨、無證有貨、無證無貨。通過排隊，發現問題，及時解決。「三平衡」是指以信用證為依據，根據信用證規定的貨物裝船期和信用證的有效期遠近，結合貨源和運輸能力的具體情況，分別輕重緩急，力求做到證、貨、船三方面的銜接和平衡。盡力避免交貨期不準、拖延交貨期或不交貨等現象的產生。

6. 裝船通知

貨物裝船後，出口方應及時地向國外方發出裝運通知及提供相關證明，以便對方準備付款、贖單、辦理進口報關和接貨手續。尤其是對合同規定需在裝船時發出裝船通知的，應及時發出，這裡主要是指由買方自辦保險的貿易術語（FOB & CFR）。如因賣方延遲或沒有發出裝船通知的，致使買方不能及時或沒有投保而造成損失的，賣方應承擔責任。

裝船通知的內容包括：訂單號或合同號、信用證號、數量、總值、嘜頭、船名、航次、預計開航日和預定到達日等。

四、製單結匯

出口貨物裝運之後，出口企業應按信用證的規定，繕制各種單據，並在信用證規定的有效期內，送交銀行辦理議付結匯手續。這些單據主要是發票、匯票、提單、保險單、裝箱單、商品檢驗證書、原產地證明書等。開證行只有在審核單據與信用證規

定完全相符時，才承擔付款的責任，為此，各種單據的繕制是否正確完備，與安全迅速收匯有著十分重要的關係。

對結匯的單據，要求做到以下幾點：
（1）單據與信用證要求一致，單據與單據之間要一致；
（2）單據的份數和單據本身的項目必須完整無缺；
（3）在信用證有效期內，及時將單據送交議付銀行；
（4）單據的內容應按信用證要求和國際慣例填寫，力求簡明；
（5）單據繕寫或打印的字跡要清楚，單據表面要清潔。

（一）三種結匯方式

1. 收妥結匯

收妥結匯是指信用證議付行收到出口企業的出口單據後，經審查無誤，將單據寄交國外付款行索取貨款的結匯做法。在這種方式下，議付行都是待收到付款行的貨款後，即從國外付款行收到該行帳戶的貸記通知書（Credit Note），才按當日外匯牌價，按照出口企業的指示，將貨款折成人民幣撥入出口企業的帳戶。

2. 押匯

押匯又稱買單結匯，即指議付行在審單無誤的情況下，按信用證條款貼現受益人（出口公司）的匯票或者以一定的折扣買入信用證下的貨運單據，從票面金額中扣除從議付日到估計收到票款之日的利息，將餘款按議付日外匯牌價折成人民幣，撥給出口企業。議付行向受益人墊付資金、買入跟單匯票後，即成為匯票持有人，可憑票向付款行索取票款。銀行之所以做出口押匯，是為了給出口企業提供資金融通的便利，這有利於加速出口企業的資金週轉。

3. 定期結匯

這是指議付行根據向國外付款行索償所需時間，預先確定一個固定的結匯期限，並與出口企業約定該期限到期後，無論是否已經收到國外付款行的貨款，都將主動將票款金額折成人民幣撥交出口企業。

（二）出口單據

出口單據種類很多，根據其作用和性質不同，可以分為主要單據和輔助單據兩種。主要單據包括匯票、商業發票、提單、保險單等；輔助單據包括商檢證書、出口許可證、產地證、裝箱單和重量單等。按其簽發人的不同，可以分為出口商簽發的單據和有關單位、政府機關、社會團體簽發的單據。前者如匯票、發票、裝箱單、重量單等，後者如提單、保險單、商檢證書、出口許可證等。

下面就幾種主要單據概述如下：

1. 匯票

匯票是由一個人向另一個人簽發的，並給另一個人的一張無條件的書面支付命令，要求對方立即或在將來的某個時間或某一期間內支付一定金額給特定的人或其指定的人或持票人。在採用托收和信用證支付的情況下，匯票是主要出口單據之一。

在繕制匯票時，應嚴格按照信用證規定辦理。具體應注意以下幾點：

（1）匯票的出具依據應嚴格按照來證的要求填寫，一般要在匯票上加註開證行、開證地點、信用證號碼等。

　　（2）付款人姓名和地址。匯票的付款人即匯票的受票人，應按照信用證的規定填寫，寫在匯票上「此致—（TO—）」之處。

　　（3）受款人名稱。除非另有規定，在中國，受款人一般是議付銀行，即中國出口口岸銀行。

　　（4）匯票的金額。填寫匯票所使用的貨幣名稱縮寫和金額小寫數字（阿拉伯數字）。對於大寫金額，應在金額後面加上「only」（即「整」），貨幣名稱不能縮寫。大寫金額與小寫金額必須一致。匯票的金額必須明確、肯定，且不得大於信用證的最大金額。

　　（5）付款期限。對於即期匯票，應在付款期限一欄內填寫「AT SIGHT」。對於遠期匯票，需根據來證規定分別填寫見票後若干天付款（AT XX DAYS AFTER SIGHT）、出票後若干天付款（AT XX DAYS AFTER DATE OF DRAFT）、提單簽發日後若干天付款（AT XX DAYS AFTER DATE OF B/L）。

　　（6）出票人簽章。應打印出口公司的全稱，並由公司經理簽字。匯票需經出票人簽章方能有效。

　　（7）出票日期和出票地點。出票日期即交單日期，向銀行交單時填寫；出票地點一般為議付地點。匯票必須加列出票日期和出票地點，以便確定付款到期日，計算利息金額，同時確定適用的法律。

　　2. 發票

　　（1）商業發票（Commercial Invoice）

　　商業發票是賣方開給買方的載明貨物名稱、數量、價格等內容的清單，是全套出口單據的核心，其他單據都需以它為依據繕制。

　　商業發票的作用如下：①它是買賣雙方交接貨物和結算貨款的憑證；②它是進出口貨物報關納稅的憑證；③它是繕制其他出口單據的依據。

　　商業發票的基本內容有：①註明「Invoice」或「Commercial Invoice」字樣；②賣方、買方的詳細名稱和地址；③起運地和目的地；④貨物詳細名稱、規格、數量、重量（毛重或淨重）、體積；⑤貨物的單價、總值；⑥嘜頭和件號、批號；⑦發票、信用證、合同號碼；⑧賣方的正式簽章。

　　（2）海關發票（Customs Invoice）

　　海關發票是進口國海關制定的一種固定格式的發票，要求賣方填製。它的作用是供進口商憑以向海關辦理進口報關、納稅等手續，進口國海關根據海關發票來確定進口稅款。

　　海關發票的主要內容包括：①商品的生產成本，如 FOB 價、運費、保險費等；②產品的生產國家；③出口國國內市場價格。

　　（3）形式發票（Proforma Invoice）

　　形式發票是賣方應買方的要求開立的一種非正式發票，發票上載明擬出口貨物的名稱、單價等內容。該發票主要供進口商申請進口許可證或申批外匯時使用。發票上

的價格僅僅是根據當時情況估算的，對買賣雙方都無約束力。形式發票也不能作為結匯單據。

(4) 領事發票（Consular Invoice）

這是進口國領事館制定的一種固定格式的發票，出口人填寫後由領事簽章證實，供進口商憑以代替產地證明書向海關辦理報關、納稅等手續。

(5) 廠商發票（Manufacturer's Invoice）

廠商發票由出口貨物的製造廠商所出具的是以本國貨幣計算價格、用來證明出口國國內市場的出廠價格的發票，其作用是供進口國海關作為納稅的依據。

3. 提單（Bill of Lading）

提單是貨物所有權的象徵，是一種物權單據，因而也是出口的主要單據之一。國外來證一般都要求提供「全套清潔已裝船做成憑指示和空白背書的提單」（Full set of clean on board B/L made out to order and endorsed in blank）。在製作提單時必須注意提單的各項內容應與 L/C 相符。

4. 保險單

在 CIF 價格條件下，保險單也是主要出口單據之一。保險單內所列的險別、保險金額應嚴格符合信用證的規定。

5. 輔助單據

國外來證有時需要裝箱單（Packing List）、重量單（Weight List）、產地證明書（Certificate of Origin）和出口許可證（Export License）等。

(1) 產地證明書

這是一種證明貨物原產地或製造地的證件。

(2) 普惠製單據

普惠制簡稱 GSP。中國加入世界貿易組織以前，已有新西蘭、加拿大、日本、歐盟等國家，給予中國以普惠制待遇。對這些國家的出口貨物，需提供普惠製單據，作為進口國海關減免關稅的依據。

目前使用的普惠製單據有：①表格 A 產地證（GSP Certificate of Origin Form A）；②紡織品產地證（Certificate of Origin of Textile Products）；③紡織品出口許可證（Export Licence of Textile Products）；④手工製紡織品產地證（Certificate in regard to Handlooms Textile Handcrafts and Traditional Textile Products of the Cottage Industry）；⑤紡織品裝船證明（Shipment Certificate of Textile Products）。

(3) 裝箱單和重量單

這兩種單據是用來補充商業發票內容的不足，便於國外買方在貨物到達目的港，供海關檢查和核對貨物。裝箱單又稱花色碼單，列明每批貨物的逐件花色搭配；重量單則列明每件貨物的毛重、淨重。

(4) 檢驗證書

各種檢驗證書是分別用以證明貨物的品質、數量、重量和衛生條件的。在中國，這類證書一般由中國進出口境商品檢驗檢疫總局及其各地商檢機構出具，如合同或信用證無特別規定，也可以分別不同情況，由進出口公司或生產企業出具。但應注意證

書的名稱及所列項目或檢驗結果，應與合同及信用證規定相同。

五、收匯核銷和出口退稅

(一) 收匯核銷

為加強對出口收匯的管理，避免國家的外匯流失，中國從1991年1月1日起，對出口商品實行「跟蹤追匯」的辦法。由國家外匯管理局制定了《出口收匯核銷管理辦法及實施細則》，進出口企業在辦理出口報關和結匯時均應按照執行。具體做法如下：

（1）進出口企業於出口貨物報關前，應到當地外匯管理部門申領經外匯管理部門加蓋「監督收匯」章的「出口收匯核銷單」（簡稱核銷單），並在核銷單上填妥有關規定的內容。

（2）進出口企業在向海關申報時，必須出示核銷單，並憑有核銷單編號的報關單辦理報關手續，否則海關不予受理。海關對其進行審核無誤後，加蓋「放行」章，退回進出口企業。

（3）進出口企業在貨物報關出口後，必須在規定的時間內將核銷單存根、發票、報關單和有關匯票副本送原發放核銷單的當地外匯管理部門以備核銷。

（4）進出口企業在貨物報關出口後，在向結匯銀行遞交單據時，必須附上與該票出口單據有關的核銷單；否則，結匯銀行將拒絕受理單據。結匯銀行收妥貨款後，即在核銷單上填寫寄單日期，BP/OC號（BP號是指信用證項下議付通知編號，OC號是指托收項下委託書編號）並蓋章，然後將結匯水單/收帳通知與核銷單一併退回進出口企業。

（5）進出口企業不論採用何種方式收匯，必須在最遲收款日期後的30個工作日內，憑結匯銀行簽章的核銷單，結匯水單/收帳通知以及有關的證明文件到當地外匯管理部門辦理出口收匯核銷手續。

如逾期未能收妥外匯貨款，進出口企業必須及時向外匯管理部門以書面形式申報原因，外匯管理部門可視情況處理。進出口企業必須遵守《出口收匯核銷管理辦法》的規定；否則，外匯管理部門有權視情節給予警告、通報、罰款或暫停有關外匯帳戶的使用等處罰。凡採用各種方式進行逃匯或套匯的，按國家外匯管理局1985年4月5日公布的《違反外匯管理處罰施行細則》處理。

(二) 出口退稅

為鼓勵出口，中國實行出口退稅政策。出口退稅的申請程序與所需憑證如下：

1. 出口退稅的申請程序

（1）出口企業應持對外貿易經濟合作部或其授權單位批准該企業專有出口經營權的批件和工商營業執照於批准之日起30日內向所在地主管退稅業務的稅務機關辦理退稅登記證。未辦理退稅登記的出口企業一律不予辦理出口貨物的退稅或免稅。出口企業如發生撤並、變更的情況，應於批准撤並或變更之日起30日內向所在地主管出口退稅業務的稅務機關辦理註銷或變更退稅登記手續。

（2）出口企業應在貨物報關出口並在財務上作銷售處理後，按月填報出口貨物退

（免）稅申報表並提供辦理出口退稅的有關憑證，先報外經貿主管部門稽核簽章後，再報主管出口退稅業務的稅務機關申請退稅。

2. 企業辦理出口退稅必須提供的憑證

（1）購進出口貨物的增值稅專用發票（稅款抵扣聯）或普通發票。申請退消費稅的企業，還應提供由工廠開具並經稅務機關和銀行（國庫）簽章的稅收（出口產品專用）繳款書（簡稱專用稅票）。

（2）出口貨物銷售明細帳。主管出口退稅的稅務機關必須對銷售明細帳與銷售發票等認真核對後予以確認。

出口貨物的增值稅專用發票、消費稅專用稅票和銷售明細帳，必須於企業申請退稅時提供。

（3）蓋有海關驗訖章的出口貨物報關單（出口退稅聯）。出口貨物報關單（出口退稅聯）原則上應由企業於申請退稅時附送。但對少數出口業務量大，出口口岸分散或距離較遠而難以及時收回報關單的企業，經主管出口退稅的稅務機關審核，財務制度健全且從未發生過騙稅行為，可以批准延緩在三個月期限內提供。逾期不能提供的，應扣回已退（免）稅款。

（4）出口收匯單證。企業應將出口貨物的銀行收匯單證按月裝訂成冊並匯總，以備稅務機關核對。

下列出口貨物可不提供出口收匯單：①易貨貿易、補償貿易出口的貨物；②對外承包工程出口的貨物；③經省、自治區、直轄市和計劃單列市外經貿主管部門批准遠期收匯而未逾期的出口貨物；④企業在國內採購並運往境外作為在國外投資的貨物。

六、違約的處理

在履行出口合同過程中，如因買方未按合同規定履行義務，致使賣方遭受損失，賣方可根據不同對象、不同原因以及損失大小，實事求是地向買方提出索賠。買方對賣方提出的索賠，應當認真處理。應當指出，在履行出口合同時，往往因賣方交貨與合同規定不符而引起買方索賠的情況居多。如果賣方交貨的品質、數量、包裝不符合合同的規定，在買方享有復驗權的情況下，買方即使已經支付貨款，仍可向賣方提出索賠。

賣方在處理索賠時，應注意下列各點：

（1）要認真、細緻地審核國外買方提出的單證和出證機構的合法性；

（2）要認真地做好調查研究，弄清事實，分清責任；

（3）要合理確定損失程度、金額和賠付辦法。

第二節　進口合同的履行

在中國的進口業務中，一般按 FOB 價格條件成交的情況較多，如果是採用即期信用證支付方式成交，履行這類進口合同的一般程序是：開立信用證、租船訂艙、裝運、

辦理保險、審單付款、接貨和報關、檢驗、撥交、索賠。這些環節的工作是由進出口公司、運輸部門、商檢部門、銀行、保險公司以及用貨部門等各有關方面分工負責、緊密配合而共同完成的。

一、開立信用證

(一) 開立信用證的手續

在採用信用證支付方式的進口業務中，履行合同的第一個環節就是進口商向銀行申請開證。進口合同簽訂後，進口商按照合同規定填寫開立信用證申請書向銀行辦理開證手續。該開證申請書是開證銀行開立信用證的依據。進口商填寫好開證申請書，連同進口合同一併交給銀行，申請開立信用證；同時，向開證銀行交付一定比率的押金，開證申請人還應按規定向開證銀行支付開證手續費。

(二) 信用證的內容

信用證的內容，應與合同條款一致。例如，品質、規格、數量、價格、交貨期、裝貨期、裝運條件及裝運單據等，應以合同為依據，並在信用證中一一做出規定。

(三) 信用證的開證時間

信用證的開證時間，應按合同規定辦理，如合同規定在賣方確定交貨期後開證，我們應在接到賣方上述通知後開證；如合同規定在賣方領到出口許可證或支付履約保證金後開證，應在收到對方已領到出口許可證的通知，或銀行轉知保證金已收後開證。

(四) 信用證的修改

對方收到信用證後，如提出修改信用證的請求，經我方同意後，即可向銀行辦理改證手續。最常見的修改內容有：展延裝運期和信用證有效期、變更裝運港口等。

(五) 開立信用證應注意的問題

(1) 信用證的內容必須符合進口合同的規定。如貨物的名稱、品質、數量、價格、裝運日期、裝運條件、保險險別等，均應以合同為依據，在信用證中明確加以記載。

(2) 信用證的開證時間應按合同規定辦理。如果買賣合同中規定有開證日期，進口商應在規定的期限內開立信用證；如果合同中只規定了裝運期而未規定開證日期，進口商應在合理時間內開證，一般掌握在合同規定的裝運期前 30～45 天左右申請開證，以便出口方收到信用證後在裝運期內安排裝運貨物。

(3) 單據條款要明確。信用證的特點之一是單據買賣，因此進口商在申請開證時，必須列明需要出口人提供的各項單據的種類、份數及簽發機構，並對單據的內容提出具體要求。

(4) 文字力求完整、明確。進口商要求銀行在信用證上載明的事項，必須完整、明確，不能使用含糊不清的文字。尤其是信用證上的金額，必須具體明確，文字與阿拉伯數字的表示應一致，應避免使用「約」、「近似」或類似的詞語。這樣，一方面可使銀行處理信用證時或賣方履行信用證的條款時有所遵循，另一方面可以此保護自己

的權益。

二、租船訂艙和催裝

目前，中國進口貨物的租船訂艙工作有的是委託外運等公司辦理，有的是進口企業自己直接辦理。一般手續是：進口企業在接到國外賣方的備貨通知後，填寫進口訂艙聯繫單，連同合同副本送交外運公司或其他運輸公司，委託其安排船只或艙位。有的進口企業也直接向船公司租船訂艙。

為了做好船貨的銜接工作，合同中一般規定，賣方在交貨前的一定時期內將預計裝運日期通知我方。我方在接到上述通知後，應及時辦理租船訂艙手續。然後，按規定的期限通知對方船名和船期，以便對方備貨裝船。同時，我方應隨時瞭解和掌握賣方備貨和裝船前的準備工作情況，注意催促對方按時裝運。國外裝船後，應按合同規定的內容，用電報通知我方，以便我方辦理保險和準備接貨等各項手續。

（一）派船接運貨物

履行FOB交貨條件下的進口合同，應由買方負責派船到對方口岸接運貨物。如合同規定，賣方在交貨前一定時間內，應將預計裝運日期通知買方。買方在接到上述通知後，應及時向運輸公司辦理租船訂艙手續，在辦妥租船訂艙手續後，應按規定的期限將船名及船期及時通知對方，以便對方備貨裝船。同時，為了防止船貨脫節和出現船等貨的情況，注意催促對方按時裝運。對數量大或重要物資的進口，如有必要，亦可請駐外機構就地瞭解、督促對方履約，或派人員前往出口地點檢驗監督。

進口公司對租船還是訂艙的選擇，應視進口貨物的性質和數量而定。凡需整船裝運的，則需洽租合適的船舶承運；小批量的或零星雜貨，則大都採用洽訂班輪艙位。國外裝船後，賣方應及時向買方發出裝船通知，以便買方及時辦理保險和做好接貨等項工作。

（二）進口公司在租船訂艙時應注意的問題

在班輪訂艙情況下應注意的問題：

（1）洽商班輪艙位時，注意與信用證上的裝船日期銜接，保證按時在裝運港接運貨物；

（2）應在訂艙前查明班輪費率表有無附加費、有無折讓回扣、其計價標準是尺碼噸或重量噸；

（3）班輪運輸裝卸費條件有多種，應注意與進口合同中的費用負擔條件相銜接；

（4）應確實瞭解所訂班輪是否直達目的港、停靠港口多少、中途是否轉船等。

在租用整船運輸情況下應注意的問題：

（1）應注意運輸市場的行情狀況；

（2）必須瞭解裝卸港口的情況；

（3）應根據實際情況選擇船型，以保證貨物安全運輸和盡可能節約費用；

（4）應瞭解各航線港口的習慣、運輸契約的格式。

三、投保貨運險

(一) 進口商（或收貨人）辦理進口運輸貨物保險的兩種做法

在 FOB 或 CFR 交貨條件下的進口合同，保險由買方辦理。進口商（或收貨人）在向保險公司辦理進口運輸貨物保險時，有兩種做法：一種是逐筆投保方式，另一種是預約保險方式。

1. 逐筆投保方式

逐筆投保方式是指進口商（或收貨人）在接到國外出口商發來的裝船通知後，直接向保險公司提出投保申請，填寫起運通知書，並送交保險公司。保險公司承保後，即在起運通知書上簽章，進口商（或收貨人）繳付保險費後，保險公司出具保險單，保險單隨即生效。

2. 預約保險方式

預約保險方式是指進口商或收貨人同保險公司簽訂一個總的預約保險合同，按照預約保險合同的規定，所有預約保險合同項下的按 FOB 及 CFR 條件進口貨物的保險，都由該保險公司承保。預約保險合同對各種貨物應保險的險別做出具體規定，故投保手續比較簡單。每批進口貨物，在收到國外裝船通知後，即直接將裝船通知寄到保險公司，或填製國際運輸預約保險啟運通知書，將船名、提單號、開船日期、商品名稱、數量、裝運港、目的港等項內容通知保險公司，即作為已辦妥保險手續，保險公司則對該批貨物負自動承保責任，一旦發生承保範圍內的損失，由保險公司負責賠償。

(二) 支付保險費的時間和方式

1. 預約保險方式支付保險費的時間和方式

預約保險方式是以進口貨物裝船通知書或其他具有保險要求的單證為依據，由保險公司每月一次計算保險費後向進口公司收取。

2. 逐筆投保方式支付保險費的時間和方式

逐筆投保方式是以進口貨物國際運輸預約保險起運通知書上填明的保險金額為準，由進口公司直接付給保險公司。

四、審單付匯

我方開證行收到國外寄來的匯票及全套貨運單據，對照信用證的規定進行審核後，便將其交由進口企業復審。進口企業在單證表面相符的條件下，通知銀行辦理對外付款或承兌，同時進口企業用人民幣按照國家規定的有關折算的牌價向銀行買匯贖單。如因單證不符拒絕付款或承兌，則應迅速將全套單據退回銀行，並註明拒付理由。在實際業務中，有時進口企業也視不同情況採用變通的解決辦法。例如：同意改為貨到檢驗後付款；憑受益人或議付行出具的擔保書付款；由國外議付行通知發貨人更正單據等。

(一) 付匯贖單

進口交易的國外賣方在貨物裝運後，將匯票與全套貨運單據經國外銀行寄交中國

內開證銀行。開證銀行收到國外寄來的匯票和單據後，根據單證一致和單單一致的原則，對照信用證的條款，核對單據的種類、份數和內容，如相符，即由開證銀行向國外付款，並通知進口商按當日外匯牌價付款贖單。

單證不符和單單不符的處理方法如下：
（1）由開證銀行向國外銀行提出異議，根據不同情況採取必要的處理辦法；
（2）由國外銀行通知賣方更正單據；
（3）由國外銀行書面擔保後付款；
（4）拒付。

（二）審單和付匯

進口商收到開證銀行通知後，在其付匯之前，首先需要審核賣方憑以議付的全套單據（包括發票、提單、裝箱單、原產地證書等）。進口商買匯贖單後，憑銀行出具的付款通知書通知用貨單位進行結算。

進口商同開證銀行辦理付匯贖單的清算手續：

1. 即期信用證項下的清算

清算時，開證銀行先行計算匯票金額及自往來銀行議付之日起至進口公司贖單期間的墊款利息；於扣除保證押金後，向進口公司收回所墊付的外匯款項，然後將單據交給進口公司憑以提貨。

2. 遠期信用證項下的清算

遠期信用證如規定應以進口公司作為付款人而簽發匯票的，則開證銀行將要求進口公司進行承兌，然後憑信託收據領取進口單據提貨。在這一段期間，等於銀行貸款給進口公司，所以一般開證銀行會要求進口公司提供抵押物，或繳納相當數量的保證金，以保證銀行的債權。

五、接貨和報關

進口貨物運達港口卸貨時，港務局要進行卸貨核對。如發現短缺，應及時填製短卸報告交由船方簽認，並根據短缺情況向船方提出保留索賠權的書面聲明。卸貨時如發現殘損，貨物應存放於海關指定倉庫，待保險公司會同商檢局檢驗後做出處理。

如進口貨物經商檢局檢驗，發現有殘損短缺，應憑商檢局出具的證書對外索賠。對於合同規定的卸貨港檢驗的貨物，或已發現殘損短缺有異狀的貨物，或合同規定的索賠期即將屆滿的貨物等，都需要在港口進行檢驗。

一旦發生索賠，有關的單證，如國外發票、裝箱單、重量明細單、品質證明書、使用說明書、產品圖紙等技術資料、理貨殘損單、溢短單、商務記錄等，都可以作為重要的參考依據。

進口貨物到貨後，由進口公司或委託貨運代理公司或報關行根據進口單據填具進口貨物報關單向海關申報，並隨附發票、提單、裝箱單、保險單、進口許可證及審批文件、進口合同、產地證和所需的其他證件。如屬法定檢驗的進口商品，還需隨附商品檢驗證書。貨、證經海關查驗無誤後，才能放行。

（一）進口貨物的申報

進口貨物申報是指在進口貨物入境時，由進口公司（收貨人或其代理人），向海關申報、交驗規定的單據文件，請求辦理進口手續的過程。

中國《海關法》對進口貨物的申報時限作了如下規定：進口貨物的收貨人應當自運輸工具申報進境之日起14日內向海關申報。進口貨物的收貨人超過14日期限未向海關申報的，由海關徵收滯報金。對於超過3個月還沒有向海關申報進口的，其進口貨物由海關依法提取變賣處理。如果屬於不宜長期保存的貨物，海關可以根據實際情況提前處理。變賣後所得價款作扣除運輸、裝卸、儲存等費用和稅款後，尚有餘款的，自貨物變賣之日起一年內，經收貨人申請，予以發還；逾期無人申請的，上繳國庫。

進口報關時除應提交進口貨物報關單外，還應隨附進口許可證和其他批准文件、提單、發票、裝箱單、減稅或免稅證明文件，海關認為必要時，應交驗買賣合同、產地證明和其他有關單證。如為種類表內的商品、應受動植物檢疫管制的進口貨物或受其他管制的進口貨物，在報關時還應交驗有關部門簽發的證明。

（二）進口貨物的查驗

海關以進口貨物報關單、進口許可證等為依據，對進口貨物進行實際的核對和檢查，一方面是為了確保貨物合法進口；另一方面是通過確定貨物的性質、規格、用途等，以進行海關統計，準確計徵進口關稅。在海關查驗貨物時，進口貨物的收貨人或其代理人應當在場，並負責搬移貨物，開拆和重封貨物的包裝。海關認為必要時，可以進行開驗、復驗或者提取貨樣。

（三）進口貨物的徵稅

海關按照《中華人民共和國海關進出口稅則》的規定，對進口貨物計徵進口關稅。貨物在進口環節由海關徵收（包括代徵）的稅費有：進口貨物關稅、增值稅、消費稅、進口調節稅、海關監管手續費等。

【專欄】

進口貨物關稅、進口調節稅的計算方法：

進口關稅是貨物在進口環節由海關徵收的一個基本稅種。進口關稅的計算是以CIF價為基數計算。如果是FOB價格進口，還要加上國外運費和保險費。其計算公式為：

進口關稅稅額＝CIF價格×關稅稅率

進口調節稅是國家對限制進口的商品或其他原因加徵的稅種。這是進口貨物關稅的附加稅。其計算公式為：

進口調節稅＝CIF價格×進口調節稅稅率

（四）進口貨物的放行

進口貨物在辦完向海關申報、接受查驗、繳納稅款等手續以後，由海關在貨運單據上簽印放行。收貨人或其代理人必須憑海關簽印放行的貨運單據才能提取進口貨物。

貨物的放行是海關對一般進出口貨物監管的最後一個環節，放行就是結關。但是對於擔保放行貨物、保稅貨物、暫時進口貨物和海關給予減免稅進口的貨物來說，放

行不等於辦理海關手續，還要在辦理核銷、結案或者補辦進出口和納稅手續後，才能結關。

（五）交貨

在辦完上述手續後，如訂貨或用貨單位在卸貨港所在地，則就近轉交貨物；對訂貨或用貨單位不在卸貨地區，則委託貨運代理將貨物轉運內地並轉交給訂貨或用貨單位。關於進口關稅和運往內地的費用，由貨運代理向進出口公司結算後，進出口公司再向訂貨部門結算。

六、進口索賠

（一）進口索賠的對象

進口商品常因品質、數量、包裝等不符合合同的規定，而需要向有關方面提出索賠。根據造成損失原因的不同，進口索賠的對象主要有以下三個方面：

1. 向賣方索賠

凡屬下列情況者，均可向賣方索賠：原裝數量不足；貨物的品質、規格與合同規定不符；包裝不良致使貨物受損；未按期交貨或拒不交貨等。

2. 向輪船公司索賠

凡屬下列情況者，均可向輪船公司索賠：貨物數量少於提單所載數量；提單是清潔提單，而貨物有殘缺情況，並且屬於船方過失所致；貨物所受的損失，根據租船合約有關條款應由船方負責等。

3. 向保險公司索賠

凡屬下列情況者，均可向保險公司索賠：由於自然災害、意外事故或運輸中其他事故的發生致使貨物受損，並且屬於承保險別範圍以內的；凡輪船公司不予賠償或賠償金額不足以抵補損失的部分，並且屬於承保險別範圍以內的。

（二）在進口業務中，辦理對外索賠時應注意的事項

1. 索賠證據

對外提出索賠需要提供證件，首先應製備索賠清單，隨附商檢局簽發的檢驗證書、發票、裝箱單、提單副本。其次對不同的索賠對象還要另附有關證件。向賣方索賠時，應在索賠證件中提出確切根據和理由，如系 FOB 或 CFR 合同，尚需隨附保險單一份；向輪船公司索賠時，需另附由船長及港務局理貨員簽證的理貨報告及船長簽證的短卸或殘損證明；向保險公司索賠時，需另附保險公司與買方的聯合檢驗報告等。

2. 索賠金額

索賠金額，除受損商品的價格外，有關的費用也可以提出。如商品檢驗費、裝卸費、銀行手續費、倉租、利息等，都可以包括在索賠金額內。至於包括哪幾項，應根據具體情況確定。

3. 索賠期限

對外索賠必須在合同規定的索賠有效期限內提出，過期無效。如果商檢工作可能

需要更長的時間，可向對方要求延長索賠期限。

4. 關於賣方的理賠責任

進口貨物發生了損失，除屬於輪船公司及保險公司的賠償責任外，如屬賣方必須直接承擔的責任，應直接向賣方要求賠償，防止賣方製造借口來推卸理賠責任。

目前，我們的進口索賠工作，屬於船方和保險公司責任的一般由貨運代理外貿運輸公司代辦；屬於賣方責任的則由進出口公司直接辦理。為了做好索賠工作，要求進出口公司、外貿運輸公司、訂貨部門、商檢局等各有關單位密切協作，要做到結果正確，證據屬實，理由充分，賠償責任明確，並要及時向有關責任方提出，以挽回貨物所受到的損失。

思考與練習題

一、單項選擇題

1. ＿＿＿＿適用的情況時單證不符屬實質性問題，金額較大。
   A. 表提　　　　　　　　　　B. 電提
   C. 跟單托收　　　　　　　　D. 漂匯

2. 國際保理業務是以＿＿＿＿簽訂的國際保理合同為核心的。
   A. 出口商與保理商　　　　　B. 承運人與保理商
   C. 進口商與保理商　　　　　D. 收貨人與保理商

3. 信用證存在一些看似無所謂但實際是無法滿足的信用證付款條件稱之為（　　）
   A. 硬條款　　B. 中性條款　　C. 軟條款　　D. 約束條款

4. 在實際業務中，（　　）承擔審證責任。
   A. 銀行　　　　　　　　　　B. 進出口公司
   C. 出口人　　　　　　　　　D. A 和 B

5. （　　）是為了給企業提供資金融通的便利，有利於加速出口企業的資金週轉。
   A. 收妥結匯　　B. 押匯　　C. 票匯　　D. 定期結匯

6. 在短失的情況下，應依據合同的規定向（　　）提出索賠。
   A. 保險公司　　B. 承運人　　C. 運輸公司　　D. A 和 C

7. （　　）的情況一般是單、證不符情況並不嚴重。
   A. 跟單托收　　B. 委託收款　　C. 表提　　D. 電提

8. （　　）指信用證議付行收到出口企業的出口單據後，經審查無誤，將單據寄交國外付款行索取貨款的結匯做法。
   A. 收妥結匯　　B. 押匯　　C. 定期結匯　　D. 承兌交單

9. 在進出口業務中，賣方履行合同的前提條件是（　　）。
   A. 賣方按時開證　　　　　　B. 買方按時開證
   C. 賣方按時租船訂艙　　　　D. 買方按時租船訂艙

10. 如果採用托收方式，一般匯票的付款人是（　　）
　　A. 進口商　　　B. 出口商　　　C. 托收行　　　D. 代收行

二、多項選擇題

1. 在出口合同的履行中，最為重要的環節是（　　）。
　　A. 貨　　　B. 證　　　C. 船　　　D. 款
　　E. 保

2. 製作並審核單據的基本原則是（　　）
　　A. 正確　　　　　　　　B. 完整
　　C. 及時　　　　　　　　D. 簡明
　　E. 整潔

3. 在信用證付款條件下，中國出口商在銀行可以辦理出口結匯的做法有（　　）
　　A. 收妥結匯　　　　　　B. 押匯
　　C. 定期結匯　　　　　　D. 不定期結匯
　　E. 票匯

4. 國際保理合同應符合（　　）基本條件
　　A. 貿易融資
　　B. 信用風險擔保
　　C. 銷售分帳戶管理和催收應收帳款
　　D. 資信調查和信用評估
　　E. 貨物銷售

5. 用於信用證項下結算的匯票可以是（　　）。
　　A. 即期匯票　　　　　　B. 遠期匯票
　　C. 商業匯票　　　　　　D. 跟單匯票
　　E. 銀行匯票

三、簡答題

1. 簡述國際保理業務的特點。
2. 按 FOB 價格條件成交和即期信用證支付方式成交時，履行進口合同的一般程序有哪些？
3. 在 CIF 合同條件下，賣方履行合同的一般環節包括哪些？
4. 簡述在短失及品質規格與合同不符兩種情況下索賠對象的確認。

第十章　傳統貿易方式

【本章要點】

　　本章主要介紹國際貿易中的傳統貿易方式。重點掌握包銷、代理、寄售、拍賣、招標與投標的概念，通過本章學習，要求學生瞭解並熟悉國際貿易方式的分類。

【導入案例】

來料加工騙局案

　　張先生今年 3 月，在網上得知廣州某電子工藝品廠正尋求合作夥伴，加工觸摸開關，共焊接 5000 個，價值 2.5 萬元，張先生覺得以自己老焊工的水準，一定能賺到這筆豐厚的工錢。經過洽談，對方爽快地接受了張先生的合作請求，並提供了焊接好的觸摸開關模板和 300 個散件，要張先生回去照著模板焊接，同時簽了一份合同，張先生交了 4500 元押金。張先生開始還留著一個心眼，只焊接好 20 個成品就交給廠家檢查，對方回復「全部合格」。可等產品全部完成以後，對方卻說只有 17% 的成品檢測合格。不合格的成品，每個需要張先生賠償 20 元。電子工藝品廠負責人見張先生焦急的樣子，便說：「算了，只要我們簽一份雙方同意終止原合同的協議書，我方可以只要你 4500 元的押金作為賠償金。」之後，張先生越想越不對勁，同一個人焊出來的，怎麼第一次全部合格，現在就只有 17% 合格呢？而且那些開關價值最高不過五六元一個，可賠償費卻高達 20 元一個。他意識到自己受騙了，但押金已經要不回了。

　　貿易方式是指國際貿易中採用的各種方法。國際貿易方式，是一種用於國際間的貿易方式。其範圍擴大化，交易類型複雜化。隨著國際貿易的發展，貿易方式亦日趨多樣化。除採用逐筆售定的方式外，還有包銷、代理、寄售、拍賣、招標與投標、展銷、加工、補償與對銷貿易等。

第一節　包銷、代理與寄售

一、包銷

（一）包銷的含義

　　包銷（Exclusive Sales）是國際貿易中習慣採用的方式之一。包銷是指出口人（委託人）通過協議把某一種商品或某一類商品在某一個地區和期限內的經營權給予國外

某個客戶或公司的貿易做法。儘管包銷也是售定，但包銷同通常的單邊逐筆出口不同。它除了當事人雙方簽有買賣合同外，還需在事先簽有包銷協議。

(二) 包銷協議

    1. 包銷協議的名稱、簽約日期與地點

    2. 包銷協議的前文

通常在前文條款中，明確包銷商—委託人之間的關係是買賣關係。

    3. 包銷商品的範圍

委託人（出口人）經營商品種類繁多，即使是同一類商品或同一種商品，其中也有不同的牌號與規格。因此，在包銷協議中，雙方當事人必須約定包銷商品的範圍。

    4. 包銷地區

包銷地區是指包銷商行使銷售的地理範圍。通常有下列約定方法：

    （1）確定一個國家或幾個國家；

    （2）確定一個國家中的幾個城市；

    （3）確定一個城市等。

確定包銷地區的大小，需要考慮下列因素：

    （1）包銷商的規模及能力；

    （2）包銷商所能控制的銷售網絡；

    （3）包銷商品的性質及種類；

    （4）市場的差異程度；

    （5）包銷地區的地形位置等。

    5. 包銷期限

包銷期限可以長也可以短。在中國的出口業務中，往往在簽訂包銷協議時明確規定包銷期限通常為一年。其他國家市場的習慣做法，在包銷協議中不規定期限，只是規定中止條款或續約條款等。

    6. 專營權

專營權是指包銷商行使專賣和專買的權利。前者是委託人（出口人）將指定的商品在規定的地區和期限內給予包銷商獨家銷售的權利。出口人負有不向該區域內的其他客戶直接售貨的義務。後者是包銷商承擔向出口人購買該項商品，而不得向第三者購買的義務。

    7. 包銷數量或金額

包銷協議中除規定上述內容外，還應規定數量或金額。此項數量與金額對協議雙方均有同等的約束力。有時在協議中規定數量與金額，則包銷商必須承擔向出口人購買規定數量和金額的義務，出口人必須承擔向包銷商出口上述數量和金額的責任。

    8. 作價辦法

包銷商品的作價辦法各有不同。一種做法是在規定的期限內，一次作價。即無論協議內包銷商品價格上漲、下落與否，以協議規定價格為準。另一種做法是在規定的包銷期限內分批作價。由於國際商品市場的價格變化多端，因此採用分批作價較為普遍。

9. 廣告、宣傳、市場報導和商標保護

包銷協議的當事雙方是買賣關係，因此委託人（出口人）不實際涉足包銷地區的銷售業務，但他十分關心開拓海外市場。為宣傳其產品所用的商標，委託人常要求包銷商負責為他的商品刊登一定的廣告。例如，有些包銷協議規定：買方負責和出資在其包銷地區為賣方的機器設備舉辦展覽，招攬訂單，在當地報刊上登載廣告。有些包銷協議規定：包銷商應訪問有希望達成交易的客戶或賣方要求包銷盡量提供市場報導等。

(三) 採用包銷方式應注意的問題

1. 慎重選擇包銷商

在選擇包銷商時，為了確定包銷商是否可靠，可先採用獨家發盤方式。即某項商品在一定地區，只向一家客戶發盤。

2. 適當規定包銷商品的範圍、地區及時間

通常情況下，包銷商品的範圍不宜太大，包銷地區範圍不宜太廣，對包銷時間的規定，應視客戶情況而定，不宜過長，也不宜過短。

3. 在協議中應規定中止或索賠條款

二、代理

(一) 代理的含義

代理是指代理人（Agent）按照委託人（Principal）的授權（Authorization）代委託人同第三者訂立合同或做其他的法律行為。由此而產生的權利與義務直接對委託人發生效力。

（1）代理人與委託人之間的關係屬於委託買賣關係。代理人在代理業務中，只是代表委託人行為，如招攬客戶、招攬訂單、代表委託人簽訂買賣合同、處理委託人的貨物、收受貨款等，他本身並不作為合同的一方參與交易。

（2）代理人通常運用委託的資金進行業務活動。

（3）代理一般不以自己的名義與第三者簽訂合同。

（4）代理人賺取的報酬即為佣金。

(二) 代理的種類

1. 總代理（General Agency）

總代理是在指定地區委託人的全權代理。他除了有權代理委託人進行簽訂買賣合同、處理貨物等商務活動外，也可以進行一些非商業性的活動。他有權指派分代理，並可分享代理的佣金。

2. 獨家代理（The Exclusive Agency or Sole Agency）

獨家代理是在代理協議規定的時間、地區內，對指定商品享有專營權，從事代理協議中規定的有關業務的代理人。出口商在該地區不得委託其他代理人，而必須給予代理人在特定地區和一定期限內代銷指定商品的獨家專營權。

3. 佣金代理（Commission Agency）

佣金代理又稱一般代理，是指在同一代理地區、時間及期限內，同時有幾個代理人代表委託人行為的代理。佣金代理根據推銷商品的實際金額和根據協議規定的辦法和百分率向委託人計收佣金，委託人可以直接與該地區的實際買主成交，也無須給佣金代理佣金。

(三) 採用代理方式應注意的問題

(1) 對代理方式的選擇。

(2) 對代理商品的選用，對代理商的資信能力和自己的經營能力及其在代理地區的商業地位做好市場調查。

(3) 對代理商品的種類、代理地區和代銷數量或金額的確定。

(4) 對中止或索賠條款的規定。為了防止獨家代理商壟斷市場或經營不力等現象的出現，最好在代理協議中有中止或索賠條款的規定。

三、寄售

(一) 寄售的含義

寄售（Consignment）是一種委託代售的貿易方式，也是國際貿易中習慣採用的做法之一。在中國進出口業務中，寄售方式運用並不普遍，但在某些商品的交易中，為促進成交，擴大出口的需要，也可以靈活適當運用寄售方式。

寄售是一種有別於代理銷售的貿易方式。它是指委託的貨主先將貨物運往寄售地，委託國外一個代銷人（受委託人），按照寄售協議規定的條件，由代銷人代替貨主進行，貨物出售後，由代銷人向貨主結算貨款的一種貿易做法。

(二) 寄售的特點

在國際貿易中採用的寄售方式，與正常地賣斷方式比較，它具有下列幾個特點：

(1) 寄售人先將貨物運至目的地市場（寄售地），然後經代銷人在寄售地向當地買主銷售。因此，它是典型的憑實物進行買賣的現貨交易。

(2) 寄售人與代銷人之間是委託代售關係，而非買賣關係。代銷人只根據寄售人的指示處置貨物。貨物的所有權在寄售地出售之前仍屬寄售人。

(3) 寄售貨物在售出之前，包括運輸途中和到達寄售地後的一切費用和風險，均由寄售人承擔。

寄售貨物裝運出口後，在到達寄售地前也可以使用出售路貨的辦法，即當貨物尚在運輸途中，如有條件即成交出售，出售不成則仍運至原定目的地。

(三) 寄售的優缺點

寄售具有以下優點：

(1) 對於寄售人來講，有利於推銷新產品和開發新市場。

(2) 採用寄售方式，代銷人只是為寄售人的商品銷售提供服務，他一般不承擔市場波動的風險，而且代銷人無須多少投資，甚至可做無本生意。

(3) 寄售是採用現貨交易，憑實物買賣，買主看貨成交，這對於那些難以憑文字說明來確定品質的商品的買賣，尤其具有重要意義。

寄售具有以下缺點：

(1) 不利於資金週轉。

(2) 要承擔較大的風險。寄售人要承擔貨物出售之前的一切風險，包括：運輸風險；市場行情變化價格下跌的風險；銷售不出去的風險；貨款回收的風險等。

(四) 寄售協議的主要內容

寄售協議是寄售人與代銷人之間就雙方的權利和義務以及寄售業務中的有關問題的法律文件。它一般包括下列內容：

(1) 明確雙方當事人及其法律關係。

(2) 關於寄售商品及地區的說明。

(3) 寄售貨物的作價方法：①規定最低限價，並註明是含傭價還是淨價；②隨行就市；③售前要徵得寄售人的意見；④規定結算價格。

(4) 佣金條款。在佣金條款中，要規定佣金率、佣金計算基礎、支付方法和時間。

(5) 費用和風險的負擔。

(6) 代銷人的主要義務。

(7) 寄售人的主要義務。

(8) 關於貨款的收付。

(9) 其他條款。

第二節　招投標、拍賣與展銷

一、招標與投標

(一) 招標與投標的含義

招標（Invitation to Tender）是指招標人在時間、地點、發出招標公告或招標單，提出準備買進商品的品種、數量和有關買賣條件，邀請賣方投標的行為。

投標（to Submit Tender）是指投標人應招標人的邀請，根據招標公告或招標單的規定條件，在規定的時間內向招標人遞盤的行為。

(二) 招投標的種類

實際上招標、投標是一種貿易方式的兩個方面。目前，國際上採用的招標方式歸納起來有三類：

1. 競爭性招標（International Competitive Bidding，簡稱 ICB）

競爭性招標是指招標人邀請幾個乃至幾十個投標人參加投標，通過多數投標人競爭，選擇其中對招標人最有利的投標人達成交易。它屬於競賣的方式。

國際性競爭投標，有兩種做法：

（1）公開投標（Open Bidding）。公開投標是一種無限競爭性招標（Unlimited Competitive）。採用這種做法時，招標人要在國內外主要報刊上刊登招標廣告，凡對該項招標內容有興趣的人均有機會購買招標資料進行投標。

（2）選擇性招標（Selected Bidding）。選擇性招標又稱邀請招標，它是有限競爭性招標（Limited Competitive Bidding）。採用這種做法時，招標人不在報刊上刊登廣告，而是根據自己具體的業務關係和情報資料由招標人對客商進行邀請，進行資格預審後，再由他們進行投標。

2. 談判招標（Negotiated Bidding）

談判招標又叫議標，它是非公開的，是一種非競爭性的招標。這種招標由招標人物色幾家客商直接進行合同談判，談判成功，交易達成。

3. 兩段招標（Two-stage Bidding）

兩段招標是指無限競爭招標和有限競爭招標的綜合方式。採用此類方式時，則是用公開招標，再用選擇招標分兩段進行。

（三）招投標的一般程序

招標與投標業務的基本程序包括招標、投標、開標、評標和決標、簽訂合同等環節。

1. 招標工作

（1）編製招標文件。招標文件是採購物資和設備或招標承建工程項目的法律文件，是投標人準備投標文件和投標的依據，也是評標的依據。用於評標的標準必須是招標文件中規定的標準，招標文件還是簽訂合同所遵循的依據，招標文件的大部分內容通常都要列入合同的文本中。

（2）發布招標公告。發布招標公告可以分兩步走：①刊登一般採購公告。其內容包括：國際競爭性招標方式採購的貨物或工程的標的及用途、發行資格預審文件或招標的時間、招標單位等。②刊登招標通告。其內容包括：招標或預審單位；通告目的（資格預審）；資金來源；交貨或施工時間；貨源國要求；發行招標或預審文件的單位名稱及地址、文件的售價；接受資格申請文件或投標文件的日期、時間、地點、投標擔保金額和開標日期、地點等。

（3）資格預審。資格預審的內容涉及面廣，通常可歸納為以下五個方面：投標人概況、經驗與信譽、財務能力、人員能力、施工設備。

2. 投標工作

（1）投標前的準備工作。投標人要想參加投標，首先要獲得投標信息，在投標前，應對招標文件的各項要求和條件進行認真的分析和計算，編製和填報投標文件。

（2）提供投標擔保。投標擔保可以採用投標保證金、銀行保函、備用信用證和現金擔保等形式。

（3）遞交投標文件。投標人應按照招標文件規定的時間和方式，將投標文件送達招標人，進行投標。一般採用密封投標方式。

3. 開標、評標和決標

（1）開標。開標有兩種形式：①公開開標。公開開標是指在投標人代表參加的情

況下，在招標通告規定的時間、地點開標，當眾宣讀投標人名稱、投標價格。②不公開開標。不公開開標是指由招標人自行選定中標人，投標人不得派代表參加開標。

(2) 評標與決標。貨物採購包括以下兩種評價方法：①綜合評標方法。貨物採購的評標，除要考慮投標價格外還要考慮其他因素，如貨物的運保費、交貨期、付款條件、備件價格、售後服務、貨物性能、質量、技術服務與培訓費用等。②打分評價方法。首先確定評估因素和評估價格，然後對各評估因素打分。

4. 簽訂合同

投標人中標後，就成為被招標人選中的交易對象，中標人就必須依約與招標人簽訂合同。由於合同的標的不同，所採用的合同形式各有不同。

二、拍賣

(一) 拍賣的含義

拍賣（Auction）是指由專營拍賣行接受貨主的委託，在一定的地點和時間，按照一定的章程和規則，以公開叫價競購的方法，最後拍賣人把貨物給出價最高的買主的一種現貨交易方式。

通過拍賣進行交易的商品大都是些品質易標準化的，或是難以久存的，或是習慣上採用拍賣方式進行的商品。如茶葉、菸葉、兔毛、皮毛、木材等。某些商品，如水貂皮、澳洲羊毛，大部分的交易是通過國際拍賣方式進行的。

(二) 拍賣的特點

1. 它是在一定的機構內有組織地進行的

拍賣行主要有以下幾種方式：①由專業公司或經紀人以股份公司或協會組織組成的拍賣行；②由幾家銷售商共同組成的拍賣行；③由大銷售商組織的拍賣行。

2. 拍賣業務具有自己獨特的法律和規章

拍賣不同於一般的進出口交易，為此，《聯合國國際貨物銷售合同公約》第一部分第二條明確說明，該公約不適用於經由拍賣的銷售。

3. 拍賣有其獨特的做法。

拍賣採用事先看貨、當場叫價、落槌成交的做法，屬於公開競買的方式。

(三) 拍賣的程序

1. 準備階段

該階段主要是對商品進行挑選和分批；編印拍賣目錄；允許參加拍賣的買主到倉庫查看貨物等。

2. 正式拍賣

拍賣的方式有：①增價拍賣。採用由低到高的喊價方法。②荷蘭式拍賣。先由主持人宣布一個較高的起點價，無人表示，則按一定的差額依次落價，直到發現接受者為止。③密封遞價拍賣。先由拍賣人公布每批貨的品質、數量、產地等情況及估價單，並註明函寄報價的時間、地點，由買方在規定的時間內，將自己的出價密封後寄交拍

賣人，再由拍賣人進行審查比較，以決定將貨物賣給誰。

  3. 成交與交貨

  拍賣以其獨特的方式成交後，拍賣行的工作人員按座位號交付買方一份成交確認書，由買方填寫並簽字，以表明交易正式達成。

  貨款通常以現匯支付。貨款付清後，貨物的所有權即轉移到買方。拍賣行收取一定的佣金。

（四）拍賣的出價方法

  拍賣的出價方法有以下三種：

  1. 增價拍賣

  增價拍賣也稱買方叫價拍賣。這是最常用的一種拍賣方式。拍賣時，由拍賣人（Auctioneer）提出一批貨物，宣布預定的最低價格，估價後由競買者（Bidder）相繼叫價，競相加價，有時規定每次加價的金額額度，直到拍賣人認為無人再出更高的價格。

  2. 減價拍賣

  減價拍賣又稱荷蘭式拍賣（Dutch Auction）。這種方法先由拍賣人喊出最高價格，然後逐漸減低叫價，直到有某一競買者認為已經低到可以接受的價格，表示買進。

  3. 密封遞價拍賣

  密封遞價拍賣又稱招標式拍賣。採用這種方法時，先由拍賣人公布每批商品的具體情況和拍賣條件等，然後由各方在規定時間內將自己的出價密封遞交拍賣人，以供拍賣人進行審查比較，決定將該貨物賣給哪一個競買者。這種方法不是公開競買，拍賣人有時要考慮除價格以外的其他因素。有些國家的政府或海關在處理庫存物資或沒收貨物時往往採用這種拍賣方法。

三、展銷

  展銷即展覽銷售。以展為主，主要是宣傳。多見於一些新產品的發布。

  展銷會就是有一個商業組織在某地配合某些活動而租借某大型會場或是自行搭建而成的會場，一般展銷會時間為 15～30 天。各個攤位要提前預約並繳納管理費。展銷會有的是單類產品的展銷會，如服裝類、電器類、家居類等；有的是綜合性的展銷會，所涉及範圍從吃的到用的、穿的、娛樂的。單一類的展銷會多在城市裡舉辦，而綜合性的展銷會多在縣鎮裡舉辦。一些小商小販們就是專門跟著各地的展銷會走的，因為在這樣的綜合性展銷會上一般不要求產品的質量驗證。

第三節 加工、貿易與補償貿易

一、加工貿易

（一）加工貿易的含義

  加工貿易（Processing Trade）主要是指對外加工裝配貿易、中小型補償貿易和進料

加工貿易。而通常所說的「三來一補」，是指來料加工、來件裝配、來樣加工和中小型補償貿易，其中來樣加工不在加工貿易的範圍內。

1. 進料加工

進料加工又叫以進養出，是指用外匯購入國外的原材料、輔料，利用本國的技術、設備和勞力，加工成成品後，銷往國外市場。這類業務中，經營的企業以買主的身分與國外簽訂購買原材料的合同，又以賣主的身分簽訂成品的出口合同。兩個合同體現為兩筆交易，它們都是以所有權轉移為特徵的貨物買賣。進料加工貿易要注意所加工的成品在國際市場上要有銷路；否則，進口原料外匯很難平衡，從這一點看進料加工要承擔價格風險和成品的銷售風險。

2. 來料加工

它通常是指加工一方由國外另一方提供原料、輔料和包裝材料，按照雙方商定的質量、規格、款式加工為成品，交給對方，自己收取加工費。有的是全部由對方來料，有的是一部分由對方來料、一部分由加工方採用本國原料的輔料。此外，有時對方只提出式樣、規格等要求，而由加工方使用當地的原料、輔料進行加工生產。這種做法常被稱為來樣加工。

3. 裝配業務

裝配業務是指由一方提供裝配所需設備、技術和有關元件、零件，由另一方裝配為成品後交貨。來料加工和來料裝配業務包括兩個貿易進程：一是進口原料；二是產品出口。但這兩個過程是同一筆貿易的兩個方面，而不是兩筆交易。原材料的提供者和產品的接受者是同一家企業，交易雙方不存在買賣關係，而是委託加工關係，加工一方賺取的是勞務費，因而這類貿易屬於勞務貿易範疇。它的好處是：加工一方可以發揮本國勞動力資源豐裕的優勢，提供更多的就業機會；可以補充國內原料不足，充分發揮本國的生產潛力；可以通過引進國外的先進生產工藝，借鑑國外的先進管理經驗，提高本國技術水準和產品質量，提高本國產品在國際市場的適銷能力和競爭能力。當然，來料加工與裝配業務只是一種初級階段的勞務貿易，加工方只能賺取加工費，產品從原料轉化為成品過程中的附加價值，基本被對方佔有。由於這種貿易方式比進料加工風險小，目前在中國開展得比較廣泛，獲得了較好的經濟效益。

4. 協作生產

它是指一方提供部分配件或主要部件，而由另一方利用本國生產的其他配件組裝成一件產品出口。商標可由雙方協商確定，既可用加工方的，也可用對方的。所供配件的價款可在貨款中扣除。協作生產的產品一般規定由對方銷售全部或一部分，也可規定由第三方銷售。

二、補償貿易

(一) 補償貿易的含義

補償貿易（Compensation Trade）是指一方在信貸的基礎上，從國外另一方買進機器、設備、技術、原材料或勞務，約定在一定期限內，用其生產的產品、其他商品或

勞務，分期清償貸款的一種貿易方式。它是從 20 世紀 60 年代末 70 年代初，逐漸發展起來的一種新的貿易方式。

(二) 補償貿易的特點

1. 貿易與信貸結合

一方購入設備等商品是在對方提供信貸的基礎上，或由銀行介入提供信貸。

2. 貿易與生產相聯繫

設備進口與產品出口相聯繫，出口機器設備方同時承諾回購對方的產品，大多數情況下，交換的商品是利用其設備製造出來的產品。

3. 貿易雙方是買賣關係

設備的進口方不僅承擔支付的義務，而且承擔付息的責任，對設備擁有完全的所有權和使用權。

補償貿易購入的是機器設備，出口的是產品，可以說是一種進出口相結合的特殊的信貸交易，具有明顯的利用外資的作用。它對設備進口方，可少動用外匯或不動用外匯，進口所需設備和較先進的技術，既有利於緩和對外支付手段不足的矛盾，又可以提高本國的生產能力，擴大出口，增收外匯；同時也給產品的出口建立了長期的比較穩定的銷售渠道和市場。對設備供應方而言，可突破進口方支付能力不足的障礙，擴大產品銷售市場；獲得比較固定的原材料供應來源。故補償貿易多用於外匯支付能力困難的國家與發達國家之間，而且較多地出現在生產原材料的部門，或產品為對方所需要，或產品有出口前途的產業部門。

(三) 補償貿易的類型

目前，補償貿易的做法有兩種形式：①返銷（Buy－back），即由設備進口方利用對方提供的設備和技術製造的產品，包括直接產品或有關產品（Resultant or Related Product），償付進口設備的貨款。②互購（Counter Purchase），即設備進口方支付設備的貨款，不是用直接產品，而是用雙方商定的其他產品或勞務來償付。所以，這種情況下的交易，為兩筆互有聯繫而分別進行的交易。此外，補償的形式還可以採用部分產品或勞務補償部分現匯補償的方法，這種方法被稱為部分補償；或者因第三方參與補償貿易，如由第三方接受並銷售補償產品，或由第三方承擔或提供補償產品等，稱為多邊補償。不論哪種形式，雙方磋商達成協議後，一般都要簽訂補償貿易的書面文件，主要有補償貿易協定、設備進口合同、返銷或互購合同等，作為補償貿易當事人執行協議的依據。

(四) 補償貿易的局限性

(1) 這種機制本身要求設備供應方，不但要提供貸款，而且要回購產品或勞務，實際上是幫助進口方創造償還能力。

(2) 由於補償貿易是在信貸的基礎上進行的，通過賒銷購進的設備，一般來說不可能是最先進的設備。

(五) 開展補償貿易應注意的問題

（1）必須做好項目的可行性研究，包括進口設備應該是比較先進，有利於中國企業的改造和革新的。產品在國際市場是適銷的，而且在今後一段時間內，至少在合同期間是有發展前途的，價格是趨向上升的。國內應該具備各方面的配套能力。項目本身能夠提供外匯償還能力，能夠帶來經濟效益和社會效益。

（2）正確處理補償貿易產品和正常出口的關係。進行補償貿易，原則上不應該影響中國正常的出口。為此，必須在出口數量、銷售市場的定價方面予以充分注意。

思考與練習題

一、名詞解釋

招標　投標　競爭性招標　談判招標　加工貿易　補償貿易

二、簡答題

1. 什麼是包銷、代理和寄售？
2. 拍賣的方式有哪些？
3. 國際上採用的招標方式有哪幾類？
4. 補償貿易的特點是什麼？其局限性有哪些？

第十一章　其他貿易方式

【本章要點】

　　本章主要介紹了國際貿易方式中期貨貿易的概念特點、種類和一般流程。另外，還介紹了網絡貿易的概念、類型、程序以及它與傳統貿易的區別。

　　通過本章學習，要求掌握期貨貿易的種類，期貨貿易與傳統貿易的聯繫與區別，熟悉套期保值的定義和期貨貿易的流程，同時要求掌握網絡貿易的類型與特點。

【導入案例】

廣聯秈米事件

　　廣東聯合期貨交易所秈米合約自1995年6月推出後，短時間內吸引了眾多投機商和現貨保值者的積極參與，交易一度十分活躍，但少數經紀商和投機大戶企圖操縱秈米期市以牟取暴利，遂演變出一幕在期市大品種上的「多逼空」鬧劇。這次「秈米事件」又稱「金創事件」，是中國期貨市場上一次過度投機，大戶聯手交易，操縱市場的重大風險事件。廣東聯合期貨交易所自1995年6月12日正式推出秈米期貨交易後，期價一路飆升，其中9511合約和9601合約，分別由開始的2640元/噸和2610元/噸上升到7月上旬的3063元/噸和3220元/噸，交投活躍，持倉量穩步增加。多空雙方的分歧在於：多方認為，一是國內湖南、湖北、江西等出產秈米的主要省份當年夏季遭嚴重洪澇災害，面臨稻米減產形勢；二是秈米期貨實物交割中存在著增值稅問題，據此估算當時的期價偏低。空方則認為，秈米作為大宗農產品，其價格受國家宏觀調控，而且當時的秈米現貨價格在2600元/噸左右，遠低於期價。隨著夏糧豐收、交易所出抬特別保證金制度，到10月，9511合約已回落到2750元/噸附近，致使多頭牢牢被套。10月中旬，以廣東金創期貨經紀有限公司為主的多頭聯合廣東省南方金融服務總公司基金部、中國有色金屬材料總公司、上海大陸期貨經紀公司等會員大舉進駐廣聯秈米期市，利用交易所宣布本地註冊倉單僅200多張的利多消息，強行拉抬秈米9711合約，開始「逼空」，16日、17日、18日連拉三個漲停板，至18日收盤時已升至3050元/噸，持倉幾天內劇增9萬餘手。此時，空方開始反擊，並得到了秈米現貨保值商的積極回應。19日開盤，儘管多方在3080元/噸之上掛了萬餘手巨量買單，但新空全線出擊，幾分鐘即掃光買盤。隨後多頭傾全力反撲，行情出現巨幅振蕩。由於部分多頭獲利平倉，多方力量減弱，當日9511合約收低於2910元/噸，共計成交248,416手，持倉量仍高達22萬手以上。收盤後，廣東聯合期貨交易所對多方三家違規會員做出處罰決定。由此，行情逆轉直下，9511合約連續跌停，交易所於10月24日對秈米合約進

行協議平倉，釋放了部分風險。11月20日9511合約最後摘牌時已跌至2301元/噸。至此，多方已損失2億元左右，並宣告其逼空失敗。11月3日，中國證監會吊銷了廣東金創期貨經紀有限公司的期貨經紀業務許可證。事件發生以後，中國證監會於10月24日向各地期貨監管部門和期貨交易所發出通知，要求進一步控制期貨市場風險，嚴厲打擊操縱市場行為，並做出了幾條對整個市場有較大影響的決定：①各期貨交易所必須嚴格控制持倉總量；②禁止T+0結算；③除套期保值頭寸外，不得利用倉單抵押代為支付交易保證金；④除證監會批准的經紀公司外，其他機構不得從事二級代理；⑤對監管不力不能有效防範操縱行為並造成惡劣影響的交易所將責令其停業整頓，直至取消其試點資格。

請問：您如何看待這個事件？從這個事件中您得到什麼啟示？

第一節　期貨貿易

期貨貿易是一種特殊的交易方式，產生於11~14世紀的歐洲，而現代期貨市場源於19世紀後期的美國，發展到現在已經成為世界市場中不可缺少的重要組成部分。

一、期貨貿易的含義

(一) 期貨貿易的概念

期貨貿易（Future Trading）是在現貨貿易的基礎上發展起來、通過在期貨交易所買賣標準化的期貨合約而進行的一種有組織的交易方式。

期貨交易所是期貨貿易的場所。目前國際上交易量比較大的期貨交易所有：美國芝加哥商品交易所、紐約商品交易所、倫敦金屬交易所、東京工業品交易所、東京穀物交易所、新加坡國際金融交易所等。交易的商品涉及有色金屬、貴金屬、農副產品、金融產品等。

(二) 期貨貿易與現貨貿易的聯繫與區別

現貨貿易是傳統的貨物買賣方式，交易雙方可以在任何時間和地點，通過簽訂貨物買賣合同達成交易。在進出口業務中，無論是即期交貨，還是遠期交貨，進出口商之間達成的交易均屬於現貨貿易的範疇。而期貨貿易是以現貨貿易為基礎發展起來的。在商品期貨貿易中，期貨合同所代表的商品是現貨交易市場中的部分商品，絕大部分的商品是不以期貨合同的方式進行交易的。在國際期貨市場上交易的期貨商品以農副產品、金屬等為初級產品為主。儘管這兩種市場的價格都要受到同一經濟規律的制約，但與傳統的現貨貿易相比，期貨貿易存在著明顯的區別。主要表現為以下幾個方面：

1. 交易的標的物

現貨貿易買賣的是實際貨物；期貨貿易買賣的是期貨交易所制訂的標準期貨合同，意味著不規定雙方提供或接受實際貨物。

2. 成交的時間和地點

現貨貿易中交易雙方可以在任何時間和地點達成交易；期貨貿易必須在期貨交易所內，按交易所規定的開市時間進行交易。

3. 成交的形式

現貨貿易基本上是在封閉或半封閉的雙邊市場上私下達成，交易雙方在法律允許的範圍內按「契約自主」的原則簽訂買賣合同，合同條款是根據交易雙方的情況而訂立的，其內容局外人是不知道的；而期貨貿易是在公開、多邊的市場上，通過喊價或競價的方式達成。期貨合同的條款是標準化的（除交易數量、交割月份和價格由交易雙方達成），而且達成交易的信息，包括價格是對外公布的。

4. 履約方式

在現貨貿易中，無論是即期現貨貿易，還是遠期現貨貿易，交易雙方都要履行買賣合同所規定的義務，即賣方按合同規定交付實際貨物，買方按規定支付貨款；而在期貨貿易中，雙方成交的是期貨合同，賣方可以按期貨合同的規定履行實際交貨的義務，買方也可以按期貨合同的規定接受實際貨物。但期貨交易所都規定，履行期貨合同不一定要通過實際交割貨物來進行，只要在期貨合同到期前，即交易所規定的該合同最後交易日前，交易者做一筆方向相反、交割月份和數量相等的相同合同的期貨合同，交易者就可解除他實際履行合同的義務。這也就是期貨市場上所稱的對沖或平倉。

5. 交易雙方的法律關係

在現貨貿易中，買賣雙方達成交易，就固定了雙方的權利與義務，交易雙方之間產生直接的貨物買賣的法律關係，任何一方都不得擅自解除合同。而期貨貿易雙方並不相互見面，合同履行也無須雙方直接接觸。清算所的替代功能使參加交易者通過有交易所會員資格的期貨佣金商來代買或代賣期貨合同，實際貨物的交割、交易的清算和結算一律由清算所對交易雙方負責。交易達成後，期貨交易雙方並不建立直接的法律關係。

6. 交易的目的

在現貨貿易中，交易雙方的目的是轉移貨物的所有權，從賣方角度是出售貨物，取得貨款；從買方角度是取得一定經濟價值的商品。而參加期貨貿易的人可以是任何企業或個人。不同的參加者進行期貨貿易的目的不同，有的是為了配合現貨貿易，利用現貨貿易轉移價格變動的風險；有的是為了在期貨市場上套取利潤；有的是專門從事投機，目的是取得相應的投機利潤。

二、期貨貿易的種類

(一) 商品期貨

商品期貨是期貨貿易的起源種類。隨著期貨市場的發展，商品期貨交易不斷擴展，成為現代期貨市場體系中重要的組成部分之一，其規避風險、發現價格的功能對現代市場經濟發揮著越來越重要的作用。國際商品期貨交易的品種隨期貨交易發展而不斷變化，交易品種不斷增加。從傳統的農產品期貨，發展到經濟作物、畜產品、有色金

屬和能源等大宗初級產品。

1. 農產品期貨

農產品期貨是世界上最早出現的期貨，穀物交易一直是期貨市場上傳統的交易商品，芝加哥期貨交易所是世界上歷史最悠久的農產品期貨交易所。目前，中國農產品期貨交易的主要場所是鄭州商品交易所和上海糧油商品交易所。農產品交易的品種主要包括黃豆、玉米、小麥、大豆、糖、咖啡、棉花、生豬、活牛等。

2. 金屬期貨

1876年成立的倫敦交易所（LME）是世界上第一家從事金屬期貨的交易所，主要從事銅和錫的期貨交易。

（1）貴金屬。貴金屬主要包括黃金、白銀、白金。交易的主要場所在紐約商品交易所和紐約商業交易所。

（2）一般金屬。一般金屬包括銅、鋁、鉛、鋅、錫、鎳等，交易的主要場所在倫敦交易所。目前，中國金屬期貨交易的場所有深圳有色金屬交易所和上海金屬交易所。

3. 能源期貨

能源期貨交易品種主要是原油、汽油、丙烷、取暖油。目前，中國能源交易的主要場所是上海石油交易所和南京石油交易所。

中國農產品期貨市場的發展

國際農產品期貨市場最早產生於美國芝加哥。幾十年來，世界農產品期貨市場不斷湧現，如東京穀物交易所、紐約棉花交易所、溫尼伯格商品交易所等。隨著現貨生產和流通的擴大，不斷有新的期貨品種出現。除小麥、玉米、大豆等穀物期貨外，從19世紀後期到20世紀初，隨著新的交易所在芝加哥、紐約、堪薩斯等地出現，棉花、咖啡、可可等經濟作物，黃油、雞蛋以及後來的生豬、活牛、豬腩等畜禽產品，木材、天然橡膠等林產品期貨也陸續上市。

中國的農產品期貨市場從20世紀90年代建立以來，經過多年的發展，已初步涵蓋了糧、棉、油、糖四大系列農產品期貨品種體系。目前，鄭州和大連兩家商品交易所共上市了小麥、玉米、棉花、大豆、白糖、豆油、菜子油、棕櫚油等農產品期貨品種，並且生豬期貨品種也處在積極的研究開發之中。中國農產品期貨市場正處在健康發展的良性軌道之中，農產品期貨市場價格越來越成為重要的市場指導價格，在國家經濟的發展中正在發揮其促進性作用。

2007年全國期貨市場累計成交量為72,842.68萬手，累計成交額達409,722.43億元，同比分別增長了62.06%和95.06%。其中，農產品的成交量和成交金額為54,664.77萬手和174,064.21億元，占全部成交量和成交金額的75%和42%，同比分別增長了64%和108%。2008年全國期貨市場累計成交量為13.6億手，累計成交額71.9萬億元，同比分別增長87%和76%。大危機背景下中國期貨市場成功經受住了考驗，成為2008年以來各產業群中運行最穩健、發展最突出的行業。期貨市場為中國許多企業和部分行業應對危機的衝擊提供了有效的市場平臺和風險管理工具。期貨市場和期貨產業的戰略地位和價值在2008年以來開始真正為社會所認識。

中國農產品期貨市場的發展前景是廣闊的。在 2006 年世界銀行選取的 16 種大宗商品中，中國的棉花、大米、茶 3 種商品的產量以及棕櫚油消費量位居世界第一；玉米、大豆、小麥產量以及天然橡膠 4 種商品的消費量位居世界第二；大麥、棉花、棕櫚油、菜籽油、豆油、豆粕、大豆、小麥、天然橡膠 9 種主要農作物 2006 年進口量排名居世界前三位。從成熟期貨市場同現貨市場 20～40 倍的比例關係看，中國的期貨市場還有很大的發展空間。

資料來源：中投顧問.《2010—2015 年中國農產品期貨市場投資分析及前景預測報告》，2010 年 11 月。

（二）金融期貨

20 世紀 70 年代，期貨市場有了突破性的發展，金融期貨大量出現並逐漸占據期貨市場的主導地位。金融期貨的繁榮，主要是由於國際金融市場的劇烈，金融風險越來越受到人們的關注，許多具有創新意識的交易所紛紛嘗試推出金融期貨合約，以滿足人們規避金融市場風險的需求。

金融期貨主要包括外匯期貨、利率期貨和股指期貨。

三、期貨貿易的一般程序

（一）期貨市場的構成

期貨市場是指按一定的規章制度買賣期貨合同的有組織的市場。期貨交易就是在期貨市場上進行的交易行為。期貨市場主要由期貨交易所、期貨佣金商和清算所等構成。進出口商通常都是通過期貨佣金商下單，由佣金商的指定場內經紀人在期貨交易所執行，交易達成後所有合約都要通過清算所統一清算結算。

1. 期貨交易所

期貨交易所是指具體買賣期貨合同的場所。交易所的職能是：

（1）提供交易場地。

（2）制定標準交易準則。

（3）負責監督和執行交易規則。

（4）制定標準的期貨合約。

（5）設立仲裁機構，解決交易爭議。

（6）負責收集和向公眾傳播交易信息。

2. 期貨佣金商

期貨佣金商又稱經紀行或佣金行，是代表金融、商業機構或一般公眾進行期貨交易的公司或個人組織，目的是從代理交易中收取佣金。期貨佣金商的主要業務包括：

（1）向客戶提供完成交易指令的服務；

（2）作為客戶進行期貨交易的代理人，負責處理客戶的保證金；

（3）記錄客戶盈虧，並代理進行貨物的實際交割；

（4）向客戶提供期貨交易的決策信息，一級諮詢業務。

期貨佣金商包括：主要經營證券業務的大證券投資公司，專營期貨交易的期貨公

司，從事實物交易的公司（如生產商、中間商和進出口商）等。

3. 清算所

清算所是負責對期貨交易所內買賣的期貨合同進行統一交割、對沖和結算的獨立機構。它是隨期貨交易的發展以及標準化期貨合同的出現而設立的清算結算機構，實行一套嚴格的無負債的財務運行制度——保證金制度。

保證金制度也稱為押金制度，是指清算所規定的達成期貨交易的買方或賣方，應交納履約保證金的制度。清算所要求每一位會員都必須在清算所開立一個保證金帳戶，對每一筆交易會員都要按規定交納一定數額的保證金。

清算所規定的保證金有兩種：初始保證金和追加保證金。

初始保證金是指期貨交易者在開始建立期貨交易頭寸時要交納的保證金。對於所繳納初始保證金的金額，世界各地不同期貨交易所有不同的規定，通常按交易金額的一定百分比計收，一般在5%～10%之間。該筆保證金一旦交納，即存入清算所的保證金帳戶。

追加保證金是指清算所規定的，在會員保證金帳戶金額減少時，為使保證金金額維持在初始保證金水準，而要求會員增加繳納的保證金。清算所為了防止出現負債情況，採取逐日盯市的原則，用每日的清算價格對會員的淨交易頭寸核算盈虧。當發生虧損，保證金帳戶金額下降時，清算所便要求會員必須交納追加保證金。

4. 期貨交易的參加者

按參加期貨交易的目的，交易者可分為兩大類：套期保值者和投機者

(1) 套期保值者

套期保值者一般為實際商品的經營者、加工者和生產者。他們的主要目的是在現貨市場中進行實際貨物的買賣。為了保證現貨交易的正常合理利潤，他們往往在期貨市場上採取適當的套期保值策略來避免或減少價格波動帶來的現貨交易的損失。

套期保值者在期貨市場上的做法有兩種：賣期保值和買期保值。①賣期保值 (Selling Hedge)。賣期保值是指套期保值者根據現貨交易情況，先在期貨市場上賣出期貨合同（或稱建立空頭交易頭寸），然後再以多頭進行平倉的做法。通常生產商在預售商品時，或加工商在採購原料時，為了避免價格波動的風險，經常採取賣期保值的做法。②買期保值 (Buying Hedge)。買期保值 (Buying Hedge) 與賣期保值恰好相反，它是指套期保值者根據現貨交易情況，先在期貨市場上買入期貨合同（或稱建立多頭交易頭寸），然後再以賣出期貨合同進行平倉的做法。通常中間商在採購貨源、為避免價格波動、固定價格成本時，經常採取買期保值的做法。

(2) 投機者

投機者是指在期貨市場上通過買空賣空或賣空買空，希望以較少的資金來博取利潤的投資者。與套期保值者相反，投機者願意承擔期貨價格變動的風險，一旦預測期貨價格將上漲，投機者就會買進期貨合同（或稱買空或多頭）；一旦預測期貨價格將下跌，就會賣出期貨合同（或稱賣空或空頭），待價格與自己預料的方向變化一致時，再捉住機會進行對沖。

(二) 期貨貿易的一般程序

期貨貿易的一般程序是：開戶、下單、競價、結算、交割。

1. 開戶

由於能夠直接進入期貨交易所交易的只能是期貨交易所的會員，包括期貨經紀公司會員和非期貨經紀公司會員，所以，普通投資者在進入期貨市場交易之前，應首先選擇一個具備合法代理資格、信譽好、資金安全、運作規範和收費比較合理等條件的期貨經紀公司會員。

開戶的程序包括：風險揭示、簽署合同、繳納保證金，交易所實行客戶交易編碼登記備案制度，客戶開戶時應由經紀會員按交易所統一的編碼規則進行編號，一戶一碼，專碼專用，不得混碼交易。

2. 下單

下單是客戶在每筆交易前，向期貨經紀公司業務人員下達交易指令，說明擬買賣合約的種類、數量、價格等的行為。

交易指令的內容一般包括：期貨交易品種、交易方向、數量、月份、價格、日期及時間、期貨交易所名稱、客戶名稱、客戶編碼和帳戶、期貨經紀公司和客戶簽名等。

交易指令分為：市價指令、限價指令、止損指令、階梯價格指令、限時指令、雙向指令、套利指令、取消指令。中國期貨交易所規定的交易指令只有兩種：限價指令和取消指令。

3. 競價

期貨合約價格形成的方式主要有：公開喊價和計算機撮合成交兩種方式。

期貨經紀公司的出市代表在收到交易指令後，在確認無誤後以最快的速度將指令輸入計算機內進行撮合成交。成交回報記錄單應包括：成交價格、成交手數、成交回報時間。客戶對交易結算單記載事項有異議的應當在下一交易日開市前向期貨經紀公司提出書面異議；客戶對交易結算記載事項無異議的，應當在交易結算單上簽字確認或按照期貨經紀公司約定的方式確認。

4. 結算

結算是指根據交易結果和交易所有關規定對會員交易保證金、盈虧、手續費、交割貨款和期貨有關款項進行的計算、劃撥。

5. 交割

期貨交易的交割方式分為實物交割和現金交割兩種。

表 11-1　　　　　　　倫敦國際金融期貨期權交易所白砂糖期貨合約

交易時間	9：45-18：20（倫敦時間）
合約單位	50 噸
報價單位	美元和美分/噸（離岸價）
交易代碼	W
交割月份	3、5、8、10、12（8 個合約可供同時交易）

表11-1(續)

交易時間	9：45-18：20（倫敦時間）
最小變動價位	10 美元/噸（5 美元/合約）
交割品級	使用在當前交割期內任何產地的甜菜或甘蔗生產的白砂糖或精煉糖。乾燥鬆散、顆粒均勻、旋光度不低於 99.8，水分不超過 0.06%，色值不超過 45ICUMSA 單位（若係歐盟生產，色值應符合 ASSUC 的規定）。
基準價	下列港口 FOB（離岸價）加理艙價（美元/噸）阿姆斯特丹、安特衛普、曼谷、畢爾巴鄂、不來梅港、布韋那文圖拉、布宜諾斯艾利斯、加的斯、加來、代面弗茲爾、敦刻爾克、德班、埃姆斯哈文、弗拉辛、格但斯克、格丁尼亞、希洪、廣州、漢堡、黃浦、英比特巴、伊明漢、仁川、伊塔加、杰貝阿里、林查班、勒阿弗爾、雷克斯索斯、里斯本、馬塞約、馬塞、馬坦薩斯、納塔爾、新奧爾良、巴拉、檳城、吉蘭丹港口、拉什達港、誇特扎爾港、累西腓、羅薩里奧（註1）羅斯托克、鹿特丹、魯昂、桑坦德、桑托斯、薩凡那、蛇口、新加坡、巴西 Suape 港（註2）、什切青、蔚山、維多利亞（註1）、廈門、澤布勒赫等港口。 註1：從 2004 年 12 月份合約生效。 註2：從 2004 年 5 月合約生效。 港口之間的運費差價由理事會決定和公布，適用於除歐洲之外的其他所有港口。
交割方式	實物交割
交割期限	交割月及交割月下一個月的任何一個交易日
通知日	交割月第一天之前倒數第 15 個日曆日（如果該日不是交易日，則順延至下一交易日）
最後交易日	交割月第一天之前倒數第 16 個日曆日（如果該日不是交易日，則前移至上一交易日）
票據交換	由倫敦結算所（LCG）負責合約結算

資料來源：倫敦國際金融期貨權交易所網站。

第二節　網絡貿易

隨著國際互聯網的普及和企業應用信息技術水準的提高，網絡虛擬市場已經成為與傳統市場一樣可以實現交易和履行合同的市場空間。網絡貿易已經成為企業開拓國際市場和實現國際貿易流程的專業必備手段。

一、網絡貿易的概念及類型

(一) 網絡貿易的概念

網絡貿易（Electronic Commerce）是指企業和個人通過國際互聯網為代表的電訊網絡，在特定和不特定的貿易夥伴之間完成的商品生產、改進、訂購、銷售、分發和支付的貿易方式。簡而言之，網絡貿易就是通過計算機電訊網絡進行的貿易，它是電子

商務的重要組成部分。

(二) 網絡貿易的類型

根據其交易的對象，可以將網絡貿易分為 B to B、B to G、B to C、C to G、G to G。其中，B 代表企業（Business），C 代表個人消費者（Consumer），G 代表政府（Government）。與企業有關的貿易類型主要有以下三種：

1. 企業對企業的網絡貿易（B to B）

企業對企業的網絡貿易是指企業使用互聯網或其他專用網絡向供應商訂貨和付款。

2. 企業對政府的網絡貿易（B to G）

企業對政府的網絡貿易主要有兩種：一是政府作為最大的組織機構進行採購，政府將採購的細節公布在互聯網上，通過網上競價方式進行招標，企業通過電子方式進行投標。二是政府可以通過這類電子商務對企業進行行政管理，如政府用電子商務方式發放進出口許可證及開展統計，企業可以通過互聯網辦理交稅、退稅、報關等活動。

3. 企業對消費者的網絡貿易（B to C）

企業對消費者的網絡貿易的主要表現形式是企業通過互聯網為消費者提供一個新型的購物環境——網上商店，消費者通過網絡在網上購物、支付。

(三) 網絡貿易的特點

1. 信息更完全，合作機會增加

由於互聯網上提供了關於消費者的大量信息，這使得廠商可以更好地瞭解市場和顧客，不僅能夠取得更多消費者的信息，而且還能取得關於這類產品潛在顧客的信息，能夠更好地瞭解消費者需求的變化。不僅如此，廠商還可以通過網絡向更多的客戶發布商品信息，這樣就能夠擴展市場和更好地適應市場的變化，消費者也可以更好地掌握產品和生產者的信息。

2. 範圍全球化

由於網絡的互聯優勢，會不斷縮小人們的空間距離，從而使貿易擺脫地域的約束。這有利於形成全球統一的大市場，為最終實現經濟全球化打下堅實的基礎。

3. 交易低成本、高效益

網絡使交易低成本化：聯繫客戶的成本降低了，而銷售的有效性和客戶的滿意度極大提高了；企業內部的操作成本降低了，效率及產品的服務質量極大提高了；供應成本降低了，而供應效率及庫存週轉大大提高了。

4. 貿易智能化

隨著網絡貿易的發展，人類貿易活動過程中的財富分配將以各交易方所擁有的技術和知識為轉移，貿易成本的技術含量不斷增加，最終將朝著智能化產品方向發展。

5. 交易虛擬化

在網絡貿易中，貿易雙方從開始洽談、簽約到訂貨、支付等，無須當面進行，均通過計算機互聯網完成，整個交易完全虛擬化。

6. 交易快捷化

由於信息技術的發展，任何信息都可以轉化為數字而通過衛星、光纜等先進傳輸手段以接近光速的速度進行傳輸，經濟活動的時間概念縮短、連續性加強、頻率加快。文件資料的收發、企業商務的談判、資金的調撥、商品的採購等都可以通過高速快捷的網絡進行。

7. 交易透明化，競爭更激烈

網絡貿易的買賣雙方從交易的洽談、簽約到貨款的支付、交貨通知等整個交易過程都在電子屏幕上顯示。這種透明化，不僅體現在整個交易中，而且還體現在交易前買賣雙方的準備活動，以及交易後買賣雙方的善後活動中。因此，任何一個用戶，都可能瞭解任何一項網上交易過程。

二、網絡貿易的程序

(一) 交易磋商前的產品信息查詢

對於初次交易者而言，在進入交易磋商之前，查詢產品供求信息，以確定合適的交易對象是必不可少的環節。目前國內外的電子商務網站，尤其是專業國際電子商務網站可以提供數萬家廠商、幾十萬種商品供查詢。在查詢後，可實現網上即時詢價和下訂單。

(二) 網絡貿易的交易磋商

網上交易磋商是在對某種商品的供求狀況進行全面瞭解之後進行的。雙方經過網上磋商，交易條件達成一致後，通常還要簽訂正式的合同。由於合同的法律性和嚴肅性，以及網上簽約的安全性，目前進出口商對網上合同的採用還比較少。因此，達成交易後，多數還是通過傳統方式來簽訂正式合同。

(三) 網絡貿易的合同履行

1. 合同履行前的準備

簽訂進出口貿易合同後，根據進出口商品的性質不同，在合同正式履行前必須辦理相關準備手續。屬於國家許可證管理的進出口商品，必須先取得進出口許可證之後，才能進入合同履行程序。而屬於配額管理的進出口商品，則要求進出口企業通過配額招標程序或合法的配額轉讓手續取得配額，才能進入合同履行程序。企業可以在許可證聯網申領系統和配額招標審批系統上進行辦理申領和投標、轉讓手續。

2. 網上合同的履行

目前，由於網絡技術及安全等方面的原因，合同履行所涉及的各個環節，還無法全部實現網上完成，尤其是不同國家之間的單證、報文實現網上傳輸，還存在很多障礙。但網絡技術發達的國家或地區以及國際機構，至少在合同履行的某幾個環節上可以實現網上完成。2006年4月在中國國際商務網上開通運行的國際貿易電子商務執行平臺和全球貿易交易管理協同作業平臺已經能夠實現合同履行及合同管理全過程的電子化和網絡化。除此以外，企業也可以選擇利用各貿易服務機構和政府管理機構的網

上交易系統，分別完成合同履行的各環節。舉例說明如下：

(1) 網上信用證開立、審核與修改

目前，中國以及國外各大商業銀行，均已相繼開通網上國際結算與支付系統，企業可以根據自己的需要選擇其中一家，進行網上信用證開立、審核、修改，以及後續的貨款結算等國際業務。

(2) 網上商品報檢、檢驗證書以及產地證申領

中國電子檢驗檢疫業務網是中國出入境檢驗檢疫局負責開發建立的專門從事網上商品、包裝、集裝箱報驗，進出口食品及動植物衛生檢驗檢疫申報，以及出口商品產地證申領的專門的政府國際電子商務系統網站。企業通過該網站系統可以辦理與商品檢驗、檢疫和產地申領有關的所有業務。

(3) 網上租船訂艙

當前，世界各大著名國際航運公司、貨代公司以及國際運輸聯盟組織均已開發建立自己的國際物流電子商務網站，進出口企業通過這些網站不僅可以查詢各航線不同貨物、不同運輸方式的國際運價，而且可以實現網上辦理租船訂艙手續，貨物裝船後電子提單的簽發，以及貨物運輸過程和運輸狀況的即時查詢和跟蹤。中國航貿網和中國國際海運網就是其中之一。

(4) 網上報關、網上支付及出口退稅

中國電子口岸是中國政府開發建立的、為進出口企業提供報關及其相關業務的綜合性政府國際電子商務網站。通過該網站的電子報關系統，企業可以迅速實現無紙化報關業務，同時還可以實現加工貿易聯網監管、國際快件管理、外匯核銷、出口收匯、進口付匯、網上支付、出口退稅等20多項進出口業務。因此，通過中國電子口岸可以完成多項進出口合同履行程序。

三、網絡貿易與傳統貿易的區別

(一) 兩者的作用不同

在傳統貿易中，除了生產者和消費者之外，很多時候還有許多獨立中間商和代理中間商存在。在這種情況下，商品和服務通過行銷完成了商品所有權的轉移，也完成了商品和服務的轉移。所以，其作用是單一的，它只是把商品從生產者向消費者轉移的一個渠道。

網絡貿的作用是多方面的。①通過網絡進行交易是信息發布的渠道。企業的概況與產品的種類、規格、質量、價格、使用條件等，都可以通過互聯網告訴用戶。②通過網絡進行交易是銷售產品、提供服務的快捷途徑。用戶可從網上直接購買自己所需要的商品，並通過網絡方便地支付款項。③網絡貿易為企業發展創造了機遇。由於網絡貿易具有市場規模大、信息傳遞快、商品品種多、交易成本低、流通環節少的優點，能使企業在迅速變化的環境中敏捷地抓住機遇，迅速做出有效反應。

(二) 兩者的活動場所和運行程序不同

在傳統貿易中，廠商對商品的行銷、談判、訂貨、銷售、分發、支付等貿易流程

的商務活動往往在不同的場所進行，而網絡貿易則把這些國際貿易的商務活動集中在網上進行，即進行網上行銷、網上談判、網上訂貨、網上銷售、網上分發、網上支付等組成的網上貿易商務。這樣也就可以使得傳統貿易運行發生了實物運行與網絡商務運行相結合的國際網絡貿易的新變化。

(三) 兩者的行銷渠道結構不同

在傳統貿易中，行銷按照有無中間商可分為直接分銷渠道和間接分銷渠道。直接分銷渠道設有中間商，取名為零級分銷渠道；間接分銷渠道則包括一級分銷渠道、二級分銷渠道、三級分銷渠道，甚至級數更多的渠道。與傳統行銷相比較，網絡行銷的結構要簡單得多。網絡的直接分銷渠道和傳統的直接分銷渠道都是零級分銷渠道，這方面沒有大的區別。而對於間接分銷渠道而言，電子商務的網絡行銷只有一級分銷渠道，即只有一個信息仲介商（商務中心）來溝通買賣雙方的信息，不存在多個批發商和零售商的情況，所以也就不存在多級分銷渠道。

(四) 兩者的貿易主體和客體不同

傳統貿易由於其自身特點決定了中間商的存在，而網絡貿易中成為網絡人的買者和賣者可以超越中間商而結合。值得注意的是，一種新的國際貿易主體，即專門提供國際貿易信息收集、分析、處理、諮詢及交換的網絡公司開始出現。這種網絡虛擬公司，相對於傳統的國際貿易的買者和賣者可以從信息上操縱、聯合更多的買者和賣者，在一定程度上使國際貿易中的買者和賣者對其產生一定的信息依賴。

在傳統貿易和網絡貿易的客體也不同。在傳統貿易中，客體是消費品和生產資料產品的商品貿易與旅遊、工程等服務貿易的貿易構成；網絡貿易中出現了新的網絡信息貿易，其中重要的構成就是電子數據交換。在網絡上，光纖通道可以在網上像運輸產品一樣運送金融、廣告、會計、設計、法、技術諮詢、數據處理、文、教、醫療等信息化的服務產品，國際信息貿易正成為一種獨立的新的貿易形式。

(五) 兩者的費用不同

網絡貿易比傳統貿易大大減少了流通環節，有效地降低了流通成本。在傳統貿易的直接行銷中通常採用兩種方法：第一種方法是直接出售，沒有倉庫。例如，企業往某地派出推銷員，在那裡不設倉庫。推銷員在那裡賣了貨物後，把訂單寄回企業，企業把貨物直接寄給購物者。採用這種方法，企業只需支付推銷員的工資和日常的推銷費用。第二種辦法是直接出售，但設有倉庫。採用這種方法，企業除付推銷員的工資和推銷費用外，還需支付倉庫的租賃費。

在網絡貿易的直接行銷中，網絡管理員可以從因特網上直接受理世界各地傳來的訂貨單，然後直接把貨物寄給購貨者。這種方法所需的費用僅僅是網絡管理員的工資和極為便宜的上網費用，人員的出差費和倉庫的租賃費用都不再需要了。

(六) 兩者的活動範圍不同

同傳統貿易相比，網絡貿易削弱了商品和勞務提供者及消費者之間的地理位置上的聯繫，使商品和勞務的交易活動由固定的場所轉移到了沒有固定場所的、開放的國

際互聯網上。在傳統貿易方式下，商品的跨國流通一般通過有固定場所的國際性貿易來完成，國際互聯網的出現使跨國貿易可以不通過貿易公司，而是通過連結世界的國際互聯網來完成。

網絡貿易的市場範圍與傳統市場是不同的。傳統市場由於受到國界的限制，國際性的產品或商務活動在很大程度上要受到政府的干預。因此，從一國的角度出發，傳統市場按地域分為國內和國外兩個市場，這個市場的界限分明。工商企業的發展一般是從國內市場做起或先立足於國內市場，然後再開拓國際市場。因此，從傳統的經營概念出發，企業開拓國際市場是國內市場經營活動的跨國界擴展。而通過國際互聯網進行的網絡貿易使企業從一開始就面對全球市場，市場範圍被大大擴展了。

(七) 兩者的支付方式不同

傳統貿易業務中的支付在實際操作過程中，現金支付方式非常簡單，而支票方式則較為複雜，它涉及雙方單位和它們的開戶銀行等多家單位。這種資金支付過程在網絡環境下將會有很大的改變。改變的結果是：原支票支付方式被電子支付方式所取代；原現金支付方式被信用卡和電子貨幣方式所取代。電子貨幣包括電子現金、電子錢包等，信用卡類包括智能卡、借記卡、電話卡等，電子支票類包括電子支票、電子匯款（EFT）、電子劃款等。

思考與練習題

一、名詞解釋

期貨貿易　期貨交易所　期貨佣金商　初始保證金　追加保證金　網絡貿易

二、簡答題

1. 何謂期貨貿易？期貨貿易在國際貿易中的地位如何？
2. 期貨貿易與現貨貿易有哪些聯繫和區別？
3. 期貨貿易具有什麼特點？
4. 期貨貿易的一般流程是什麼？
5. 網絡貿易包括什麼類型？
6. 網絡貿易具有什麼特點？
7. 網絡貿易與傳統貿易相比，具有什麼不同？

附　錄

附錄 1　SALES CONTRACT

銷售合同

Contract No.
Date：

The Buyer：
買方：
Address：
地址：
Tel 電話：　　　　　　　　　Fax 傳真：
The Seller：
賣方：
地址：
Tel 電話：　　　　　　　　　Fax 傳真：

This Sales Contract（「Contract」）is made by and between the Buyer and the Seller, whereby the Buyer agrees to buy and Seller agrees to sell the under－mentioned goods（「Goods」）subject to the terms and conditions as stipulated hereinafter：

此銷售合同（合同）由買方和賣方共同制定，按此合同規定的條款和條件，現買方同意購買而賣方同意出售下列貨物：

附表 1

Item	CPN	Commodity, Specifications	Qty	Unit Price	Total Amount
序號	件號	商品名稱、規格	數量	單價	
Total 合計					

IN WORD: TO SAY USD (CIF or FOB)
美元大寫：

Terms & Conditions　合同條款

1. Country of Origin　原產國

2. Effect of Contract　合同有效期

This Contract shall be effective upon signing and stamping, and shall expire on _____.

本合同自雙方簽署之日起生效，有效期至____年　月　日止。

3. Shipping Mode　發運方式

4. The time of Shipment　發運日期

5. Port of Lading　發運港

6. Port of Destination　到岸港

7. Payment Terms 付款條件

A. down payment of _____% of the contract value (i.e. the Total Amount shown on page 1 of this Contract,「Purchase Price」), the amount of _____ must be paid to Seller by way of _____ within 10 days after the Contract is signed and the remaining amount must be paid by way of _____ prior to the delivery of the Goods.

買方必須在合同簽訂後 10 天內，將相當於合同總金額（即本合同第 1 頁圖表中所載明的總價，下稱貨款）的____%的預付款，即_____元以_____方式支付給賣方，餘下的貨款必須在交貨前以_____方式付清。

B. L/C term 信用證付款

在貨物裝運前 45 天，買方應由買方銀行開立以賣方為受益人的不可撤銷的 100%信用證，賣方憑以下規定的裝運單據遞交到買方銀行後議付款。

45 days before shipment, The Buyer shall open, through the Buyers Bank, an irrevocable 100% L/C in favor of the Sellers at sight, against presentation of the shipping documents stipulated below:

(1) One set of original Airway/Ocean bill of lading

全份正本空運/海運提單

(2) Invoice indicating contract number and shipping mark. (four copies)

發票四份，註明合同號、嘜頭。

(3) Packing List in duplicate with indication of both gross and net weights, measurements and quantity of each item packed.

裝箱單兩份，註明毛重、淨重、尺碼和所裝貨物每項的品名數量。

8. Liabilities for Breaching of the Contract 違約責任

(1) If the Buyer fails to pay the down-payment to the Seller within 15 days after the date of signing of the Contract, the Seller shall have the right to terminate the Contract upon notifying the Buyer in writing.

合同簽訂後 15 日內，如買方仍未將合同規定的預付款支付給賣方，賣方有權在書

面通知買方後終止合同。

(2) If the Seller fails to ship the Goods in accordance with the shipping date specified in Article 4 of this Contract and the Buyer has paid all amounts due to the Seller, the Seller shall pay 0.02% of the value of the delayed Goods to the Buyer as a compensation fee for each day that shipment is overdue, provided that the maximum amount of compensation shall not exceed 5% of the Purchase Price. If the delay is caused by the Buyer's Customs clearance, then the Seller will not be responsible to pay the compensation.

如賣方未能在合同第四條規定的交貨日期內發貨，且買方已支付了全部貨款，每推遲一天，賣方應向買方支付遲延交付的貨物的價值的0.02%作為賠償，但賠償額最多不超過貨款的5%。如果由於買方清關原因引起的延誤交貨，則賣方不需要支付賠償。

(3) If the Buyer fails to make payment within the payment terms of the Contract and without consent from the Seller in writing, the Goods shall stay in the Seller's inventory. In such case, the Seller will charge the Buyer 0.02% of the purchase price as a storage fee for the delayed Goods each day that shipment is overdue, provided that the maximum storage fee shall not exceed 5% of the Purchase Price. If the actual shipment date is 30 days later than the shipment date specified in the Contract due to the Buyer's fault, the Seller reserves the right to re-adjust the selling price in effect on the actual shipping date.

如果買方未在合同規定的期限內支付貨款，且該逾期支付並未徵得賣方書面同意，那麼貨物仍應在賣方的存貨目錄下。在此情況下，按合同交貨期，每逾期一天，賣方將向買方收取相當於合同價值0.02%的金額作為延期付款貨物的倉儲費，但倉儲費最多不超過合同總金額的5%。當由於買方的過錯導致賣方超過合同規定的交貨日期30天後交貨，賣方保留按賣方在實際發運日的公司統一價格重新調整售價的權利。

9. Ownership of the Goods and Risk of Loss 貨物所有權與滅失風險

The Seller reserves the Ownership of the Goods delivered until the Buyer has paid fully to the Seller the Purchase Price and all related costs (shipping costs, custom duty, VAT, insurance costs, etc) as stated in the Contract for such Goods. The risk of loss of the Goods shall be borne by the Buyer upon delivery.

在買方未付清合同所規定的全部貨款及全部相關費用（包括運費、關稅、增值稅、保險費等）以前，所發運貨物的所有權歸賣方所有。貨物滅失的風險自發運之時起由買方承擔。

10. Warranty 質量擔保

The Seller warrants that the Goods manufactured by the Seller or its affiliate (s) (collectively,「Ingersoll – Rand」) and delivered hereunder conform to Ingersoll – Rand's quality standard in material and workmanship for a period of ＿＿＿＿ months from the date of placing the Goods in operation or ＿＿＿＿ months from the date of shipment, whichever shall first occur. THE SELLER MAKES NO OTHER WARRANTY OF ANY KIND WHATSOEVER, EXPRESS OR IMPLIED.

賣方擔保由賣方或其關聯公司（以下合稱英格索蘭）製造並且在本合同項下交付的貨物的材質及製造工藝均符合英格索蘭的質量標準，保證期為自貨物投入營運日起_____個月或自貨物發運日起_____個月，以先到期者為準。除此以外，賣方不再提供任何其他明確或隱含的擔保。

11. Confidentiality 保密

The parties hereto acknowledge that confidential information (including trade secrets) (「Information」) shall be provided exclusively to each other. The parties and their respective employees and directors shall maintain confidentiality of the Information and shall use the Information exclusively for the purpose of the Contract.

雙方承認機密信息（包括商業秘密）（下稱信息）只能向彼此提供。雙方及其各自的雇員和董事應維持信息的秘密性並且僅為本合同的目的而使用該類信息。

12. Force Majeure 不可抗力

Performance is excused when there is any contingency beyond the reasonable control of the Seller or the Buyer (for example, earthquake, typhoon, storm, fire disaster, war, rebellion, breakage of equipment, governmental actions or legislation, labor difficulties, and other unpredictable Force Majeure events) and such contingency has prevented the Seller or the Buyer, as applicable, from performing its obligations under this Contract. .

當出現為賣方或買方所不能合理控制的意外事件（如地震、臺風、暴風雨、火災、戰爭、叛亂、設備損壞、政府行為或立法、勞工爭議，以及其他不可預見之不可抗力事件），而且該意外事件已阻止賣方或買方（視情況而定）履行其在本合同項下的義務，遭遇不可抗力之一方可以免除其履行合同的義務。

13. Disputes Settlement 爭議的解決

All disputes arising from the execution of or in connection with the Contract shall be settled through friendly consultation between the parties. In case no agreement can be reached through consultations, such dispute shall be governed by Chinese law and shall be submit to China International Economic and Trade Arbitration Commission (CIETAC) for arbitration at Shanghai. The CIETAC Arbitration Rules in effect on the date of the signing of this Contract shall apply.

對由於履行合同而引起的或與合同有關的任何爭議，雙方應友好協商解決。如經協商仍達不成協議，該爭議適用於中國法律，並應遞交上海的中國國際經濟貿易仲裁委員會進行仲裁。仲裁程序應適用合同簽訂時有效的中國國際經濟貿易仲裁委員會仲裁規則。

14. Limitation of Liability 責任限制

(1) The liability of Seller shall not exceed the purchase price of the Goods upon which such liability arises, whether the claim is based on contract, warranty, tort, negligence, strict liability, indemnity, statute or otherwise.

賣方因貨物所產生的責任不應超出此貨物購買價格，無論索賠依據為合同、保證責任、侵權、疏忽、嚴格責任、賠償責任、法令（條例）或其他。

(2) IN NO EVENT SHALL THE SELLER BE LIABLE FOR ANY CONSEQUENTIAL, INCIDENTAL, INDIRECT, SPECIAL OR PUNITIVE LOSSES OR DAMAGES ARISING OUT OF THIS CONTRACT, WHETHER BASED ON CONTRACT, WARRANTY, TORT, NEGLIGENCE, STRICT LIABILITY, INDEMNITY, STATUTE OR OTHERWISE, EVEN IF IT HAS BEEN ADVISED OF THE POSSIBILITY OF SUCH LOSSES OR DAMAGES.

賣方不對因本合同發生的任何非直接的、間接的、附帶的、特殊的或懲罰性損失或損害負責，無論對該損失或損害之索賠是依據合同、保證責任、侵權、疏忽、嚴格責任、賠償責任、法令（條例）或其他，即使這種損失或損害發生的可能性已經被預先告知。

15. NOTICE OF CLAIMS 索賠通知

The Buyer shall notify the Seller in writing of any claim for damages within 60 days after the Buyer learns or should have learned such damage. Without delivery of such written notice within the 60-day period, the Buyer shall have no right to claim any damages against the Seller.

買方應在知道或應當知道損害發生之日起60日內將索賠事項以書面形式通知賣方。未在該60日的期限內提交書面通知的，買方將無權向賣方提出任何索賠。

16. Languages of the Contract 合同使用的語言

The Contract is written both in English and Chinese, and both versions have the same validity. In the case of discrepancy of the interpretation, the Chinese version shall prevail.

本合同以中英文兩種文本締結，兩種文本具有相同的法律效力。如果對中英兩種文本的解釋存在差異，以中文文本為準。

17. Other Terms to be incorporated in the Contract 其他雙方商定事宜

The Buyer 買方：　　　　　　　　　　The Seller 賣方：

Representative：　　　　　　　　　　Representative：
授權代表：　　　　　　　　　　　　　授權代表

附錄 2　海運提單

1. Shipper Insert Name, Address and Phone		B/L No.	
2. Consignee Insert Name, Address and Phone		中遠集裝箱運輸有限公司 COSCO CONTAINER LINES TLX：33057 COSCO CN FAX：+86（021）6545 8984 ORIGINAL	
3. Notify Party Insert Name, Address and Phone (It is agreed that no responsibility shall attach to the Carrier or his agents for failure to notify)		Port－to－Port or Combined Transport BILL OF LADING 　　RECEIVED in external apparent good order and condition except as other－Wise noted. The total number of packages or unites stuffed in the container, The description of the goods and the weights shown in this Bill of Lading are Furnished by the Merchants, and which the carrier has no reasonable means Of checking and is not a part of this Bill of Lading contract. The carrier has 　　Issued the number of Bills of Lading stated below, all of this tenor and date, One of the original Bills of Lading must be surrendered and endorsed or sig－Ned against the delivery of the shipment and whereupon any other original Bills of Lading shall be void. The Merchants agree to be bound by the terms And conditions of this Bill of Lading as if each had personally signed this Bill of Lading. SEE clause 4 on the back of this Bill of Lading (Terms continued on the back Hereof, please read carefully). * Applicable Only When Document Used as a Combined Transport Bill of Lading.	
4. Combined Transport *	5. Combined Transport *		
Pre－carriage by	Place of Receipt		
6. Ocean Vessel Voy. No.	7. Port of Loading		
8. Port of Discharge	9. Combined Transport *		
	Place of Delivery		
Marks & Nos. Container / Seal No.	No. of Containers or Packages	Description of Goods (If Dangerous Goods, See Clause 20)	Gross Weight Kgs	Measurement

			Description of Contents for Shipper's Use Only (Not part of This B/L Contract)		

10. Total Number of containers and/or packages (in words)					
Subject to Clause 7 Limitation						
11. Freight & Charges	Revenue Tons	Rate	Per	Prepaid	Collect
Declared Value Charge					
Ex. Rate:	Prepaid at		Payable at	Place and date of issue	
^	Total Prepaid		No. of Original B(s)/L	Signed for the Carrier, COSCO CONTAINER LINES	
LADEN ON BOARD THE VESSEL					
DATE		BY			

附錄3　保險單

中　國　人　民　保　險　公　司
THE PEOPLE'S INSURANCE COMPANY OF CHINA
總公司設于北京　　　一九四九年創立
Head office: BEIJING　　Established in 1949

保　險　單　　　　　　　保險單號次
INSURANCE POLICY　　　POLICY NO.

中　國　人　民　保　險　公　司　（以　下　簡　稱　本　公　司）
THIS POLICY OF INSURANCE WITNESSES THAT THE PEOPLE'S INSURANCE COMPANY OF CHINA (HEREINAFTER CALLED "THE COMPANY")
根　　據
AT THE REQUEST OF
(以下簡稱被保險人) 的要求，由被保險人向本公司繳付約
(HEREINAFTER CALLED "THE INSURED") AND IN CONSIDERATION OF THE AGREED PREMIUM PAID TO THE COMPANY BY THE
定的保險，按照本保險單承保險別和背面所載條款下列
INSURED UNDERTAKES TO INSURE THE UNDERMENTIONED GOODS IN TRANSPORTATION SUBJECT TO THE CONDITIONS OF THIS POLICY
特款承保下述貨物運輸保險，特立本保險單
AS PER THE CLAUSES PRINTED OVERLEAF AND OTHER SPECIAL CLAUSES ATTACHED HEREON

標　記 MARKS § NOS	包裝及數量 QUANTITY	保險貨物項目 DESCRIPTION OF GOODS	保險金額 AMOUNT INSURED

總　保　險　金　額
TOTAL AMOUNT INSURED:

保　費　　　　　　　費率　　　　　　裝載運輸工具
PREMIUM AS ARRANGED　RATE AS ARRANGED　PER CONVEYANCE SS.

開　航　日　期　　　　　　　　　　自　　　　　　　　　至
SLG. ON OR ABT.　AS PER BILL OF LADING　FROM　　　　　　　TO
承保險別：
CONDITIONS

所保貨物，如遇出險，本公司憑本保險單及其他有關證件給付賠款。
CLAIMS, IF ANY, PAYABLE ON SURRENDER OF THIS POLICY TOGETHER WITH OTHER RELEVANT DOCUMENTS
所保貨物，如發生本保險單項下負責賠償的損失或事故，
IN EVENT OF ACCIDENT WHEREBY LOSS OR DAMAGE MAY RESULT IN A CLAIM UNDER THIS POLICY IMMEDIATE NOTICE
應立即通知本公司下述代理人查勘。
APPLYING FOR SURVEY MUST BE GIVEN TO THE COMPANY'S AGENT AS MENTIONED HEREUNDER:

賠款償付地點　　　　　　　　　　　　中國人民保險公司上海分公司
CLAIM PAYABLE AT/IN　　　　　　　　THE PEOPLE'S INSURANCE CO. OF CHINA
日期　　　　　　　上海　　　　　　　　SHANGHAI BRANCH
DATE　　　　　　SHANGHAI

地址：中國上海中山東一路23號 TEL:3234305 3217466-44 Telex:33128 PICCS CN.
Address: 23 Zhongshan Dong Yi Lu Shanghai, China. Cable: 42001 Shanghai

何　靜　芝
General Manager

附錄 4　匯　票

附表 3

BILL OF EXCHANGE

憑 Drawn Under		不可撤銷信用證 Irrevocable L/C No.	
日期 Date		支取　Payable With interest　@　　%　按　　息　付款	
號碼 No.	匯票金額 Exchange for	南京 Nanjing	

見票 at 　　　　　　日後（本匯票之副本未付）付交
sight of this FIRST of Exchange
(Second of Exchange

Being unpaid) Pay to the order of

金額 the sum of

此致 To

(Authorized Signature)

國家圖書館出版品預行編目（CIP）資料

國際貿易理論與實務 / 遊新宇, 王燕 主編. -- 第一版.
-- 臺北市: 財經錢線文化發行；崧博出版, 2019.11
　　面；　公分
POD版

ISBN 978-957-735-938-4(平裝)

1.國際貿易理論 2.國際貿易實務

558　　　　　　　　　　　　　　　108018066

書　　名：國際貿易理論與實務

作　　者：遊新宇、王燕 主編

發 行 人：黃振庭

出 版 者：崧博出版事業有限公司

發 行 者：財經錢線文化事業有限公司

E-mail：sonbookservice@gmail.com

粉絲頁：　　　　　網　址：

地　　址：台北市中正區重慶南路一段六十一號八樓 815 室
8F.-815, No.61, Sec. 1, Chongqing S. Rd., Zhongzheng Dist., Taipei City 100, Taiwan (R.O.C.)

電　　話：(02)2370-3310　傳　真：(02) 2388-1990

總 經 銷：紅螞蟻圖書有限公司

地　　址：台北市內湖區舊宗路二段 121 巷 19 號

電　　話：02-2795-3656　傳真:02-2795-4100　網址：

印　　刷：京峯彩色印刷有限公司（京峰數位）

　本書版權為西南財經大學出版社所有授權崧博出版事業股份有限公司獨家發行電子書及繁體書繁體字版。若有其他相關權利及授權需求請與本公司聯繫。

定　　價：380 元

發行日期：2019 年 11 月第一版

◎ 本書以 POD 印製發行